大清帝国的兴亡启示

侯杨方 ／ 著

天地出版社　TIANDI PRESS

序言

还原高度分裂的清朝

中国几千年历史，几十个朝代，清朝可以说是争议最大、众人对其感情最复杂的一个朝代，原因显而易见：清朝是由少数民族建立的，又是中国最后一个帝制朝代。一方面，清朝在入主中原争夺天下过程中，有"扬州十日"、"嘉定三屠"、"留发不留头"、文字狱等斑斑劣迹；在西北欧迈进工业化的时代，对西方列强入侵的应对十分拙劣，割地赔款，丧权辱国……而另一方面，拜影视作品、通俗小说之赐，"阿哥""格格""皇阿玛"满天飞，清朝的帝王将相有了一大批粉丝，他们竟然成了流行娱乐明星。这两种极化的视角当然不可能提供相对靠谱的历史图像。

从建政开始，清朝与明朝进行了长达近半个世纪的战争，战场由白山黑水的萨尔浒，一直蔓延到中缅边境。这一时期是清朝的开国阶段，对于明亡清兴，有一个无法回避的问题需要回答：为什么一个小小的、落后的部落，崛起于长白山区后，竟然能灭掉统治上亿人口、占据东亚最好地区、已经持续近三百年的明朝？这一问题尖锐到难堪，但又不能不回答，这就是这套书要着力的第一个大问题。

一些流行观点无法接受清灭明的事实，认为明朝灭于李自成，清朝只是运气好，占了一个大便宜。这一说法最早来源于率领清军入关的摄政王多尔衮。在当时，这一说法为投降清朝的某些明朝臣子清除了心理障碍，也让那些无法接受这一残酷事实的人有了心理逃避的借口——"我大明是亡于流寇，而不是异族"，却完全无视之后明朝士民继续抵抗清军近二十年的事实。

成功与失败都有原因，必须正视，必须剖析。

这套书花了较大的篇幅分析明亡清兴的原因。在长达近半个世纪的战争中，明朝竟然没有一次可以翻盘逆转的机会，这**绝非偶然**，而是有其系统性、根本性的原因。幻想靠一两个强人，采用某些独有秘技就可以扭转趋势，那只是武侠小说的情节，不可能发生于历史和现实。当然，某些历史人物会加速、**延缓进程**。对这些人物，例如崇祯皇帝朱由检、清太宗皇太极、**摄政王多尔衮**等，这套书也做了重点剖析。

仅有几十万人的小部落在战场上不断获胜，消灭了一个个对手，当然不能归因于运气，而在战争结束后如何统治上亿的汉人，这是一个非常头痛的问题，其难度不亚于明清嬗代的战争。鉴于几百年前女真人第一次入关几乎被灭族的惨痛教训，皇太极对入主中原显得三心二意。入关后的清朝统治者恩威并施，一面靠分派土地拉拢底层民众，一面严厉打击有较强民族意识与故国情思的中上层与知识阶层，随后又彻底消灭了夺取天下时的同盟者辽东汉人军阀集团——"三藩"。其统治能力远超曾经入主中原的蒙古人。

  蒙古人是清朝夺取天下的同盟军，但又是清朝统治者严防的对象。清军摧毁了成吉思汗后裔们建立的蒙古政权，用盟旗制控制漠南蒙古，又用藏传佛教、上层联姻怀柔拉拢蒙古。崛起的漠西蒙古准噶尔部成为清朝入关后最危险的敌人，准噶尔击败了漠北蒙古，攻占了西北不少地方，由此揭开了长达七十年的战争。与同时期的奥斯曼帝国相比，清朝并不是一个扩张型的帝国，入关后仅仅巩固了明朝统治后期的领土，对嘉峪关以西的广大区域统治非常薄弱。但平定准噶尔叛乱战争的长期性、残酷性让清朝统治者认识到，必须有效控制漠北蒙古、青藏高原、西域新疆才能彻底根绝危险，于是从康熙至乾隆，清朝开始了向西的行动，奠定了一个包括东亚主要农业区、东北渔猎区、蒙古高原游牧区、青藏高原与西域新疆在内，版图空前广大，控制力空前强大的大帝国。这是这套书要着力的第二个大问题。

  历史的主角毕竟是人，而不是物，不是环境。不能以为只掌握身高、体重、血型等生理参数，甚至其骨架的每个部件，拥有了一张X光照片，就算了解了一个活生生的人。了解历史亦然。清朝的开国、巩固、统治等所有的举动都是人来实施的。

因此这套书描绘、评点了全部的清朝皇帝，以及挑选了几十位有代表性的历史人物，着重揭示了他们鲜为人知的特殊面，凸显他们在整个历史洪流中的作用，力求给读者一幅全景式、有血有肉的画面。书中的这些人物都非"高大全"，也非白脸小丑——那样的人物只存在于评书、戏曲和武侠小说中，而书中的人物则"活"在当下，就在你我的身边，甚至就是你我自己。人性是相通的，你能发现现实生活中的崇祯皇帝有着大多数普通人的共性，而乾隆皇帝也绝非影视剧中的"皇阿玛"，皇太极、多尔衮兄弟又确实是非常突出的创业者。

清朝是唯一留存有数以千万计、系统完整的官方档案的朝代，而且还有欧洲传教士，各国使团，朝鲜、日本等国的记录，更不用提海量的私家著述。研究其他朝代唯恐史料太少，而研究清朝却恐史料太多，太多甚至比太少更难驾驭，取舍直接决定结果。罗列一切史料也并不能描绘复原真实的历史画面，甚至穿越回去也未必能了解历史真实，毕竟语境、情境早就时过境迁。因此，没有任何一本书包括所谓的"原始"史料能完全客观、中立、全面地还原历史，它们都包含着记录者本人有意或无意的偏见与局限。这套书当然也不例外。那么，用什么检验历史书或历史叙述的优劣呢？历史不能用历史本身检验，历史需要现实与未来检验，即如果读到的既是历史，也是现实的映照，还有对未来的预言，也许这本历史书就比较准确地揭示了不变的人性与相似情境下重演的相似事件，甚至某种预言。历史是大样本的人性实验室，虽然不同时代的道具不同，但演员没变。

如果多种信息的来源是同样的，那么罗列再多这样的史料、信息也没有意义。这套书尽量采用两个以上的独立信息来源来还原史实，比如同时记录于《清实录》及欧洲传教士、朝鲜使者笔下的多面康熙皇帝，同时记录于明、清、朝鲜三方及明军老兵笔下的松锦大战……信息时代每天制造、推送天量的信息，而信息越多，了解真相越难，因为几乎所有的信息源头都可能被"污染"——决定中国几百年命运的山海关大战的具体地点，中文网络流行多年的观点就是错误的；影视剧、文学作品甚至专业论著滥用的"奏折"，在清朝康熙以前根本不存在，它是清朝皇权独断的制度化产物。如何打破信息泛滥时代的信息污染牢笼，书中提供了很多范例。

这套书并不摒弃人物以外的要素，比如用翔实的数据批驳了时下流行的"美洲作物导致清朝人口爆炸"及"番薯盛世"的观点。如果连基本的背景原因都弄错，何谈正确评价历史？更何况清朝根本不存在所谓的"人口爆炸"。

恰恰在清朝到达全盛的同时，万里之遥的西北欧已经开始了工业革命，最终在几十年后与清朝正面碰撞，这是平行世界的降维打击，清朝进入了丧权辱国的时代。集两千年统治术之大成的大清帝国的应对狼狈笨拙，但这仅仅是事后开上帝视角，"不战不和不守，不死不降不走"正是当时生动的写照与无奈应对，应对强大外敌的手段从宋朝延续到清朝并无新意。虽然有满汉矛盾的因素，但清朝应对手法还是继承了中国的制夷老传统，甚至还有回光返照式的"同光中兴"。认为换一个汉人朝代如明朝就能更好地应对危局则完全是一厢情愿的痴梦，拥有发达农耕文明的明朝竟然还亡于一个小小的部落，又如何能应对工业化的降维打击？

清朝继承积累了几千年的中国传统，最高统治集团又是少数民族，无论优或劣，爱或恨，粉或黑，吹或贬，它就写在历史上，永远无法磨灭，其影响也永远无法摆脱。这套书力图客观中立地描绘出一幅清朝的历史长卷，读者在了解清朝历史之外，更重要的是拥有深思之余的会心。

侯杨方

目录

上篇　帝王

第一章　白手起家 \ 003

努尔哈赤：起于草莽的女真大汗 \ 004

皇太极：雄才大略、心胸豁达的马上皇帝 \ 009

多尔衮：被称作"皇父摄政王" \ 016

顺治皇帝：叛逆的少年 \ 023

第二章　康乾盛世（上）\ 029

康熙皇帝（一）：父母双亡、备重亲情的悲催少年 \ 030

康熙皇帝（二）：外国人眼中的康熙皇帝 \ 036

康熙皇帝（三）：酷爱巡狩打猎的皇帝 \ 042

康熙皇帝（四）：悲催的晚年 \ 049

雍正皇帝（上）：遗诏能证明继位合法吗？\ 057

雍正皇帝（中）：话痨宅男，辩论战斗力爆棚 \ 061

雍正皇帝（下）：纯宅男的真面目及其离奇的死亡 \ 065

I

第三章　康乾盛世（下）\ 071

乾隆皇帝继位（上）：别出心裁、史无前例\ 072

乾隆皇帝继位（下）：为什么是他？\ 076

乾隆皇帝（一）：以宽大为政——与雍正对着干\ 080

乾隆皇帝（二）：整肃父皇最宠信的张廷玉、鄂尔泰\ 084

乾隆皇帝（三）：绝望的鳏夫，乾隆十三年大变样\ 090

乾隆皇帝（四）：清朝最严厉的皇帝根本不是雍正，而是他儿子\ 095

乾隆皇帝（五）：北狩、南巡、减税——他要做"康熙二世"\ 101

乾隆皇帝（六）：周甲归政、退而不休的太上皇帝\ 106

第四章　晚清败局\ 113

嘉庆皇帝（上）：不幸的盛世接盘侠——白莲教造反\ 114

嘉庆皇帝（下）：不幸的盛世接盘侠——宫廷惊变\ 121

道光皇帝（上）：衰世中的亮点，两次平定西域之乱\ 129

道光皇帝（下）：裤子打补丁，死于草席\ 136

咸丰皇帝（上）：生于忧患\ 147

咸丰皇帝（中）：戊午科场案\ 151

咸丰皇帝（下）：一错再错，生于忧患，死于更忧患\ 155

同治皇帝：荒诞不经，几一无是处\ 164

光绪皇帝（上）：第一位旁支入继大统的皇帝\ 170

光绪皇帝（下）：宫廷斗争引发国家悲剧\ 177

摄政王载沣梦回乾隆盛世与末代皇帝宣统登基 \ 184

志大才疏、走向崩溃的摄政王 \ 190

大结局：摄政王下台，宣统皇帝退位 \ 196

宣统复辟闹剧与被驱逐 \ 203

下篇　驭国

第五章　收拾人心 \ 211

不惜厚赐：重用明朝能臣悍将 \ 212

笼络人心：我们是来为明朝报仇的 \ 219

三藩之乱：消灭辽东汉人军事同盟 \ 224

第六章　巩固皇权 \ 233

"首崇满洲"：清朝的基本国策 \ 234

八旗改革：从八旗共治转向皇权独大 \ 238

权力基本盘：八旗军的征伐与驻防 \ 243

御门听政：乾纲独断体制的建立 \ 249

奏折的诞生与军机处设立 \ 255

皇位继承制的冲突：嫡长还是择优？ \ 259

皇权独大：本朝无名臣，亦无奸臣 \ 265

第七章 内政民生 \ 271

更名田：三百年前的土地改革 \ 272

丁酉科场案：严厉打击士绅集团 \ 275

奏销案：江南士绅的灭顶之灾 \ 281

哭庙案：用血腥震慑江南士绅 \ 286

康熙皇帝为何总是减税？\ 291

什么是"盛世滋生人丁，永不加赋"？\ 296

损富益贫的"摊丁入地" \ 301

"人口爆炸"源于极为低级的错误 \ 305

清朝是否有严重的人口压力？\ 312

康乾盛世真的是"番薯盛世"？ \ 317

河务与漕运掀起的政坛风波 \ 322

一路视察的康熙南巡 \ 328

第一章 白手起家

努尔哈赤：起于草莽的女真大汗

努尔哈赤是后金的开创者、清朝的主要奠基人，所以其继承人皇太极在改号称帝后，追尊其为太祖武皇帝，康熙元年（公元1662年）又改为太祖高皇帝，谥号"承天广运圣德神功肇纪立极仁孝睿武端毅钦安弘文定业高皇帝"。《清史稿》等史料记载，努尔哈赤是金朝女真人的后代。传说有一天三位仙女来到长白山的布尔瑚里湖，其中一位仙女叫佛库伦；正当仙女们在湖中沐浴嬉戏时，一只神鹊衔着一枚红色的果子，放在岸边仙女的衣服上，佛库伦吃了果子后就怀孕了，并生下一个男孩，叫布库里雍顺。布库里雍顺形貌伟岸，生下来就会说话，之后成了本部族的始祖。这个创世神话跟商朝、周朝的始祖传说很相似，都是母亲在野外感应而孕，而且只知其母，不知其父。

努尔哈赤姓是什么？这也是个令人困惑的问题。难道不是"爱新觉罗"吗？还真没这么简单。明朝诸多史籍记载努尔哈赤姓佟（童），与其祖先猛哥帖木儿姓氏相符。明万历二十四年（公元1596年）正月，努尔哈赤向朝鲜国王回帖时自称"女真国建州卫管束夷人之主佟奴儿哈赤"，这里写的就是"佟"。也有说法称努尔哈赤原姓"觉罗"，努尔哈赤建元天命以后，在

第一章　白手起家

"觉罗"前冠以"爱新","爱新"在满文里是黄金的意思,就是金姓,表示有别于一般人的高贵身份。还有人说少数民族其实没有姓,只有部族的一个号,后来汉化了以后才把它变成姓。由于史籍记录缺乏且相互矛盾,现在已经很难弄清楚。在《满文老档》和《满洲实录》里,很少出现"爱新觉罗"一词,仅有三例。我们现在影视作品或者文学作品中经常可以看到皇帝自称爱新觉罗,比如乾隆自称爱新觉罗·弘历等,但其实满洲人平时一般只称自己名字,不会加上姓,后来也慢慢按照汉人的习惯,用名字中第一个字来称呼。比如和珅,当然不姓和,但是一般称他为和中堂;再比如荣禄,一般称为荣中堂;等等。

努尔哈赤名字的来源也挺有意思,有一种说法认为是来自满语nuheci/nuheqi,意为野猪皮。"努尔哈赤"有多种汉语译法:明朝文献多记载为"奴儿哈赤""佟(童)奴儿哈赤""奴酋"等;朝鲜文献多记载为"老乙可赤""老可赤"等,都略带贬义色彩;清朝文献多记载为"弩尔哈齐""努尔哈齐";民国以后逐渐通用"努尔哈赤"。这些都是根据满语音译的写法,就像我们今天用汉字翻译外国人名一样,有多种写法也很正常。

努尔哈赤出身建州左卫都指挥使世家旁系,祖父觉昌安被明朝授予都指挥使,父亲塔克世为觉昌安第四子,努尔哈赤是嫡长子,母亲是喜塔喇氏。明嘉靖三十八年(公元1559年),努尔哈赤生于建州左卫的赫图阿拉城(今辽宁省新宾满族自治县永陵镇赫图阿拉村),他的对手明朝万历皇帝生于嘉靖四十二年（公元1563年），他比万历皇帝还大四岁。

舒尔哈齐是努尔哈赤的同母弟，自起兵之初便一直处在努尔哈赤势力中第二号人物的位置上。在明朝的公文中，舒尔哈齐常常与努尔哈赤并列，也曾数次以建州卫都督、都指挥使的身份入京师朝贡。在游猎部落里面，兄终弟及是一个常态，在五代、宋初也经常出现于位继承时采取兄终弟及的做法，因为在政权还不稳定的时候，选择一位能力和威望较高的人来继承更有利于巩固和提升家族地位。

努尔哈赤的形象是什么样子呢？根据清朝自己的文献《满洲实录》的记载，他凤眼大耳，面如冠玉，身体高耸，骨骼雄伟，言辞明爽，声音响亮，龙行虎步，举止威严。而在万历二十三年（公元1595年）出使建州的朝鲜使臣申忠一的记载则是：不肥不瘦，躯干健壮，长脸，面色铁青；头上戴着貂皮帽，帽旁有两个护耳，帽顶钉一团拳头大的红缨，红缨前有个小人立于莲花台样式的银器作为装饰；身上穿着五彩龙纹的双层长袍，腰间系着镶银金丝带，脚上穿着黄色或黑色的鹿皮长靴；前面头发剃掉，只留着脑后一小撮头发，扎成小辫子，胡子只留嘴上两撇，其他都拔掉，不像汉人喜欢下巴留着长胡子。弟弟舒尔哈齐则身体肥壮，白面方脸，耳上戴着银环，服饰和努尔哈赤一样。

朝鲜使者李民寏说努尔哈赤为人"猜厉威暴"，即性情严苛多疑且暴烈，即使是他的妻子儿女等最亲近的人，稍有忤

第一章　白手起家

逆，也会被他杀害，所以人们很怕他。朝鲜使者说这话也是有根据的，努尔哈赤的亲弟弟舒尔哈齐和嫡长子褚英——两位继承人——都先后因与努尔哈赤不合而被幽禁处死。另一个朝鲜使者金应瑞说努尔哈赤"本性凶恶"，经常用暴力手段威胁他人，所以大家都很痛恨他，"人人欲食其肉"。当然，当时的朝鲜经常受到后金的威胁，所以他们对努尔哈赤心怀痛恨，描述难免有些夸张，但努尔哈赤性情严厉、手段残暴也确是事实。

当时努尔哈赤等人所住的赫图阿拉城，现在是全国重点文物保护单位。赫图阿拉城很小，外城周长仅有五千米，城墙比较简陋，三米多高，用石块和橡木垒成，外面糊上黏土，城门就是一块木板，也没有锁，城门楼子上用草做屋顶。内城更小，城墙和外城差不多，但没有城门楼。努尔哈赤住在内城，周边用木栅栏围起来。这么小的城里住不了多少人，内城一百多户，是努尔哈赤的近亲；外城三百多户，是将领和族人；城外周边四百多户，都是普通士兵。所以，这个城看起来更像是个军营。

天命十一年（公元1626年）四月初四[1]，努尔哈赤在宁远被袁崇焕击败，这是努尔哈赤征战三十多年来第一次吃败仗。按照明朝的史料记载，努尔哈赤被炮火击中后重伤而死，但事实并非如此，因为宁远战败三个多月后，努尔哈赤还率军征讨

---

[1] 此处日期为农历，后文除特别注明外，皆为农历日期。——编者注

蒙古喀尔喀巴林部，并大获全胜。七月，努尔哈赤疽病突发，前往清河汤泉疗养。八月初，病势转危，于是决定乘船顺太子河返回沈阳。八月十一日，努尔哈赤在距离沈阳四十里的瑷鸡堡病逝，时年六十七岁，这在当时已经是高龄了。

努尔哈赤临死前，贝勒们围上去问选谁来做继承人。努尔哈赤说，"继朕而嗣大位者，毋令强梁有力者为也"。意思是，千万不要选太强势的人做继承人。为什么呢？他认为集体领导才是最好的选择，一个人再聪明，也比不上集体智慧，所以努尔哈赤任命他的子侄代善、阿敏、莽古尔泰、皇太极、济尔哈朗、多尔衮、多铎、岳托为八和硕贝勒，共同治国，俗称八王共治，然后在八王之中挑选一位心胸宽广、善于纳谏的人继承大位。而八王之中，如果有人不贤，也需要从其他兄弟中挑选新的人替代。

努尔哈赤的集体领导策略在当时的特殊环境下是行之有效的。那时候后金国势并不稳定，宁远之战又新败，如果没有很好地完成权力交替，并把大家的力量凝聚在一起，他的事业未必能继续得下去。但幸运的是，努尔哈赤有十六个儿子，而且大多能征善战，尤其是其第八子皇太极、第十四子多尔衮更是有雄才大略，父子三人连续担任国家的最高统帅，这也是清朝能坐大灭亡明朝、夺得天下的重要因素。原始部落起兵的时候，有一个共同特点，都是有众多的兄弟、儿子和侄子等，即所谓打仗亲兄弟、上阵父子兵，这是人类社会中最可以亲近的群体了。他们是利益共同体，一荣俱荣，一损俱损，所以他们一定是勠力同心的。相比之下，明朝的官僚群体作为职业经理人，和皇帝利益不一致，三心二意，彼此之间还相互倾轧，党争不断，其战斗力自然低下。

皇太极：雄才大略、心胸豁达的马上皇帝

皇太极是努尔哈赤的第八子，后金的第二位大汗。1636年，皇太极改后金的国号为"大清"，所以也有人说他是清朝的开国皇帝。但这是不准确的，因为只是改国号，政权并没有变动。皇太极即位之初年号"天聪"，改国号为"大清"之后，把年号改为了"崇德"。

皇太极这个名字是根据满文Hong Taiji翻译过来的，早年译名有很多种写法，像"黄台吉""洪太极""洪太主""洪佗始"等都曾在文献中出现过，一直到乾隆年间才定为"皇太极"，并沿用至今。"皇太极"也可能并不是真实的名字，而仅仅是个称号，来源于蒙古贵族的称号"珲台吉"，而"珲台吉"就是汉人的"皇太子"的意思。

努尔哈赤对皇太极十分喜爱，《内阁藏本满文老档》记载，努尔哈赤对四贝勒皇太极"不胜爱悯"。努尔哈赤对皇太极的偏爱，朝鲜使者郑忠信作为旁观者也看了出来。他说："洪太主

虽英勇超人，内多猜忌，恃其父之偏爱，潜怀弑兄之计。"[1]努尔哈赤曾私底下问一个叫阿斗的亲信，说我的这些儿子当中，谁可以接替我？阿斗说，知子莫若父，别人不好说啊。努尔哈赤说，没关系，但说无妨。阿斗便说，智勇双全、人皆称道的那位可以。努尔哈赤便知道阿斗的意思了。他们说的就是皇太极。

天命十一年八月十一日，努尔哈赤病逝之时，除第八子皇太极外，身后还有代善、阿拜、汤古代、莽古尔泰、塔拜、阿巴泰、巴布泰、德格类、阿济格、巴布海、赖慕布、多尔衮、多铎、费扬果等十五个儿子，他们都已成年（嫡长子褚英已被处死），而且大都能征善战，皇太极为何能继位呢？

早在天命元年（公元1616年），努尔哈赤就封皇太极为和硕贝勒，与大贝勒代善、二贝勒阿敏、三贝勒莽古尔泰并称四大贝勒；皇太极在这四人当中年纪最小，排在第四，所以也称为四贝勒。按照《清史稿》的说法，在努尔哈赤死后，大贝勒代善便以皇太极"才德冠世"，和其他贝勒商议，共同推举皇太极即位，对此皇太极推辞再三，才答应。但这是清朝官方的一种叙述，实际情况未必这么简单。

努尔哈赤的第十五子多铎后来在皇太极死后曾说："当立我，我名在太祖遗诏。"由此看来，努尔哈赤或许留有遗诏，但并未流传，显然被有意销毁，可能是因其内容对皇太极不利。

---

[1]《光海君日记》卷一六九。

另外，第十四子多尔衮死后被议罪，其中一大罪名就是他曾说"太宗文皇帝之即位，原系夺立"，即多尔衮说皇太极是篡位。虽然这句话成了多尔衮的罪状，但多尔衮说这话不可能是完全没有依据的，因为当时许多当事人都还健在。

此外，还发生了一件事，皇太极逼迫努尔哈赤的嫡福晋（即正宫皇后）、多铎和多尔衮的生母阿巴亥殉葬。这是非常奇怪的做法，因为在中国历史上，妃子殉葬时有发生，但正宫皇后殉葬却极少见，在整个清朝也只有阿巴亥这一位皇后被逼殉葬。这至少说明，多尔衮、多铎和皇太极之间是有矛盾的，皇位到底传给谁是有疑问的。

还有，努尔哈赤生前亲率的两黄旗，死后却交给了阿巴亥所生的多尔衮、多铎、阿济格三兄弟，而不是给皇太极，皇太极率领的是两白旗。我们知道，黄色是帝王之色，所以皇太极在继位后就急不可耐地命令自己的两白旗和多尔衮他们的两黄旗换装，人没有换，只是换服装和旗帜，让自己的人马变成正统的黄旗。

天聪四年（公元1630年），皇太极绕道蒙古攻打明朝都城北京，连克永平、滦州、迁安、遵化四城，然后命二贝勒阿敏率领五千人驻守。明军统帅孙承宗率军反攻，阿敏兵少，寡不敌众，于是弃城逃跑。皇太极刚派兵去救援，就听到阿敏弃城逃跑的消息。皇太极大怒，召集其他贝勒一起商议要治阿敏的罪。罪状除此次弃四城之外，还有心怀异志、曾在朝鲜谋求自立等。这些罪状反过来也说明，当初皇太极继承大汗位时，阿敏是不服气的。庭议给阿敏定了个死罪，皇太极改为幽禁。这样，四大贝勒之一的阿敏最先被除掉了。

天聪五年（公元1631年），三贝勒莽古尔泰随皇太极大军围攻大凌河。在包围大凌河时，莽古尔泰向皇太极报告说自己的部队遭到重创。皇太极听了不高兴，就责问他："听说你的部队经常不守规矩？"莽古尔泰也是暴脾气，火气一下子上来："胡说八道，哪有这种事？"皇太极不屑地说："如果是诬告，我当然要严惩诬告者；但如果情况属实，你手下的兵难道逃得了责罚吗？"说完，皇太极转身就准备骑马离开。莽古尔泰气炸了，大怒："你为什么独独跟我过不去啊？老子已经对你这么低眉顺眼了，难道非要杀了老子你才满意吗？"莽古尔泰紧紧攥着佩刀，死死地盯着皇太极。莽古尔泰的同母弟弟德格类见状不妙，一拳头打过去，大骂莽古尔泰大逆不道。莽古尔泰气得青筋暴跳，嗖的一下就抽刀出鞘，准备动手砍人了，幸好被人拉住劝走了。皇太极气得大骂莽古尔泰冷血，当初为了邀功连自己的生母富察氏都敢杀，现在还想杀自己兄弟？之后，贝勒们一起商议，给莽古尔泰定了个大不敬之罪，夺去和硕贝勒爵位，降为多罗贝勒。

这样，四大贝勒就已经被皇太极废了两个，之后皇太极又不断地借着各种机会打击大贝勒代善。到天聪六年（公元1632年）正月，皇太极正式宣布废除"与三大贝勒，俱南面

第一章　白手起家

坐"，即四大贝勒平起平坐、共理朝政的旧制，改为自己"南面独坐"，突出汗位的独尊地位。

天聪十年（公元1636年），皇太极远征蒙古察哈尔部，被漠南蒙古部落奉为"博格达·彻辰汗"，意思为"天赐聪慧"的可汗，即年号"天聪"的意译，同年改国号为"大清"。

皇太极性情豪爽，善于团结和笼络人心。据朝鲜使者的观察，皇太极经常宴请他的部将，赏赐食物和其他东西的时候一定是自己亲手给，还经常给部下斟酒，以收买人心。

皇太极一生最宠爱的女人是海兰珠。海兰珠是孝庄的亲姐姐，比孝庄大四岁，姐妹俩都嫁给了皇太极。海兰珠嫁给皇太极的时候已经二十六岁了，时间上比孝庄晚了九年，但这丝毫不影响皇太极对海兰珠的独宠。崇德元年（公元1636年）皇太极称帝后，封海兰珠为宸妃，赐居关雎宫，在后宫的地位仅次于孝端文皇后。第二年，海兰珠为皇太极生下了皇八子，皇太极欣喜若狂，随后就决定立这个婴儿为皇太子，并大赦天下。可惜，当时婴幼儿的死亡率是很高的。这个孩子不到两岁就夭折了，死的时候还没有起正式的名字。海兰珠悲伤过度，身体每况愈下。崇德六年（公元1641年）九月，皇太极率领大军和洪承畴率领的明军展开决定明亡清兴的关键性战役——松锦大战，在双方数十万大军正激烈厮杀的时候，后方传来海兰珠身体有疾的消息。听说爱妃生病，皇太极居然放下大军，第二天一早就匆匆忙忙赶回沈阳；一路上快马加鞭，可惜还是晚了一步，在即将到达沈阳的夜间收到海兰珠去世的消息；早晨奔到关雎宫时，海兰珠早已香消玉殒，皇太极整个人如五雷轰顶，精神恍惚，悲痛不已，陷入昏迷，至中午才苏醒过来。这次赶回沈阳途中，因赶得太急，接连跑死了五匹马，一路上六昼夜，皇太极几乎不眠不食，几次哭晕。之后，皇太极为海兰珠举行了极为隆重和奢侈的葬礼，参加完葬礼回来的路上触景生情，又悲伤不已，哭泣不止。皇太极事后自责地说，当初自己亲爹死了都没有这么悲痛，现在身为皇帝，怎么可以为了一个妇人如此悲伤呢？皇太极也是真性情，连这种话都当众说出来。

那么皇太极最欣赏的男人是谁呢？也许是明军将领祖大寿。他对祖大寿真是一片痴情，在攻打大凌河的时候，就不断地试图让祖大寿投降，所以对大凌河城围而不攻，最后大凌河城中已经人吃人了，祖大寿被迫投降。皇太极很高兴，出帐和他行抱见礼，给他极高的礼遇。祖大寿忽悠皇太极说，我是锦州总兵，你放我回锦州，我把锦州城献给你。皇太极半信半疑地放他走了，结果祖大寿一去不返，两人再见面已是十年后了。这回皇太极将祖大寿包围在了锦州城，围而不攻。皇太极不断地写信给祖大寿，说你赶紧来投降，十年前你骗了我，我的部下都嘲笑我，说我被你忽悠了，你现在要是投降，就可以兑现十年前献锦州的诺言了。

祖大寿投降后，向皇太极请死罪。皇太极非常豁达地说，你当初背叛我是为了自己的主人、为了妻儿宗室，很正常，我

第一章　白手起家

曾向大家保证,只要你祖大寿投降,我绝对不会亏待你,不论是之前背叛我,还是后来在杏山向我开炮,一概既往不咎。这里我们可以看到,皇太极是个高明的政治家。他拉拢祖大寿,就是拉拢整个祖氏家族在辽西走廊的势力。祖氏家族几十人都是明朝的将领,而且祖大寿麾下的关宁军是明朝最能打仗的一支部队,其中就包括祖大寿的外甥吴三桂。所谓做大事者不拘小节,作为一个政治家,为了整个辽东的战略利益格局,皇太极放下了个人的恩怨和私仇。

《清史稿》对皇太极的评价很有意思,说他"颜如渥丹,严寒不栗",即脸色红润,血气旺盛,所以在东北天寒地冻的环境下也不怕。从现代医学看来,皇太极很可能患有高血压,他去世的时候,史料记载说他端坐在炕上突然死了,没有任何征兆。皇太极不仅善骑射,作战神勇,而且还特别喜欢读书,为人宽厚,心胸宽广,这点跟他爹努尔哈赤不一样;他爹基本是一个草莽英雄,不太读书的。《清太宗文皇帝实录》上说"上凡遇劲敌,辄亲冒矢石",比如大凌河之战,遇到吴襄率领的七千明朝援军,他只率领了两百名护军,就向明军冲杀过去,结果这两百人把七千明军打得溃不成军。

历史学家萧一山对皇太极的评价最为中肯,他说"皇太极上承太祖开国之绪业,下启清代一统之宏图,其父努尔哈赤不过一草创之武夫,有秋霜烈日之威;皇太极则颇具豁达之陶度,饶春风和畅之情,如汉人之优待也,国俗之保存也,皆能为其父之所不能为"。相对于他父亲努尔哈赤的刚烈，皇太极更具有政治家的手腕，更擅长笼络人心。

崇德八年（公元1643年）八月初九，皇太极猝死于沈阳，享年五十一岁。皇太极突然死亡，又没指定继承人，因此导致了清朝的一大政治危机。

多尔衮：被称作"皇父摄政王"

之所以把多尔衮纳入皇帝系列，是因为他实际上是皇太极之后清朝政权的操盘者，而且死后曾被追赠为"清成宗"。那么多尔衮被称为"皇父摄政王"又是为什么呢？这是几百年来一直争论不休的问题。

明万历四十年（公元1612年）十月二十五日，多尔衮出生于赫图阿拉城，母亲阿巴亥是父亲努尔哈赤的大福晋；大福晋就相当于皇后，地位最高。阿巴亥生了三个儿子，分别是阿济格、多尔衮和多铎，三兄弟后来都战功卓著。

天聪二年（公元1628年）二月，十五岁的多尔衮和十三岁的多铎就随哥哥皇太极出征，征讨蒙古察哈尔部，大获全胜，多尔衮因此被赐"墨尔根戴青"（聪明机警的勇士的意思）的称号。皇太极虽然逼死了多尔衮的母亲阿巴亥，但对多尔衮兄弟厚爱有加。天聪五年，皇太极仿照明朝制度，设立了吏、

第一章　白手起家

户、礼、兵、刑、工六部，让十八岁的多尔衮执掌吏部，负责行政事务中最复杂的组织人事工作。

在清军入关之前，多尔衮在二十多岁的年纪就已经立下赫赫战功，如天聪九年（公元1635年）招降了蒙古林丹汗之妻囊囊太后、苏泰太后及其子额哲，并获得元朝传国玉玺。该玉玺成为皇太极称帝依据之一。崇德二年（公元1637年），多尔衮率军追击朝鲜王室，俘获朝鲜国王仁祖及其家属等一百八十二人。

崇德三年（公元1638年）八月二十三日，皇太极任命多尔衮为"奉命大将军"，统左翼军，贝勒岳托为扬武大将军，统右翼军，分两路南征明朝。皇太极的长子豪格也在多尔衮亲率的左翼军中。左翼军从青山关入关，在华北大地上横扫数千里，四处劫掠，在河北巨鹿蒿水桥斩杀了明军总督卢象升，并攻陷了济南城，对济南进行大规模劫掠和屠杀，然后从容地回到关外。此时的多尔衮，已经成为清朝最具实力的亲王之一了。

松锦大战后不久，皇太极突然去世，由于没有指定继承人，政权内部很快就发生了皇位争夺战。当时皇太极的长子豪格继承了皇太极的正黄旗、镶黄旗（共四十个牛录，一牛录为三百人），并自掌正蓝旗（二十一个牛录），共六十一个牛录。而多尔衮兄弟掌有正白旗与镶白旗，共有六十五个牛录，占八旗全部二百一十个牛录的近百分之三十一，所以多尔衮和豪格两人的力量基本上旗鼓相当。除了他俩，八旗之中还有代善一人独掌两红旗（共计五十一个牛录），济尔哈朗掌管镶蓝旗（三十三个牛录）。代善和济尔哈朗作为第三方力量，这时候支持谁就很关键了，但不论支持谁，都容易造成多尔衮和豪格之间的火拼。

最后，大贝勒代善充当和事佬，选择了一个折中的方案，扶持皇太极九子福临入承大统。当时福临年仅六岁，当然没法自己主政，最后由多尔衮和郑亲王济尔哈朗共同辅政，二人成为清朝的实际掌权人。

多尔衮辅政之后最大的功绩，就是抓住李自成攻陷北京的这个机会，率领全军、全族入关。他当时还像以前那样，打算带着军队从山海关以西的长城突破入关，但是没想到走到一半，就接到了吴三桂的求救信；多尔衮当机立断，立马调转方向，带领清军沿着辽西走廊的大道，直奔山海关而去。山海关一战，消灭了李自成的主力，之后清军顺势占领了北京。

占领北京后，许多满洲人还是原来的老观念，打算劫掠一番后就回东北去，比如多尔衮的哥哥阿济格就说，北京城不要守了，抢一通就回沈阳去吧，住在汉人的汪洋大海中，实在没有安全感。多尔衮说，不行，不仅要守，而且还要把顺治小皇帝带到北京来。

顺治元年（公元1644年）十月，顺治帝入关，定都北京，封多尔衮为"叔父摄政王"。之后多尔衮的权势越来越大。首

第一章　白手起家

先是罢免了郑亲王济尔哈朗的辅政大臣之职，改封他的亲弟弟多铎为"辅政叔王"，这样就消除了济尔哈朗的掣肘；之后，又找了个理由，将他的主要政敌豪格幽禁至死。如此一来，在朝中就已经没有能够牵制多尔衮的力量了。

顺治五年（公元1648年）十一月，"叔父摄政王"的头衔已经不能彰显多尔衮的尊崇地位了，多尔衮进一步升格为"皇父摄政王"。当时藩属国朝鲜的国王对"皇父摄政王"的称谓感到疑惑，因为从古至今从未有过这个头衔，既是臣子，又称自己为皇帝的父亲，这是什么操作？清朝的使臣解释说："今则去叔字，朝贺之事，与皇帝一体。"即多尔衮在礼仪上和皇帝的待遇是一样的。朝鲜国王说，哦，那就是两个皇帝了。

多尔衮"皇父摄政王"称号中的"皇父"二字，就引出了"太后下嫁"的传说，即认为顺治帝母亲孝庄皇太后下嫁给了多尔衮，此为至今争论不休的清初疑案之一。当时明朝反清的张煌言曾作诗讥讽："上寿觞为合卺樽，慈宁宫里烂盈门。春宫昨进新仪注，大礼恭逢太后婚。""合卺樽"是举办婚礼之时夫妻合饮的酒器，"太后婚"就是说孝庄再婚。所以我们可以看到，孝庄太后嫁给多尔衮的传闻在当时就已经流传开来了。但我个人认为，很可能是明朝士子看到多尔衮的"皇父摄政王"称号后给清朝皇室编排的笑话。而且这件事在朝鲜的史料里并没有记载。当时的朝鲜内心是非常痛恨清朝的，而且朝鲜特别注重儒家的礼节和典礼，朝鲜的史料是秘密记录的,并不会给清朝人看,里面写了大量清朝的坏话;如果清朝真的发生这样的丑事,朝鲜一定会记录在案的。当时朝鲜使者就在北京,如果多尔衮真的和太后结婚,这种大事肯定要发喜帖给朝鲜使者,朝鲜方面肯定会知道。所以我觉得,发生这件事的可能性不大。

"皇父摄政王"称号引起的遐想,很大程度上是从满文翻译成汉文过程中造成的误解。"皇父摄政王"称号的满文转写是"doro be aliha han i ama wang",直译为"摄政的汗的父王"。满文中"han i ama wang"(汗的父王)不是"皇父"。满文凡称"皇父"必是"han ama",从未以"han i ama"(汗的父)或"han i ama wang"(汗的父王)指称"皇父"。多尔衮满文称号中"汗的父王"翻译成汉文时,被按照汉族习惯译为"皇父",使汉人误以为多尔衮成了顺治的父亲。而侄子称叔父为父的做法,不仅在满洲人中很普遍,在汉人中也很常见,如"事诸父""如事父"等。满语中"阿玛"也仅仅是对男性长辈的一种尊称,并不专指父亲。

顺治七年(公元1650年)正月,多尔衮干了件奇怪的事情,他没有娶他的嫂子孝庄,反而是娶了那个被他幽禁而死的侄子豪格的福晋。之后又向朝鲜皇室提亲,娶了个朝鲜公主,但又嫌弃朝鲜公主长得太丑。

最让多尔衮头疼的是,他只有一个亲生女儿,没有儿子,也就是没有继承人,所以他让弟弟多铎过继一个儿子给他,就

第一章　白手起家

是多铎的第五子多尔博。与努尔哈赤、皇太极的威武雄壮不同，多尔衮身体比较瘦弱，算不上强壮，经常生病。到这时候，他的心态有些失衡：论功劳，整个清朝无人能及，可惜当初没当上皇帝；现在虽然已经是实际上的皇帝，可惜自己又没有儿子；而且如果此时废掉顺治皇帝的话，两黄旗肯定会反对，南方还有明朝的势力。他既不想搞分裂，但心里又不甘，所以内心很矛盾，逐渐失衡。

顺治七年十一月，多尔衮出古北口外打猎，期间坠马受伤；十二月，死于古北口外喀喇城，时年三十九岁。顺治皇帝追封多尔衮为"清成宗"，按帝王礼仪安葬。

从顺治继位以来七年间，多尔衮独掌大权，实际上是清朝的最高统治者。清朝能攻灭明朝、占有天下，主要是多尔衮的功劳。

然而多尔衮死后仅两个月，顺治皇帝及其他反对势力就开始反攻倒算了。顺治八年（公元1651年）二月，之前被多尔衮从辅政大臣位子上撵走的郑亲王济尔哈朗鼓动侄子辈的巽亲王满达海、端重亲王博洛、敬谨亲王尼堪联合上奏，控诉多尔衮的种种罪行，说当初皇太极去世之时，大家并没有设立摄政王的打算，都是他弟弟多铎在唆使鼓动，而且即使设置了摄政王，也是多尔衮和郑亲王济尔哈朗一起辅政，哪里知道多尔衮独断专权，排挤郑亲王，还让弟弟多铎当辅政王，自己称"皇父摄政王"，将扶立皇上以及攻占天下的功劳全都占为己有。

不仅如此，多尔衮还吹毛求疵，逼死肃亲王，娶了人家的妃子。此外，在仪仗、王府规格、财物等方面都跟皇帝一个规格，政务自己独揽，也不请示皇上，把王府当朝廷，要求大家不伺候皇上，都跑到他那里待命。凡此种种，真是大逆不道，众人联合上奏请皇上严惩。

顺治皇帝一家子这些年其实一直生活在多尔衮的威胁和恐吓之中。多尔衮生前权势滔天，随时可能把顺治废掉，而且多尔衮又杀了顺治皇帝的亲哥哥豪格，还娶了豪格的妻子，毫无疑问，顺治帝内心对多尔衮是恐惧且痛恨的。所以顺治皇帝很快就宣布了多尔衮的十四条罪状，剥夺多尔衮的一切封号，并毁墓鞭尸。当时在北京的意大利传教士卫匡国在《鞑靼战纪》中记载说："顺治帝福临命令毁掉阿玛王华丽的陵墓，他们把尸体挖出来，用棍子打，又用鞭子抽，最后砍掉脑袋，暴尸示众，他的雄伟壮丽的陵墓化为尘土。"多尔衮的地位一下子从巅峰跌落到谷底，当权者这种从一个极端瞬间跌落到另一个极端的情况在历史上并不少见。

一百多年后，乾隆皇帝为多尔衮平反，说"奉迎世祖车驾入都，定国开基，以成一统之业，厥功最著"，即清朝一统天下，多尔衮的功劳最大，只是因为多尔衮摄政多年，权势逼人，王公大臣心里畏惧，所以才导致死后被苏克萨哈等人诬陷谋反。到了乾隆年间，恩怨已经完全消散，乾隆重新肯定了多尔衮的历史功绩，并且把多尔衮的后代封为睿亲王，世袭罔替，成为清朝著名的八大铁帽子王之一。我们说百年不修史，盖棺也不一定就定论，百年前多尔衮被顺治皇帝毁墓鞭尸，成为了清朝最大的罪人，没想到一百多年后，又被顺治的曾孙乾隆皇帝平反了。

顺治皇帝：叛逆的少年

　　顺治皇帝福临是皇太极的第九子，母亲是蒙古人永福宫庄妃，即后来的孝庄太后。皇太极突然去世后，经过多尔衮和皇太极嫡长子豪格之间的一番明争暗斗，议政王大臣会议最终折中推举六岁的福临继承帝位，并由努尔哈赤第十四子睿亲王多尔衮和努尔哈赤之侄郑亲王济尔哈朗二人共同辅政。

　　顺治皇帝是一个什么样的人呢？他六岁登基，十四岁亲政，二十四岁去世，总共在位十八年，前七八年实际是由多尔衮执政，他完全是一个傀儡。后来才是他自己执政。他在临死前颁发了一个非常特别的遗诏，这封遗诏罗列了自己的十四条罪状，对他自己整个十八年皇帝生涯做了一次全盘否定式的总结。这十四条罪状包括：更改祖制、未能孝养母亲、父亲去世时未尽孝仪、对宗亲未能照应周全、偏任文臣汉官、不能延揽人才、未能清退不合格官员、宫中浪费钱粮过多、宫殿建造耗费过多、董鄂妃丧礼过于优厚违反定制、过于信任太监、贪图清闲不够勤政、不能听言纳谏、知错而不能改等。

这份遗诏对自己做了充分的检讨，几乎等于将自己全面否定，但这不可能全是顺治皇帝的本意，反映的是他的母亲与满洲王公朝臣对他的极度不满，是一次总清算。

当然顺治皇帝在他实际执政的八九年间也确实没什么功绩，他本人也没什么军政才能，这点在他后来应对郑成功的进攻时显露无遗。顺治十六年（公元1659年）七月，郑成功、张煌言率领的明朝水师从长江口突入，包围了南京城，安徽的四府（太平、徽州、宁国、池州）、三州（无为、广德、和州）、二十四县均不战而降，朝野震动。自从多尔衮去世后，清军缺少一个强有力的主心骨，面对明军的反扑，气势大不如前。当时主政的顺治皇帝刚刚二十出头，面对这突然而来的危机，惊慌失措，萌生了退回关外的念头。这时，孝庄皇太后斥责顺治"卑怯"。被母亲责骂后，顺治皇帝一气之下做出了御驾亲征的决定，并抽出宝剑把御座劈碎，以表决心。你看，他在做这种重大决策时，非常冲动鲁莽，而且他从未经历过战阵，没有实战经验，怎么可能是郑成功的对手呢？御驾亲征必然凶多吉少，一旦战场上遇难，清王朝在中原的统治很可能会功亏一篑。当时顺治和他母亲孝庄太后之间的关系非常紧张，孝庄劝不动顺治，只得求助顺治的乳母，但也没有用。最后是谁出面劝住了呢？是汤若望。王公贵胄和满朝文武大臣跑到宣武门外

第一章　白手起家

的南堂（天主堂），恳请汤若望出面劝顺治不要亲征。汤若望是德国传教士，和顺治皇帝的关系特别密切，顺治尊称他为"玛法"。"玛法"是满语音译，意思是"尊敬的老爷爷"。汤若望很清楚，在顺治情绪最激烈的时候去进言，会适得其反，必须等那一腔暴怒发泄后再去劝慰。第二天，汤若望才进宫，言辞恳切地说服顺治放弃了亲征的决定。

可以看出，顺治是个情绪非常容易激动的人。其实他的父亲皇太极也是个非常激情的人，但是皇太极的激情都用在了正确的地方，比如在大凌河遇到七千明朝援军，他热血上涌，率领两百名护军直接冲进明军阵中，把明军给杀得退回锦州。顺治有这个本事吗？没有。他这时完全是意气用事，刚刚吓得要退回沈阳，转头又要亲自到南京去打郑成功，非常莽撞。

顺治皇帝和董鄂妃之间的故事历来最为人所津津乐道，董鄂妃也确实对顺治的后期皇帝生涯产生了极大的影响。董鄂妃是满洲正白旗人，董鄂是部落的族名，满文翻译过来的，并不是汉姓，但董鄂妃小时候跟着她爹鄂硕驻扎在苏杭一带，所以从小受到江南汉族文化的熏陶，好读书，善书法，气质娴静温柔，端庄美丽，充满书卷气，这在粗犷的蒙满女子当中显得相当与众不同。

当顺治第一次在宫中见到董鄂妃的时候，就被董鄂妃的气质吸引了。当时董鄂妃已经嫁给了皇太极的第十一子——襄亲王博穆博果尔，也就是顺治的弟弟。博穆博果尔发现顺治皇帝和自己的妻子暧昧不清后，非常郁闷，骂了董鄂妃一顿。顺治知道后，暴跳如雷，把博穆博果尔叫过来，甩了他一个大耳刮子，结果博穆博果尔怨愤而死。顺治随后就把董鄂妃迎进宫中。《清世祖章皇帝实录》也的确留下了耐人寻味的文字：襄亲王博穆博果尔在顺治十二年（公元1656年）七月初三去世，"礼部择吉于八月十九日册妃，上以和硕襄亲王薨逝，不忍举行……"因襄亲王之死而不忍心册封董鄂氏，足以反映出顺治、董鄂氏、襄亲王之间存在着不同寻常的关系。

董鄂妃深受顺治皇帝的宠爱，入宫后不久就被册封为皇贵妃，并为此大赦天下，整个清朝因为册封妃子而大赦天下的仅此一例。顺治还一度想把皇后废掉，让董鄂妃当皇后。顺治十四年（公元1657年），即董鄂妃入宫一年后，她就生了一个儿子，顺治欣喜若狂，把这个儿子称为"第一子"，并且再次大赦天下。实际上，这是他第四个儿子了。可惜，这个孩子没有几个月就夭折了，这对顺治和董鄂妃的打击都非常大。董鄂妃本来身体就比较柔弱，遭此打击后一病不起，最终在顺治十七年（公元1660年）八月十九日香消玉殒。从顺治十三年进宫到去世，前后不过四年的时间。

董鄂妃死后，顺治皇帝顿觉心灰意冷，便萌生了出家的念头。顺治十七年十月中旬，顺治皇帝在宫中由湖州报恩寺的和尚行森为他剃发，成了"光头天子"。行森的师父、报恩寺住

第一章　白手起家

持玉林听说了,对顺治反复劝说,并威胁要烧死行森,顺治这才放弃了出家的念头。从此以后,顺治皇帝精神萎靡不振。

顺治的身体本来就不好,董鄂妃在的时候,他便已骨瘦如柴,体力不支,自知难以活到四十岁。董鄂妃去世后,顺治的精神支柱轰然坍塌,更觉得自己将不久于人世。顺治十八年(公元1661年)正月初二,顺治安排最宠爱的太监吴良辅代替自己出家为僧(吴良辅以前是明朝崇祯皇帝的太监)。那天,顺治亲临南城悯忠寺,就是今天的法源寺,观看吴良辅出家仪式。清军入关以后,把北京内城的汉人全部撵到了南城,所以南城的人口密度特别大,而且汉人中天花病毒流行,顺治从南城回来时,就染上了天花,当晚发起了高烧,更加感觉身体不行了。

这时候,顺治认为国赖长君,于是提出要把皇位传给和自己关系亲密的堂兄弟——安亲王岳乐。可是,岳乐是阿巴泰(努尔哈赤第七子)的儿子,不是皇太极的儿子,要是把皇位传给岳乐,那皇太极这么多子孙都会反对。对此,顺治的母亲孝庄太后也极力反对,如果让另一个三十多岁的成年男子当了皇帝,那孝庄太后的处境就非常尴尬。而且顺治自己有好几个儿子,并不是没有子嗣,所以顺治的这个想法可以说是非常离谱。

后来又是汤若望出面劝他,说幼主临朝固然会影响政局,但帝系的转移会造成更大的危机,皇三子生过天花,有免疫力,适合当太子。

到正月初六深夜，顺治感到自己已经不行了，急召礼部侍郎兼翰林院掌院学士王熙和原内阁学士麻勒吉入养心殿，口授遗诏。王熙、麻勒吉二人退至乾清门下西围屏内，初七整整一天，撰拟顺治遗诏。初七晚上，年仅二十四岁（虚岁）的顺治皇帝，便与世长辞了。

据《王熙自撰年谱》中的记载，遗诏拟了三稿，给顺治看了三趟，到傍晚时分才定稿。王熙在遗诏公布后，便把自己保存的所有同遗诏有关的文字记录付之一炬，而且此后对所有涉及的内容守口如瓶。据孟森先生考证"其间必有太后及诸王斟酌改定之情事"，所以后来公布的遗诏和顺治自己口授的遗诏有很大的差别。

顺治死后，由他的师父行森和尚在景山举行火化仪式，其遗体及生前物品全部焚烧，骨灰葬在遵化的清东陵。

这是一位不靠谱的年轻皇帝，一生也没什么大的作为，行为处事有点不符合逻辑，性情乖戾，情绪激烈。他的早死对于清朝或许是件好事，因为他的继承人康熙皇帝是一位有雄才大略的君主。康熙皇帝是清朝能安然度过百年的关键人物。

第二章 康乾盛世(上)

康熙皇帝（一）：父母双亡、备重亲情的悲催少年

　　康熙皇帝是中国历史上在位时间最长的皇帝，共计近六十二年，他本人则活到将近七十岁。当然实际执政时间最长的是他的孙子乾隆皇帝，实际执掌政权六十四年。康熙皇帝出生于顺治十一年三月十八日，也就是公元1654年5月4日。他生于北京紫禁城景仁宫，是顺治皇帝的第三子，生母为孝康章皇后佟佳氏。顺治皇帝染上天花后，接受了德国传教士汤若望的建议，以八岁的第三子曾出过天花、具有免疫力为由，将其立为太子，并且取了一个汉语名字叫玄烨。康熙皇帝以前的满语名叫什么目前还没有定论，八岁的时候他才有了玄烨这个汉语名。

　　顺治十八年正月初七，也就是公元1661年2月5日，玄烨登基。因为顺治帝在这一年年初就去世了，所以几乎整个顺治十八年都是康熙在位，而不是他的父亲；而康熙自己是在康熙六十一年（公元1722年）底去世的，这也是为什么康熙的年号只有六十一年，而他实际在位时间将近六十二年的原因。他即位的时候虚岁只有八岁，也就是七周岁左右。到了第二年正月，也就是1662年2月份改元康熙，"康熙"就是康乐安宁、天下兴盛的意思，表示希望太平盛世来临。

第二章　康乾盛世（上）

因为康熙登基时年纪还小，所以顺治临终前任命了索尼、苏克萨哈、遏必隆、鳌拜四大臣辅政。其中索尼、遏必隆、鳌拜都是皇太极的部将，出自皇太极的两黄旗，而苏克萨哈是正白旗，曾是多尔衮非常信任的贴身侍卫，多尔衮死后，苏克萨哈反水检举多尔衮，获得顺治的重用。

康熙幼年的生活是非常不幸的，他的父亲顺治皇帝独宠董鄂妃，不宠爱他的母亲佟佳氏，对他也十分冷淡。而且，按照清宫的规定，皇子一出生就得和父母分开生活，不能住在一起。他小时候居住在紫禁城西北角，也就是今天的福佑寺所在地。因为这个地方是皇帝小时候住过的，所以以后其他人也不允许住了，就只能改成寺庙。他的儿子雍正皇帝也是这样，雍亲王府后来改成了喇嘛庙雍和宫。

康熙从小是由保姆抚养长大的，所以他和保姆孙氏（汉军旗人、包衣出身）感情特别深厚。孙氏的儿子曹寅也成了康熙皇帝少时的玩伴和发小。几十年后，康熙下江南时，还在曹寅的江宁织造府里接见过孙氏，称她为"吾家老人"，把她当成自家长辈。这个曹寅就是《红楼梦》的作者曹雪芹的祖父。

康熙继位两年后，他年轻的母亲、年仅二十三岁的孝康皇后也去世了。康熙十岁不到，就父母双亡，这是他平生最为痛心的事。他后来在六十八岁高龄、行将去世的时候，向群臣诉说自己的痛苦，说自己"父母膝下，未得一日承欢"，从来没有得到父母亲的疼爱，没有父母亲情可言。幸好，当时，他的奶奶孝庄太皇太后还健在。

孝庄和康熙的关系非常亲密，经常陪着他巡狩天下；翻山越岭的时候，康熙皇帝还要下马，亲自搀扶他祖母。孝庄对康熙也非常支持，顾全大局，三藩作乱、吴三桂起兵的时候，连年用兵，清廷国库都打光了，孝庄就把自己慈宁宫中的私房钱拿出来，犒赏三军。遇到灾荒时，孝庄也经常把自己的小金库拿出来救灾。

祖孙俩在一起生活了三十多年，到康熙二十六年（公元1687年），孝庄太后已经七十五岁，年纪很大了；年底的时候孝庄病危，康熙皇帝昼夜不离左右，亲奉汤药。为了给祖母祈福，康熙顾不上十二月的天寒地冻，带领王公大臣从紫禁城步行到天坛，向上天祷告。康熙在读祈祷文的时候痛哭流涕，说他自己"早失怙恃，趋承祖母膝下三十余年，鞠养教诲，以至有成。设无祖母太皇太后，断不能致有今日成立，罔极之恩，毕生难报"[1]。康熙从小就是祖母抚养教育他，督促他读书，端正他的行为。康熙皇帝非常注重仪表仪容，即使是夏天酷热难耐，他见大臣的时候也都是龙袍穿戴整齐，一丝不乱，而且是端坐在那里，不会歪歪扭扭地倚靠着什么地方。这与孝庄的教诲是分不开的，所以祖母对他的成长是有大恩的。他觉得自己毕生难报祖母的恩情，只能祈求上天，如果祖母确实大限已到的话，他

---

[1]《清圣祖圣训》卷一。

愿意减损自己的年岁，为祖母延续几年的寿命。虽然康熙与祖母感情深厚，但是孝庄毕竟年纪很大了，不久就去世了。

孝庄按理应该和皇太极合葬，葬在沈阳的昭陵，但是孝庄临死前说，太宗已经安安静静地在地宫很久了，不要轻易去打扰太宗，而且自己心中也舍不得顺治他们父子俩，就把她安置在孝陵附近吧。清孝陵就是顺治的墓地。

孝庄太后的去世对康熙皇帝的打击特别大，因为悲伤过度，御门听政的时候连站都站不稳，在侍卫搀扶下才能坐下来，并且此后都不忍心经过慈宁宫，怕睹物思人，又惹出许多眼泪来。康熙皇帝为孝庄的丧事打破了多项祖制和惯例，包括为孝庄剪发辫等。一直到三十多年后，康熙和大臣聊天时提到了他的祖母，一下子泪下如雨，情不自禁地哭了起来。他说自己曾经五十次为天下祈雨，之前都是到天坛祈雨，很管用，有一次步行到天坛祈雨以后，很快就大雨如注。但是自从孝庄去世后，他就再也不去天坛祈雨了，改在宫中祈雨，因为当年他在天坛为祖母祈祷延寿，没有效果，上天没有理他，孝庄还是死了；现在如果再去天坛祈雨，要是又有效了，那怎么对得起祖母呢？他感到很惭愧，说着又痛哭流涕，不能自已。

孝庄去世后，和康熙皇帝最亲近的人是他的嫡母孝惠章皇后。康熙的生母是孝康章皇后，在康熙即位后不久就去世了，他和生母相处时间短暂，所以感情并不太深，而嫡母孝惠章皇后则几乎陪康熙走完漫长的一生。

顺治皇帝先后立了两个皇后，第一任皇后是博尔济吉特氏，是孝庄的侄女，但因为脾气火爆，加上是多尔衮指派的，所以当了两年皇后就被顺治皇帝废了，成为清朝唯一的废后。之后，顺治又娶了另一位小一辈的博尔济吉特氏、废后的堂侄女、孝庄的侄孙女为妃，接着立为皇后，就是后来的孝惠章皇后。康熙帝即位后，尊其为母后皇太后，上徽号"仁宪"，也称仁宪皇太后。

孝惠章皇后比顺治小一辈，年纪也不大，只比康熙大十三岁，被尊为皇太后时也才二十一岁。孝惠章皇太后虽然不是康熙的生母，年纪也不大，但对少年康熙照顾有加。后来孝庄去世后，孝惠就成了康熙最亲近的人。

康熙不仅平日里对孝惠敬重有加，还带其回塞北老家科尔沁草原，夏天去承德避暑山庄，每一次他都亲自率着皇子们跪着迎接孝惠，把这个只比他大十三岁的嫡母皇太后当作自己真正的母亲一样。

孝惠很长寿，康熙五十六年（公元1717年）十二月，孝惠病危，此时，她已经七十七岁了，而康熙也已经六十四岁了。自从废太子以后，康熙的身体就开始垮了，头晕目眩，脚也肿起来。他听到太后病危后，用手帕裹着肿起来的脚，乘着软轿，跪在太后的床下，捧着太后的手说，儿子在这。太后那时候已经处于弥留之际了，勉强把自己的眼睛撑开，盯着康熙看，拉着康熙的手，说不出话了。此时康熙皇帝自己也已经到晚年了，他就在太后的宫殿外边支了一个帐篷，一直守着太后，不回自己的乾清宫。

第二章 康乾盛世（上）

祖母孝庄在世的时候，康熙皇帝对他的嫡母的感情并不深，他所有的亲情都倾注在祖母身上。孝庄死后，他就把亲情倾注在嫡母身上，所以二人感情特别好。

康熙六年七月初七，公元1667年8月25日，康熙皇帝和他父亲顺治皇帝一样，要亲政了，这时候他才不过十四岁。对于康熙亲政，辅政四大臣中数鳌拜最不乐意。此前虽为四大臣辅政，但实际上鳌拜大权独揽，他认为自己资格老、军功大，不仅诛杀了张献忠，在松锦大战中还救过皇太极的命。鳌拜看着康熙，就像看自己的孙子一样，很瞧不起少年康熙。他飞扬跋扈，不可一世，不愿意交权，朝中官员大都唯鳌拜马首是瞻。所以康熙要真正亲政，首先就必须除掉鳌拜。

于是，康熙挑选了一批体格健壮的少年充当侍卫，每天让他们练习布库，即满洲的摔跤和搏击。鳌拜看到这帮十几岁的小孩整天在一起玩闹，就更觉得康熙没出息，放松了警惕。一天，康熙皇帝召鳌拜进宫，鳌拜刚入宫，康熙一声令下，那群整天练习布库的少年侍卫就一拥而上，将毫无防备的鳌拜摁在地上。满洲第一勇士就这样被十多个十几岁的小孩抓了。

一开始，康熙皇帝想把鳌拜杀了，但是最后没杀。据法国传教士白晋的记载，鳌拜要求见康熙，然后把衣服脱了，露出背上胸前累累伤痕，他说这些都是当年救康熙的祖父皇太极受的伤。康熙皇帝一看心软了，就宽大处理，没有杀他，而是把他囚禁起来。从这个事情上也看出，康熙是一个很重旧情的人。

至于后妃们，康熙并不像皇太极、福临那样痴情，除对三位皇后感情较深外，其他也没什么特别的爱情故事。

康熙皇帝（二）：外国人眼中的康熙皇帝

康熙皇帝在去世后被尊为圣祖仁皇帝，其中"仁"是他一长串谥号中的最后一个字，也是最重要的一个字。作为谥号来说，"仁"是对帝王最高的评价。而"圣祖"是庙号，所谓"祖有功、宗有德"，称为"祖"的大都是开国君王，然而康熙既不是开国君主，也不是入关后的第一任皇帝，为什么能称"祖"，而且还是"圣祖"呢？这主要是因为雍正皇帝认为他老爹的功劳实在太大了，"虽曰守成，实同开创"，等于把天下再打了一遍，奠定了大清的江山基业。在三藩之乱之前，清朝实际上是满人和辽东汉人军阀共治天下，并没有彻底统一全国。在消灭了以吴三桂为首的三藩之后，又在台湾建制，对西藏有效地加强管辖，平定了准噶尔的叛乱，击退了沙俄的侵略，使得整个清朝的疆域大为拓展和巩固，并逐步安定下来，因此可以说康熙功劳极大，备受推崇。

这是清朝自己人的看法，那么在外国人眼里，康熙皇帝又是个什么样的形象呢？第三方的观感，可以帮助我们更加全面、客观地认识这位有雄才大略的帝王。

先看看朝鲜人是怎么记载的。朝鲜之前是明朝的藩属国，

第二章　康乾盛世（上）

对明朝和汉文化的认同度很高。万历皇帝还曾两次出兵援助朝鲜抗击日本的入侵，所以朝鲜对明朝的感情是非常深的。明朝灭亡后，朝鲜除对清朝公文用清朝年号外，其他内部一切公文仍旧沿用崇祯年号，一直用到民国初年。

在朝鲜使者闵鼎重眼中，十六岁的康熙皇帝的形象很不堪："清主身长不过中人，两眼浮胞深睛，细小无彩，颧骨微露，颊瘠颐尖"[1]，"朝参日黄屋出入之际，顾见甚久，观其容貌，则别无英气，多有猛气矣"[2]。说康熙长得尖嘴猴腮、眼小无光，像个野蛮人，没有英气，而且性格上多疑易怒，偏听偏信，独断专行，用人唯亲。

十六年后，到了康熙二十五年（公元1686年），此时的康熙皇帝已经三十二岁，平定了三藩之乱，统一了台湾，国内局势安定下来。这一年，朝鲜使者吴道一见到了康熙皇帝，他一面为吴三桂的失败感到惋惜，因为当时朝鲜人都寄希望于吴三桂能够反清复明；另一方面又不得不承认康熙皇帝重文兴教，在他的治下，文教兴盛，并不亚于明朝。康熙皇帝自己也通习儒家经典，文辞畅达，汉语水平很高。吴道一在北京见到了康熙帝为《四书解义》《书经解义》两书所作的序，认为"其文颇畅达，见解亦粗通，殊可讶也"，对满洲人学习汉文化的深入程度感到惊讶。吴道一在北

---

[1] 闵鼎重：《老峰先生文集》卷十，《杂著·闻见别录》。
[2] 国史编纂委员会：《承政院日记》第218册。

京还惊讶地发现，不少满人居然还会写诗，于是酸溜溜地感慨说"夷狄尚礼乐则必亡"。当时朝鲜人恨不得清朝马上就灭亡。

然而西方传教士的记载则完全不同。比利时传教士南怀仁是清初最有影响力的传教士之一，他曾给康熙皇帝讲授几何学和天文学，和康熙关系密切，多次陪同出巡。他在康熙二十一年（公元1682年）写了一本《鞑靼旅行记》，书中对康熙的描述是：

> 皇帝中等人才，是位慈祥、稳重、举止端庄的人，他那威严的外表，无论从哪一方面看，即使放在千人之中，也与众不同，能够立即分辨出来，这是由于他想使自己的容态和举止，让人一看便是心地高尚的人所造成的。……今日君临于中国的鞑靼族君主……身材魁伟，黑黑的大眼睛，鼻子稍高，黑色的连鬓胡须很厚密，几乎没有下髯，脸上有点痘痕，普通身材。[1]

稍晚一点的法国传教士白晋在给法王路易十四的秘密报告《康熙帝传》中，对康熙的外貌作了如下的描述：

> 康熙今年四十四岁，执政已经三十六年。他一身丝毫

---

[1]［比］南怀仁：《鞑靼旅行记》，见杜文凯编《清代西人见闻录》，中国人民大学出版社1985年版。

第二章 康乾盛世（上）

也没有与他占据王位不称之处。他威武雄壮，身材匀称而比普通人略高，五官端正，两眼比他本民族的一般人大而有神。鼻尖稍圆略带鹰钩，虽然脸上有天花留下的痕迹，但并不影响他英俊的外表。……康熙的精神品格远远强过他身体的特性。他生来就带有世界上最好的天性。他的思维敏捷、明智，记忆力强，有惊人的天才。他有经得起各种事变考验的坚强意志。[1]

我们可以看到，对于康熙皇帝的容貌，西方传教士的描述和朝鲜人的描述截然相反。

在生活作风方面，朝鲜人认为康熙好色，他们传说康熙皇帝在畅春园修建离宫十五处，分别安置北京及全国十四省的美女，每个省一个，各个宫室里的衣服、饮食、器皿等都按各地的风俗布置，而康熙皇帝沉湎其中。但后来当朝鲜使者亲眼见到畅春园后，朝鲜人自己都觉得"今来见之，与所闻大异"。

对于畅春园，白晋是这样记述的："康熙皇帝曾经派人在北京郊外二法里[2]处造了一座他很喜爱的苑囿，每年要在那里度过相当一段时间。里面除他命人开凿的两个大水池和几条河道外，再也没有什么使人感到与一个既富有又强盛的君主所应有

---

[1]〔法〕白晋：《康熙帝传》，珠海出版社1996年版。
[2] 法里，法国的长度单位，一法里约合四千米。

的豪华气派相称的东西了。那里的一切确实非常洁净。它的建筑，它的庭院，它的布置，比起巴黎郊区一些王侯爵爷的别墅来，要逊色得多。"[1]在白晋眼里，畅春园相当朴素。

白晋还在给路易十四的报告中盛赞康熙皇帝是一位有雄才大略的英明君主。他说："有幸接触一位以前在法国以外连做梦也未曾见过的伟大人物。他和陛下一样，有高尚的人格，非凡的智慧，更具备与帝王相称的坦荡胸怀。他治民修身同样严谨，受到本国人民及邻国人民的崇敬。从其宏伟的业绩来看，他不仅威名显赫，而且是位实力雄厚、德高望重的帝王……简言之，这位皇帝具有作为英明君主的雄才大略。"[2]

此外，白晋还称康熙皇帝乐于和百姓亲近，能够经常去了解民间疾苦，时常巡幸各省。在视察时，康熙允许工匠和农夫接近自己，并以亲切慈祥的态度对待他们，温和地向百姓询问生产生活中存在的困难和问题，而且一定要问到他们对当地政府官吏是否满意这类问题。如果百姓倾诉对某个官员不满，这个官员就会失去官职。

法国传教士张诚记录，康熙从多伦诺尔（今内蒙古自治区锡林郭勒盟多伦县）回程到达通州时，在运河岸边野餐，有几个孩子在远处围观，康熙就邀请这几个孩子和自己一同吃饭；

---

[1]［法］白晋：《康熙帝传》，珠海出版社1996年版。
[2] 同前注。

第二章 康乾盛世（上）

不仅如此，康熙还让这些孩子回去拿个篮子来，让他们装一篮子吃的回去。

比利时传教士南怀仁也记录了康熙皇帝乐于接近百姓、走访民间疾苦的特点。他说："（康熙帝）亲切地接近老百姓，力图让所有人都能看见自己；就像在北京时的惯例一样，他谕令卫兵们不许阻止百姓靠近。所有的百姓，不管男女，都以为他们的皇帝是从天而降的，他们的目光中充满异常的喜悦。为一睹圣容，他们不惜远涉跑来此地，因为对他们来讲，皇帝亲临此地是从不曾有过的事情。皇帝也非常高兴于臣民们赤诚的感情表露，他尽力撤去一切尊严的夸饰，让百姓们靠近，以此向臣民展示祖先传下来的朴质精神。"[1]

白晋在《康熙帝传》中也说，尽管康熙皇帝自己过着朴素的生活，力求节俭，但对用于国家的经费却特别慷慨。"只要是有利于国家、造福于人民的事业，即使支出数百万两，他也从不吝惜。这就是其中的一个例证。为了修缮官署，以及为了改善人民生活、促进商业发展，而治理河流、运河，建设桥梁、修造船只及其他类似的事业，他经常拨出巨款。由此不难看出，康熙皇帝的朴素生活，完全是由于他懂得节约的意义，也是由于他希望做一个为臣民所爱戴的君主和国父，所以努力为国家

---

[1]［比］南怀仁：《鞑靼旅行记》，见杜文凯编《清代西人见闻录》，中国人民大学出版社1985年版。

的实际需要积累财富。"[1]

此外，康熙皇帝还对近代西方科技知识有着强烈的好奇心。白晋说："皇上亲自向我们垂询有关西洋科学、西欧各国的风俗和传闻以及其他各种问题。我们最愿意对皇上谈起关于路易大王宏伟业绩的话题；同样，可以说康熙皇帝最喜欢听的也是这个话题。这样一来，皇上竟让我们坐在置放御座的坛上，而且一定要坐在御座的两旁。如此殊遇除皇子外从未赐予过任何人。"[2]

白晋在给路易十四的秘密报告中说："可以肯定，这位皇帝是自古以来君临天下的最完美的英明君主之一，从许多方面来看，他都与陛下极其相似。"[3]

康熙皇帝（三）：酷爱巡狩打猎的皇帝

康熙皇帝酷爱巡狩和打猎，是个完全闲不住的人。他很少住在紫禁城里，尤其是后半生，他在北京的时间并不太多，即使在北京也多住在畅春园里。讲起康熙皇帝在全国的巡狩，最为大家所津津乐道的，是他的六次南巡。康熙在这六次南巡中，两次祭泰山，六次到扬州，六次祭明孝陵，六次到苏州，五次

---

[1] ［法］白晋：《康熙帝传》，珠海出版社1996年版。
[2] 同前注。
[3] 同前注。

第二章 康乾盛世（上）

到杭州。南巡并不单单是游览江南风光，还带着视察黄河河工和笼络江南人心的政治目的。

康熙二十三年（公元1684年），康熙第一次南巡。为什么这个时候南巡呢？因为此时，持续八年之久的三藩之乱已经平定，而且统一了台湾，环视海内，终于天下太平，可以缓一口气了。康熙乘船沿着京杭大运河南下，顺道到山东曲阜孔庙，对孔子塑像行三跪九叩大礼，之后到扬州、江宁（今江苏省南京市）、苏州、杭州等地，除游览江南风光外，还特地到江宁祭奠明孝陵，也就是朱元璋的墓，到绍兴祭奠大禹墓，对大禹墓行三跪九叩大礼，这些都是表示自己对汉族传统的尊重，以此拉拢江南的人心。

第二次南巡是在五年后的康熙二十八年（公元1689年），也是沿着京杭大运河南下，沿河发现水患严重。第三次南巡是在康熙三十八年（公元1699年）的三月份，这次是带着嫡母皇太后一起的。如前所述，他和嫡母的感情很深。三月十四日抵达苏州。之后又去了太湖的洞庭东山，有当地渔民敬献鲫鱼、银鱼两筐，康熙很高兴，赏了渔民元宝，又亲自下网，捕获两条大鲤鱼。听说皇帝来了，当地的老百姓男女老少都围过来看，康熙就对大家说，不要踩坏了田中麦子。但其实田里种的并不是麦子，而是油菜花，当时油菜花已经花落结果，康熙是北方人，没见过，误以为是小麦。之后摘了一枝过来细看，问陪同的巡抚这是干啥用的，巡抚说是榨油用的。康熙这时明白过来，说"凡事必亲见也"。当天，有人来告御状，说自己在湖边的水田被冲了，可是还要照旧纳税，康熙听后把状纸给巡抚，又问太湖有多大。下面的人回答说有八百里宽，康熙又问，那怎么地方志上说只有五百里呢。下面的人回答说，因为每年的风浪把堤岸给冲塌了，所以太湖在扩大，现在有八百里了。康熙说，既然土地冲毁，怎么不上报免去粮税呢？这趟自己要是不到江南，民间的疾苦利弊，怎么可能知道呢？

之后他分别在康熙四十二年（公元1703年）、康熙四十四年（公元1705年）、康熙四十六年（公元1707年）南巡了三次。到第五、六次南巡的时候，黄河、运河的水患已经基本治理好了，后期江南地区的满汉矛盾也已经得到很大程度的缓和，治河与笼络人心的工作基本做好了，所以南巡就比之前轻松，以游玩、看戏为主。第六次南巡后的第二年，发生了废太子事件，这件事对康熙的身心打击很大，加上年纪也大了，所以之后康熙就没有再下江南了。

相对于南下来说，康熙更多的是北上。康熙下江南才六次，但北上塞外和东北超过五十次；作为满洲和蒙古的后代，康熙更喜欢到塞外和关外去打猎。

西方传教士对康熙皇帝的行猎有很详细的记载。

1682年，比利时传教士南怀仁曾跟随康熙皇帝东巡盛京（今辽宁省沈阳市）、乌喇（今吉林省吉林市）。过山海关后，康熙每天都在打猎。在一次大规模的围猎中，"皇帝从禁卫军挑选出三千名弓箭武装的士兵，命令他们按照一定的顺序和

第二章 康乾盛世（上）

间距，绕着山峰列队，向两侧扩展，围成了一个半径约三里的环形包围圈。为了防止包围圈出现凸凹和间隙，军官不断调整队列。等包围圈的所有位置固定好后，全体成一条线前进，前面无论是沟谷山涧还是荆棘深丛，甚至是险陡的山崖，任何人都必须攀涉，不准左右窜动、离开队伍。这个巨大的环形队伍横越了山岭和涧谷，将野兽围困起来，再渐渐地移向一块没有树木的低地，圆环的三里半径慢慢缩小到仅有二三百步，此时七万名骑兵一齐下马，步比步、肩并肩加入包围圈。那些从洞穴里、栖息地被赶出来的野兽，在这个圈中被穷追猛打，东蹿西跳，最终全部乖乖就捕。"[1]南怀仁亲眼看见清军用这种围猎的方法，仅仅半天时间就抓住了三百多只牡鹿、狼、狐狸，还有其他野兽，甚至经常看到在一个时辰（两小时）就捕住一千多只牡鹿和穴居的熊。"野兽在环形包围圈中像羊群一样，前冲后突，走投无路，那些竭力逃命者更往往成为众矢之的，不消片刻便被射中击倒。另外还猎取到六十多头老虎，但这不是围猎而是追捕中击毙的。如此九百余里距离间，一天也不停止地狩猎，到了沈阳才享受了三四天的休息。还有许多人丢掉了马匹，砍伐树木和树丛开辟道路。即使如此，还是天亮前已出发的几千骑马的人和车辆拥挤在沼上无法前进。皇帝、小皇子以及全

---

1 [比] 南怀仁：《鞑靼旅行记》，见杜文凯编《清代西人见闻录》，中国人民大学出版社1985年版。

体贵戚，不得不常常在泥水中徒步。"[1]

法国传教士张诚跟随康熙皇帝去多伦诺尔，出了古北口就是塞外，康熙皇帝豪情顿起，日日打猎。据张诚观察，康熙皇帝可手不扶缰绳，快马疾驰于山间林地，弯弓射猎，技艺超群，猎杀了大量的狍、鹿、虎、豹。张诚认为康熙皇帝是一位非常优秀的射手，可以左右开弓，宫廷侍卫无人能比；他不停地追猎，每天要骑垮八至十四匹马，每地必须准备十五匹马备用。[2]

在多伦诺尔会盟的往返途中，张诚目睹康熙皇帝用围猎的方式捕获了大量野兔等食草动物，以及亲自追捕猎杀的几头老虎。满洲人非常擅长用"木兰"[3]的方式引诱鹿群，因此他们的围猎场所叫"木兰围场"。

康熙皇帝终其一生对打猎极为痴迷。他在晚年曾自述："朕自幼至今，凡用鸟枪、弓矢，获虎一百三十五，熊二十，豹二十五，猞猁狲十，麋鹿十四，狼九十六，野猪一百三十二，哨获之鹿凡数百。其余围场内随便射获诸兽，不胜记矣。朕曾于一日内射兔三百一十八。若庸常人，毕世亦不能及此一日之数也。"[4]此时他还有三年的生命，因此他一生的猎物数量应该

---

[1]［比］南怀仁：《鞑靼旅行记》，见杜文凯编《清代西人见闻录》，中国人民大学出版社1985年版。
[2]［法］张诚：《张诚日记》，《清史资料》第五辑，中华书局1984年版。
[3] 满语音译，意为"哨鹿"。
[4]《清圣祖仁皇帝实录》卷二八五。

更多。乾隆皇帝年少时曾跟随在祖父康熙皇帝身边,他回忆已经六十八岁高龄的皇祖"高年须白,允宜颐养,尚且日理万几(机),暇则校射、习网、阅马、合围"。

为了安抚、怀柔蒙古,康熙皇帝还创立了木兰秋狝制度。康熙十六年(公元1677年)、康熙二十年(公元1681年),康熙皇帝两次出塞北巡,一路上接见了蒙古喀喇沁、科尔沁、敖汉等部的众多王公,开创了清朝皇帝出塞会见蒙古王公的制度。在第二次北巡时,喀喇沁、敖汉两部向康熙皇帝献出属地,与原属清朝的土地合并成为专供皇帝打猎的木兰围场(在今河北省围场满族蒙古族自治县),面积达一万多平方公里。康熙二十二年(公元1683年)夏,康熙皇帝陪同祖母孝庄太皇太后出塞避暑,第一次在围场设置黄幄、仪仗,赐宴招待前来朝见的科尔沁、敖汉、奈曼、阿霸垓、喀尔喀、土默特、喀喇沁、翁牛特、克西克腾诸部的众多王公及蒙古众官兵。从此之后,除康熙三十五年(公元1696年)亲征噶尔丹外,一直到他去世,康熙皇帝每年必率领众多王公大臣以及八旗官兵前往围场打猎,并会见蒙古王公,举行秋狝大典。

行围规模宏大,每年派兵一万两千名,分为三班,一次行猎拨兵四千,分别于四月、十月、十二月前往口外行猎,并且常常安排衙门里那些不擅长骑射的官员去锻炼一下。行围长达二十天,期间蒙古兵丁、八旗兵、虎枪各部落射生手(精于骑射的武士)齐出营盘,从两翼迂道绕过选定的围场,依山川地形、道路远近，形成十五公里、二十五公里以及三四十公里不等的包围圈。日出前，皇帝出城察看，在护从大臣、侍卫及亲随射手拱卫下率先引弓射猎，随后皇帝再命令蒙古王公及诸部落射生手驰猎。行围结束，射获者论功颁赏，皇帝、大臣与满蒙官兵在营地点起篝火，烧烤猎物，同进野餐，举行庆功会与告别会。行围是严格的军事训练和演习，因此康熙皇帝对包括行军、出哨、布围、合围、射猎、罢围、驻跸、安营等在内的全过程都有严格的规定，有违犯者军法处置。

曾追随康熙皇帝参加秋狝大典的蒋廷锡写过一首《大猎》，生动描绘了木兰秋狝行围的壮阔磅礴以及康熙皇帝本人的英勇神武："秋高弓劲万马肥，千山红叶连霞飞。外藩部长率部落，来奉君王大合围。天威手挽八石弓，十四把长余箭铤。前鹿已中金仆姑，雕翎洒血红模糊。后鹿一发中其项，高坡仰仆鸣呜呜。须臾连射二十虎，箭箙曾无遗一镞。"这首诗与西方传教士的详细记录都映射出了康熙皇帝的英武。

木兰秋狝不仅具有重要的军事意义，还有着重要的政治意义。由于蒙古王公不适应关内炎热的气候，很容易感染天花，而且从蒙古高原到京师路途遥远，因此康熙皇帝为表体恤，特地选择在塞外围场接见他们，一起打猎行围、野餐联欢、奏乐摔跤、庆功赏赐……这些积极向上的户外活动能更好地沟通、加强满蒙间的感情，同时又能宣扬军威，恩威并施，真正做到了畏威而怀德。

为了能够更经常地居住在塞外，康熙四十二年，康熙皇帝开始在木兰围场的南面建设热河行宫，又称避暑山庄（在今河北省承德市市区），五年后初步建成，从此这里成为清帝国的第二政治中心，康熙皇帝每年有几个月甚至半年在此居住。乾隆皇帝解释了他的祖父建设避暑山庄的原因："我皇祖建此山庄于塞外，非为一己之豫游，盖贻万世之缔构也。"避暑山庄不仅是每年举行木兰秋狝的基地，也是康熙皇帝处理政务、接见蒙古王公的场所。为了怀柔蒙古，还在行宫附近建造了两座蒙古式样的喇嘛庙，后来乾隆皇帝增建了几座有西藏、新疆风格的"外八庙"，实际上这里已经成为帝国的第二首都。清朝皇帝不仅继承了自秦始皇、汉武帝开始一脉相承的中华帝统，是汉人的皇帝，同时也是八旗的共主、蒙古各部的大汗。

满蒙联盟是清朝统治的重要基础，蒙古不仅是清朝统治者最重要的怀柔、笼络对象，也是他们最为防范、欲加分化的对象。康熙皇帝虽然六次南巡下江南，但他出塞巡视蒙古的次数超过了五十次。平定三藩之乱后，他几乎每年必出塞巡视，接见蒙古王公，由此可见蒙古对清朝的重要性。

康熙皇帝（四）：悲催的晚年

在祖母的操持下，年仅十三岁的康熙皇帝就与辅政大臣索尼的孙女赫舍里氏（孝诚仁皇后）结婚，并于康熙十三年（公元1674年)生下了嫡次子胤礽(嫡长子承祜早夭),但皇后却在当天难产去世。胤礽刚满周岁,康熙皇帝就诏告天下,立胤礽为皇太子:"嫡子胤礽,日表英奇,天资粹美。兹恪遵太皇太后、皇太后慈命,载稽典礼,俯顺舆情,谨告天地、宗庙、社稷,于康熙十四年(公元1675年)十二月十三日授胤礽以册、宝,立为皇太子,正位东宫,以重万年之统,以系四海之心。"[1]此前清朝并无预立皇太子的制度,皇帝的继承人由八旗王公推举,康熙皇帝仿效汉制立太子,表明此时他已经垄断了立储权。康熙皇帝对太子倾注了极大的精力与热情,亲自给太子当老师,教太子祖宗典制、如何当政、如何用兵、如何收拾人心,以及历代帝王的成败得失等,一一给予太子精细详尽的指点;又为太子聘请当世名儒张英、李光地、熊赐履等为师,教授儒家经典,同时又教太子学习骑射。这样,太子逐渐成为文习经史、武习弓马的全才,开始辅佐父亲处理朝政。康熙皇帝三次亲征时,太子即留守京城处理日常政务,成为深获父亲信任的得力助手。

但是,太子长于深宫,几十年间一人之下万人之上,逐渐显露了心性骄奢、专横跋扈、唯我独尊的个性。康熙二十九年(公元1690年),康熙皇帝亲征噶尔丹时重病,太子到行宫探望,看到自己的父亲面色憔悴,却一点忧虑的表情都没有。一

---

[1]《清圣祖仁皇帝实录》卷五八。

向最重视孝道，且终其一生身体力行的康熙皇帝见此情景非常不高兴，立即打发他回京，这是父子俩产生裂痕的开始。

此外，太子还经常辱骂殴打王公大臣，勒索地方官员，南巡至江宁，差点因招待不周处死知府陈鹏年，这些在以宽仁对待臣下的康熙皇帝眼里，都是难以容忍的行为。太子之所以如此，也有康熙皇帝本人娇惯的因素。太子的母亲因难产而死，激起了夫妻感情深厚、自幼丧失双亲的康熙皇帝的怜爱，给了他与自己几乎一样的礼仪待遇，太子的日常起居用度比自己还要奢侈。为了方便太子花钱，甚至任命其奶妈的丈夫凌普为内务府总管。

太子身边逐渐形成了以康熙朝前期重臣、太子的舅公索额图为首的势力集团——太子党，他们与另一重臣大学士明珠为首的皇长子（胤禔）党展开了激烈的争斗，这场斗争最终以明珠被罢职告一段落。但太子党因此越发嚣张，斗争的矛头直指皇帝本人。康熙四十二年，双方矛盾终于激化，康熙皇帝将太子党领袖索额图逮捕，认为他在背后心怀怨恨，妄议国事，结党营私，图谋不轨。"朕若不先发，尔必先之"，将他拘禁于宗人府（清朝管理宗室事务的衙门）。此时康熙皇帝还想保全太子，并没有公开索额图的具体罪行，但必定是篡位谋反无疑，因为只要公开，所有涉案人等必将全部被处死，太子也必定不保。

但是单方面的包容并不能解决问题，太子与皇帝已经成为政敌，双方矛盾不可避免地更加激化。康熙四十七年（公元

1708年）九月，康熙皇帝与众多皇子、大臣出巡塞外返京途中，突然在行宫召集诸王、大臣，命令太子胤礽跪在面前，垂涕宣布废除太子，罪名是"不法祖德，不遵朕训，肆恶虐众、暴戾淫乱"，任意凌虐诸王、大臣，侵扰民众，"恣行乖戾，无所不至"；他的弟弟皇十八子病重，他却"毫无友爱之意"，为此康熙皇帝责备他，他反而"愤然发怒"；更加可怕的是太子"每夜逼近布城，裂缝窃视"，以至让康熙皇帝极度恐慌，"未卜今日被鸩，明日遇害，昼夜戒慎不宁"；太子生活奢侈无度，"恣取国帑，干预政事"，"必致败坏我国家，戕贼我万民而后已。若以此不孝不仁之人为君，其如祖业何？"康熙皇帝说罢，当众痛哭倒地，太子随即被拘禁。

康熙皇帝苦心孤诣栽培太子已经三十余年，如今却落得一场空，自己年事已高，继承人是头等大事，为此他一连六天不能安睡，伤心涕泣不已。他自诩"扩从古未入版图之疆宇，服从古未经归附之喀尔喀、厄鲁特等。今虽年齿渐增，亦可以纵横天下"；臣民对他至诚爱戴，他对臣民也很关心，大臣病故，他都为之伤心流泪；他一向以身作则，以孝治天下，几十年如一日地精心侍养祖母、嫡母。不想到了晚年，最宠爱的太子却妄图谋害父亲，这对他的自尊心是极大的打击。回京后，康熙皇帝亲自撰写告天祭文，哀吁："臣（康熙皇帝自称）自幼而孤，未得亲承父母之训。惟此心此念，对越上帝，不敢少懈。臣虽有众子，远不及臣。如大清历数绵长，延臣寿命，臣当益加勤勉，谨保始终；如我国家无福，即殃及臣躬，以全臣令名。臣不胜痛切。"[1]他哀求上天延长他的寿命，以便能自己收拾残局，维持江山；如果上天不想让大清延续，他情愿上天现在就让他去死，以保全自己一生的名声，以免成为亡国之君。

胤礽被废后，其余诸皇子开始觊觎太子之位。皇长子胤禔建议处死废太子，被康熙皇帝痛斥，后来他因企图谋害废太子被圈禁。随后皇八子胤禩势力开始崛起。他为人谦和，礼贤下士，得到众多大臣依附，获得以康熙皇帝岳父兼舅舅、朝廷重臣佟国维为首的满洲亲贵鼎力支持。康熙皇帝早就宣布"诸阿哥中如有钻营谋为皇太子者，即国之贼，法断不容"，而且他认为胤禩"柔奸性成，妄蓄大志"，"妄博虚名"，邀买人心，其母出身低贱，根本不可能立他为太子。但胤禩却被众臣推举为太子人选，康熙皇帝认为这是因为胤禩"庸劣无有知识"，众臣出于私心才拥护一个弱主，便于日后操纵。面对这样的形势，康熙皇帝宣称梦见了祖母与皇后赫舍里氏，她们对废除太子一事不满，又认为胤礽是因为"魇魅"而丧失本性，于是在废立半年后复立胤礽为太子，以杜绝群臣竞相拥立导致的分裂与党争。

但父子间的裂痕已经难以弥合，双方失去了基本的互信。

1《清圣祖仁皇帝实录》卷二三四。

太子此时已经四十多岁，本性难移，再加上对未来不确定的恐惧，甚至说出了"古今天下，岂有四十年太子乎？"这样大逆不道的话，迫不及待继位、夺位的心情溢于言表。此时康熙皇帝已年近花甲，群臣开始依附于未来的皇帝，这让他非常不安，担心太子结党篡权，自己不得善终。

康熙五十年（公元1711年）十月，康熙皇帝在畅春园召见诸王、大臣，质问："（你们）皆朕擢用之人，受恩五十年矣。其附皇太子者，意将何为也？"群臣当然矢口否认，但疑神疑鬼的老皇帝不容分说，将都统鄂善、兵部尚书耿额、刑部尚书齐世武、副都统悟礼四人锁拿审讯，后来又拘禁了掌管京城治安的步军统领托合齐，并亲自下令刑讯。

一年后，康熙皇帝在巡视塞外回到京师的当天，下令再次废除太子，原因是太子"数年以来，狂易之疾，仍然未除，是非莫辨，大失人心"，"秉性凶残，与恶劣小人结党"，"断非能改"；他尤其痛恨太子虐待左右，更担心太子党会铤而走险，谋权篡位。经过三年多的考察，康熙皇帝对太子终于绝望："前次废置，情实愤懑。此次毫不介意，谈笑处之而已"；并警告以后有谁再敢给皇太子求情的，立马诛杀。

经过两次废除太子的风波，康熙皇帝鉴于诸皇子都已经长大成年，也都有自己的小团队了，如果另立太子，必然又会导致争斗，所以立太子一事就暂时搁置了下来。

但毕竟还是要选择一位继承人。自第一次废太子后，康熙

第二章 康乾盛世（上）

皇帝的身体已大不如前，这个问题变得非常紧迫，众大臣为此也非常焦急，担心他突然去世，因此不断催促他早立太子。康熙五十六年（公元1717年）十一月，他又一次病倒，召集群臣公布了他自废太子后就准备好的遗诏，遗诏内容实质是对他一生的总结。他向群臣表明"立储大事，朕岂忘耶？""此谕已备十年，若有遗诏，无非此言。披肝露胆，罄尽五内，朕言不再。"但他始终不明确心目中的继承人，只透露："朕万年后，必择一坚固可托之人，与尔等作主，令尔等永享太平。"原因可能有二：一是他自己当时也不知道继承人是谁；二是即使他知道也不会公布，因为这会让继承人成为矛盾的焦点，可能会成为废太子第二。因此，他只恳求众大臣念他是五十余年的太平天子，能让他平安度过晚年。

经过两次废太子的挫折，一向乾纲独断的康熙皇帝既不愿意恢复满洲的传统，将立储大事交给王公贵族决定，也不可能再次仿效汉制立太子，因此他别无选择，只好在事实上选择秘密立储，即在自己去世前才会宣布继承人选。毫无疑问，选择一名合格的继承人是康熙皇帝晚年考虑的最重要的事情。当时最有可能继承皇位的首先是皇子中仅有的三位亲王，即皇三子诚亲王胤祉、皇四子雍亲王胤禛、皇五子恒亲王胤祺，以及一位后起之秀皇十四子胤禵。胤禵于康熙五十七年（公元1718年）被任命为抚远大将军，以"大将军王"的名义出征青海，成为一颗上升的政治明星，并成为皇八子党的新希望。

康熙六十一年十月，刚从塞外回到京城的康熙皇帝又赴南苑行围打猎，十几天后感到身体不适，于十一月初七回到了畅春园，并让胤禛代行冬至南郊大祀。几天后，他的病情恶化，于凌晨召皇三子诚亲王胤祉、皇七子淳郡王胤祐、皇八子贝勒胤禩、皇九子贝子胤禟、皇十子敦郡王胤䄉、皇十二子贝子胤祹、皇十三子胤祥、理藩院尚书隆科多至御榻前，宣布"皇四子胤禛人品贵重，深肖朕躬，必能克承大统。著继朕登基，即皇帝位"。

康熙皇帝于当晚去世，结束了他波澜壮阔的一生，享年六十八岁，这一天为康熙六十一年十一月十三日，公历1722年12月20日。他是中国历史上在位时间最长的皇帝，将近六十二年。在他即位时，清朝的疆域仅包括原明朝版图加上关外东北，广大南方还处于半独立的汉人藩王控制下，而在他去世时，这个国家已经完全统一，蒙古、青海、西藏以及新疆东部地区的统治得到巩固，他创建了一个版图空前广大、政权极其稳固的帝国，功业可比汉武帝；对内他广施仁政，兴修河工，提倡农桑，轻徭薄赋，藏富于民，为人宽宏大度，心怀悲悯，宽仁慎刑，质朴无华，勤俭节约，德行则堪比汉文帝。继承他的雍正皇帝也认为"汉文以来，谁能媲美皇考"。在议及庙号、谥号时，雍正皇帝认为按"旧典本应称宗，但《经》云：'祖有功，而宗有德。'我皇考鸿猷骏烈，冠古烁今，拓宇开疆，极于无外。且六十余年，手定太平。德洋恩溥，万国来王。论继统则为守成，论勋业实为开创。朕意宜崇祖号，方副丰功"，又以"为人君，止于仁"，因此上庙号为"圣祖"，谥号的最后一字为"仁"，即"圣祖仁皇帝"，这是对康熙一生丰功伟绩最崇高的评价。

雍正皇帝（上）：遗诏能证明继位合法吗？

雍正皇帝最受人们关注的话题就是他的继位是否合法，他是否篡位上台。这个话题从雍正刚继位就开始讨论，一直到今天，依然是人们最关心的问题。这个问题谁最先挑起的呢？就是他的政敌八爷党的人，他们在争夺皇位失利后，就有意向民间散布雍正篡位的谣言，包括说雍正用一碗参汤毒死康熙等，刻意给雍正抹黑。

近年来，雍正皇帝是否篡位的问题，又一次成了公众与媒体议论的热点，起因是辽宁省档案馆展出了用汉、满、蒙三种文字书写的"康熙遗诏"："雍亲王皇四子胤禛，人品贵重，深肖朕躬，必能克承大统。著继朕登基，即皇帝位。"有媒体据此给出了答案："没篡位。"

首先要说的是，这件康熙皇帝遗诏并非"首度"公开，它也远不止一份，在北京的中国第一历史档案馆起码就收藏有两份，并且在2005年、2010年公开展出过，当时众多媒体也同样报道过一番，并以此证明雍正继位合法；而在更早的2002年6月，台湾"中研院"历史语言研究所的文物陈列馆就展出过这件遗诏，并一直常年展出，我也曾得以亲见。这件遗诏曾于2009年借展于台北故宫博物院，当时众多媒体也据此称雍正皇帝得到"平反"。十多年来，围绕康熙皇帝遗诏的炒作屡见不鲜，每次的论点、论证方式均大同小异，即以此遗诏证明雍正皇帝继位是合法的。

现存海峡两岸的康熙遗诏有多个副本，不是独一无二的，而且它们都并非康熙皇帝临终前亲自手书，也不等同于现代法律意义上的遗嘱，只是继任皇帝用以昭告天下、宣示继位合法性的公告，这件汉文本长达一千余字的遗诏，主要内容来源于康熙五十六年康熙皇帝病重时公布的已经准备十年的上谕，只是加上了最关键的由谁继位的内容。

同样，以遗诏中没有"十四子"被篡改"于四子"字样来当作雍正皇帝合法继位的证据也是非常可笑的。这一极其拙劣的传说，是雍正皇帝的政敌——康熙皇帝的皇八子、九子府中被流放的太监一路散播的，它无视这样的事实：在正式政府公文中"於""于"二字并不通用，清朝皇子一定要称"皇某子"，而且遗诏还有满、蒙文本，且正本是满文本。

这件遗诏无法证明雍正皇帝篡位与否，因为无论是否篡位，在继位后命人撰写这种遗诏都是轻而易举的事；而且无论篡位与否，写这种官样的遗诏，绝不会犯以"于"代"於"的低级文字错误。因此，用这件遗诏以及其中有无文字篡改来论证继位的合法与否，完全是缘木求鱼。

遗诏不能论证篡位与否，那么雍正皇帝到底是否篡位？

上文讲过，康熙皇帝早在二十一岁时就模仿汉制，改变了传统的八旗王公推举制，立当时尚在襁褓的嫡子胤礽为皇太子，对他倾注了极大的热情与精力进行培养，但胤礽这个皇太子一当就是三十多年，坐不住了，父子间的关系越发紧张，直至康熙四十七年太子出现了谋逆行动而被废。皇太子位一空，诸皇子就展开了旷日持久的立储之争。为了平息儿子们的激烈争斗，康熙皇帝甚至一度复立太子，但仅一年后又再次废了太子。

康熙皇帝仿效汉族的太子制度彻底失败，从深层次讲，是汉族制度与满洲旧制之间的冲突导致的。清朝开始没有预立皇位继承人的习惯，而是在皇帝去世后由王公贵族推选，择贤而立，有竞争性，并且按照传统，皇家子弟均参与军国大事，这个传统并非通过预立太子就能一下废除的，因此太子成为众矢之的，被兄弟们拉下马也不奇怪。

康熙六十一年三月丁酉（公元1722年4月27日），"皇四子和硕雍亲王胤禛恭请上幸王园进宴"，《清实录》对这一天的记载只有这么短短的一句话，但这是决定历史的一天。"王园"即是由康熙皇帝赐名的圆明园。这一天康熙皇帝应儿子胤禛的邀请赴宴，在圆明园中的牡丹台第一次遇见了胤禛的儿子弘历。年近古稀的祖父一见年方十岁的孙子，非常喜爱，竟于十三天后再赴圆明园，并将弘历带往宫中亲自教育、抚养。康熙皇帝有一百多个孙子，此前只有废太子的嫡长子弘皙有过这样的经历。

如果说，康熙帝以前还有所犹豫，那么一个英武可教的孙儿自然会激发"自幼尝以英杰自许"的他的惺惺相惜之情，这可能促使他下了最后的决心。当时胤禛已经四十四岁，在当时已经不算年轻。皇位继承是最重要的问题，作为一名深谋远虑的政治家，康熙皇帝自然会考虑到更长远的未来。当然弘历只是胤禛得以继位的原因之一，更重要的原因还是在于其本人深获父亲的赏识。胤禛幼年时由父亲亲自抚养，这在康熙皇帝的诸多皇子中非常罕见；他多次代表父亲承担祭祀大典等重要任务。同时，他的竞争对手、同母弟胤禵与康熙皇帝极为痛恨的皇八子关系非常亲密，属于政治上的同盟者，且他们是废太子胤礽的死敌，一心想置废太子于死地，而康熙皇帝一心想保全胤礽的性命，因此不可能将皇位传给皇八子党的成员。

另据朝鲜使者的记载，康熙皇帝在临终前还召见过大学士马齐，还嘱咐他"胤禛第二子（弘历）有英雄气象，必封为太子"，且他当面要求胤禛丰衣足食供养废太子、皇长子，并且要封废太子的嫡长子、他所钟爱的孙子弘皙为亲王。这些都在后来得以实现：雍正皇帝刚继位九个月，即"召诸王满汉大臣入见，面谕以建储一事，亲书谕旨，加以密封，藏于乾清宫最高处，即立弘历为皇太子之旨也"；弘晳则在康熙皇帝去世第二天被封为郡王，六年后成为同辈中的第一位亲王，比已经被秘密立为皇太子的弘历晋封亲王还要早五年。

当然，以上这些叙事，很多来源于雍正皇帝主导编纂的《圣祖仁皇帝实录》，因此未必客观，但好在康熙皇帝为孙子弘历算命的记载，来源于台北故宫博物院发现的原始档案，朝鲜使者的传言来源于《朝鲜李朝实录》，这些都不是雍正皇帝可以控制的信息，后者还得到了事实证明。因此，可以有很大把握地判断，雍正皇帝的继位，正是康熙皇帝本人的意愿，是合法的，根本不需要一份官样文章的遗诏作为证据，而篡位论者却没有任何可靠的直接证据证明他们的论点。

雍正皇帝（中）：话痨宅男，辩论战斗力爆棚

与父亲康熙皇帝喜欢在大漠草原驰骋完全不同，雍正皇帝极其"宅"。当了皇帝后，除了去祭扫京郊的陵墓，他一直宅在北京哪儿也不去。他前四十多年韬光养晦，后十三年天天批阅奏折，乐此不疲。除整顿吏治、财政之外，雍正也不忘整人。雍正可不是小清新，他是社会人，在社会上混了很多年，对社会、人性的黑暗有充分认识，因而在消灭政敌时从不手软，从争夺皇位的敌人八爷及其党羽，到大将军年羹尧、舅舅隆科多

等一一被整倒。雍正整人权术高超，从试探，透露口风让大臣揭发，到发动舆论大批判，最后上纲上线，一整套手段极为圆熟老练，而且一定要求政敌俯首帖耳，心服口服，一封接一封地写检讨书，从灵魂深处进行反省，最后还要感恩戴德地被他处死，即不仅要肉体消灭，还要精神摧毁。

雍正通过军机处这个机要秘书班子，将一切重要的军国政务集中到自己手上。朝廷各部门变成了执行工具，达到了他心目中的理想状态："惟以一人治天下。"因此雍正极为勤政，他每天必须不间断地处理奏折，否则国家军政要务就得停摆，这种工作强度正合雍正皇帝的心意，因为他喜欢从凌晨到深夜批改奏折，不厌其烦。如果当时有微信，以他的脾气，信息可以全天候发个不停，不分白天深夜，大臣还得秒回。他还会迅速建多个聊天群，开多个聊天窗口，实时指挥各项事务，无论大事小事，都必须在群里汇报请示；臣下一千字，他能批答两千字，雄辩滔滔，嬉笑怒骂，乐此不疲。

因此，雍正皇帝在奏折上的朱批也留下了很多段子：

"朕就是这样汉子，就是这样秉性，就是这样皇帝。尔等大臣若不负朕，朕再不负尔等也，勉之。"

"朕生平从不负人，人或负朕，上天默助，必获报复。"

"尔之真情朕实鉴之，朕亦甚想你。"

"尔自尽后，稍有含怨之意，则佛书所谓永堕地狱者，虽万劫不能消汝罪孽！"

第二章　康乾盛世（上）

…………

大臣们在颂扬皇上圣明、幽默风趣之余，还得立即提出解决方案、对策；一旦犯错，需在群里公开检讨，然后再被踢出群。雍正实在是一个精力充沛、不眠不休的工作狂。

雍正皇帝还很喜欢与人交流、辩论，甚至抓住一个钦命要犯曾静，也亲自下场与其大辩论，而且将辩论内容写下来，编成一本奇书《大义觉迷录》。曾静是湖南人，屡次参加科举考试都没中，心里很不爽，牢骚满腹；后来看到明末大儒浙江人吕留良的遗著，里面充满了激烈的夷夏之防和反清言论，对满洲人极其痛恨；曾静对此大为赞赏，民族主义情绪一下子涌上心头，冲昏了头脑，就写信去鼓动汉人大将军岳钟琪造反。迂腐不堪的曾静认为既然岳钟琪是岳飞的后代，那他一定像他祖先一样对女真人恨之入骨。岳钟琪收到信后当然立刻向雍正报告，曾静随即被抓了起来。曾静半点骨气也没有，之前打嘴炮的时候豪情万丈，结果真的被押到衙门后，还没怎么动刑就痛哭流涕地认罪，并供出了相关的亲朋好友数十人，以及他反清思想的来源吕留良。此时吕留良已经去世将近五十年了，结果惨遭开棺戮尸，子孙弟子一大批人受牵连被杀。

雍正并没有直接把曾静杀掉，而是把他押到北京，亲自和他对质。曾静早已吓个半死，趴在地上一把鼻涕一把眼泪地承认自己的罪行，说自己受吕留良著作的蛊惑产生反清思想，实在是大逆不道，然后就开始歌颂雍正的伟大，而且每次写供词的时候都对雍正大肆吹捧。

雍正皇帝对"华夷之辩"的论调以及关于自己的一系列谣言逐一进行了辩驳。他说"舜为东夷之人，文王为西夷之人"，难道也要称他们为蛮夷吗？以前有华夏和夷狄之分，是因为中原并没有将周边地区都统一进来，现在大清朝天下一统，周边少数民族部落都纳入版图，疆土辽阔，都是中国人，怎么还能有华夷中外之分呢？韩愈曾说过："中国而夷狄也，则夷狄之；夷狄而中国也，则中国之。"[1] 满洲人入主中原已经八十多年了，现在天下"礼乐昌明，政事文学之盛，灿然备举"，居然还有人骂满洲人是蛮夷禽兽。然后他还痛骂曾静才是禽兽："如逆贼曾静者，乃汉人之禽兽也。盖识尊亲之大义，明上下之定分，则谓之人。若沦丧天常，绝灭人纪，则谓之禽兽。"

雍正皇帝与罪犯"合著"的《大义觉迷录》，充分、尽情运用传统的儒家思想为清朝的正统性、合法性辩护，中心思想就是：清朝皇帝虽然是满洲人，但这只是籍贯；虽然满洲人是夷狄，但现在已经应天命顺人心，入主中原，治理有方，让天下享受了八十多年的太平盛世，并为中国开疆拓土，因此满洲人就是中国人，不应有狭隘的华夷之辩和民族偏见。我觉得在这一点上，雍正皇帝虽然主要是为清朝的合法性进行辩护，但

---

[1] 韩愈在《原道》中的原话为："孔子之作《春秋》也，诸侯用夷礼则夷之，进于中国则中国之。"——编者注

是也确实是有道理的。中国在几千年的历史长河中，实际上是以中原汉文化为核心，不断地融合周边的部族，比如隋唐的皇室就融入了大量的鲜卑血统，中华民族的发展是多民族文化交汇融合的结果。雍正的辩论能力和形式逻辑能力是相当强的。

雍正皇帝（下）：纯宅男的真面目及其离奇的死亡

明朝皇帝的寝宫主要是乾清宫，建于永乐年间，是故宫最早的一批建筑。后来在嘉靖年间，乾清宫失火被毁，嘉靖皇帝曾一度住在养心殿。入清以后，顺治皇帝曾按照明代的规制，重建乾清宫，打算用作皇帝的寝宫，并于顺治十三年七月建成，但是建筑品质低下，经常漏水，住了大概四年也就是到顺治十七年三月以后，顺治就搬到养心殿住了，最后也是死在养心殿。

康熙即位后，对乾清宫又重新进行修整，于康熙八年（公元1669年）搬了进去。此后，乾清宫就成了康熙皇帝的主要寝宫，而此时的养心殿则给西洋传教士南怀仁等人住了，以表彰他们为清朝在进贡钟表、机械、葡萄酒等方面的贡献。

雍正皇帝即位后，他不想住在乾清宫，就又搬到养心殿去了。从此以后，一直到宣统年间，养心殿都是皇帝的主要寝宫。

为什么雍正不喜欢住在乾清宫呢？按照他自己的说法，是因为乾清宫是他父亲住了几十年的地方，他住在这里容易睹物思人，感到难过。但是也可能跟雍正个人性格有关系。前面讲过，雍正皇帝是个特别宅的人，不喜欢出去逛，整天待在家里，乾清宫太高大、太宽敞，又位于紫禁城中轴线上，私密性不够，他更喜欢阴暗矮小、偏在西侧的养心殿；登基三年后，他又几乎天天住在圆明园灰瓦、卷棚顶的平民化建筑中。

和他父亲几乎年年去塞外游猎不同，雍正在位期间一次也没去过，甚至除去过京城边上父亲的陵寝外，一次也没有离开过京城，连避暑山庄都不去，更不要说去塞外围猎。在避暑山庄东北角、万树园东侧的永佑寺里，有乾隆皇帝写的《永佑寺舍利塔记避暑山庄后序》，里面说雍正皇帝不来避暑山庄和木兰围场的理由是：雍正曾说自己不喜欢杀生，平日里又太忙，所以没有到木兰围猎；还告诫后世子孙，你们不要忘记家法，要经常去木兰围猎。当然这是乾隆皇帝在晚年的时候为他父亲做的一个辩解，因为木兰围猎其实不仅仅是练习武艺的地方，其主要的作用还是联络蒙古人，会见蒙古王公，而雍正不去，则显得对蒙古人不够重视。

雍正皇帝在位只有十三年，死的时候也只有五十八岁，他死得很突然。《清实录》中记载，雍正十三年（公元1735年）八月二十一日这天，雍正感到身体不舒服，但仍照常办事。第二天，"上疾大渐"，病情就突然加重了，重到雍正自己已经感觉不行了，赶紧把庄亲王胤禄，果亲王胤礼，大学士鄂尔泰、张廷玉，领侍卫内大臣丰盛额、讷亲，内大臣、户部侍郎海望等这些他最信任的兄弟和亲信大臣召到寝宫前，交代后事，并写下密旨，命皇四子宝亲王弘历为皇太子。第三天也就是二十三日凌晨子时，雍正就死了。从感觉身体不适到驾崩也就是两三天的时间，病情发展很迅速，死得很突然。

张廷玉在自己的年谱中记载说，八月二十日听说皇上"偶而违和"，但仍听政如常，然后到二十二日晚上九十点的时候，自己刚要睡下，突然接到紧急诏令，于是赶紧穿好衣服赶到圆明园，得知雍正已经病入膏肓，张廷玉"惊骇欲绝"。此时药物已经毫无效果，到夜间子时雍正就死了。

因为雍正死得非常突然，所以民间就传说他是被吕四娘刺杀的。吕四娘传说为吕留良之孙女（一说女儿），为报雍正帝文字狱灭门之仇，精心学习武艺，以选妃之名混进皇宫，然后趁雍正召其侍寝的机会，用"血滴子"割下雍正的头颅并拎着走了。乾隆帝登基，宣布雍正为病死，并刻了一个黄金头颅入殓。这当然是民间虚构的故事，根本不存在吕四娘这个人。

那么雍正的死因究竟为何？为何让每天相伴的张廷玉"惊骇欲绝"？雍正很可能不是正常的病死。乾隆即位后，第一件事就是将父皇豢养在园中的炼丹道士全部驱逐出去。这不得不让人怀疑，雍正的暴亡与丹药有关。雍正早在当皇子时，就对炼丹产生了浓厚的兴趣。当然，那时炼丹的主要目的是做给他父皇看，以彰显自己没有谋求皇位的野心。他还写过一首题为《烧丹》的诗，诗中写道："铅砂和药物，松柏绕云坛。炉运阴阳火，功兼内外丹。"雍正皇帝对丹药十分痴迷，可以说是中国古代历史上最后一位宠信道士、迷恋丹药的皇帝。因此，雍正很可能就是吃丹药暴亡的。乾隆要为他爸遮羞，所以发了道上谕，说自己父皇炼丹只是为了好玩，知道道士们都是骗子。但乾隆也不能立马把道士杀了；如果把道士们都杀了，就反而坐实雍正死于丹药的传说。

雍正皇帝有个自我评价，他说自己虽然不敢跟尧舜禹相媲美，但要是比起唐宗宋祖，那绝对不输他们。他曾在李绂的奏折上批示：你这个人自视甚高，但是你的见识却很平常，没什么大本事，我提拔你只是看中你为人还算端正直率，对我的指示如果你能用心体会，将来你的水平一定会有很大的提高的……你的水平跟我比起来差远了，为什么呢，因为我见过的世面比你大得多，经历的事情也比你多得多，只要你诚心实意地为我办事，我肯定会悉心点拨你，让你成才的。言语之间，透露出满满的自信，可以说雍正自视甚高。

朝鲜使者曾向国王密报称：雍正贪财好利，害及商贾，又听人说他曾在民间生活了很久，深知民间疾苦，所以政令聪察无比。朝鲜使者说他见到的雍正"气象英发，语音洪亮"。

法国传教士杜赫德说雍正"不知疲倦地热衷于政事，他为了天下百姓苍生的福乐安康夜以继日地致力于改革政弊……唯一能让雍正皇帝高兴的就是向他提出一个能够改善民众福利、缓解百姓生活压力的良策；他会不惜一切代价，努力将这项计划尽快诉诸实践……他制定了一系列弘扬美德、奖励善举的政策，使得臣工们纷纷效法雍正皇帝（节俭的作风），以帮助灾荒之年的百姓渡过难关。这些优秀的品质使得雍正皇帝在最短的时间内得到了全国百姓的拥护与爱戴"。虽然雍正对基督教进行了残酷的打压，但传教士仍对雍正给予了很高的评价。

清史专家萧一山将雍正比为"文景之治"中的景帝，认为雍正的治理积极进取，扫除数百年来颟顸无为之消极思想。雍正刚毅明察，在他的治下，吏治清廉，库藏充裕，海内安定，可惜求治心太切，不容易得到社会的理解。

而在历史学家孟森看来，"自古勤政之君，未有及世宗者"。而且孟森认为，雍正虽然有篡位的嫌疑，但他"天资独高，好名图治，于国有功"，这点很像唐太宗。

总的来说，大家对雍正的评价还是相当高的。虽然他在位时间很短，但因为他从小混社会，深知民间疾苦，也很清楚官员之间的那些勾当，因而对于内政非常擅长。不过，雍正也有一个很明显的短处，他打仗是真的不行。

第三章 康乾盛世（下）

乾隆皇帝继位（上）：别出心裁、史无前例

乾隆皇帝的继位在清朝历史上可以说是非常别致、史无前例的。雍正元年（公元1723年）八月十七日，也就是在雍正自己刚刚继位不久，就公开宣布，为了江山社稷的安稳，已经指定了储君，并且已亲自把储君的名字密封在匣子里，准备藏在乾清宫正中顺治皇帝御书的"正大光明"匾额后面，等待未来开启。至于储君是谁，储君本人不知，诸臣不晓，只有皇帝一人预定。

之后他问诸臣有何意见，隆科多奏称皇上考虑周详，他们没有异议，当然是严格遵从。雍正表示很好，叫众臣退出，只留下四个总理事务王大臣，将密封锦匣藏于"正大光明"匾后，秘密建储制度就这样确立了。康熙皇帝晚年实际上也是秘密建储，只是没有这样正式的仪式，他把储君名字藏在心底，临终前宣布皇四子胤禛继位。而雍正则公开宣布并设定了一整套完整的制度。

雍正匣子里写的储君就是皇四子弘历。为了保密，他在对待诸子上没有异样，弘历、弘昼受到的待遇基本相同，雍正时常让他哥俩代行祭天、祭祖之礼，参与苗疆事务，又同日封王，但有两件事，让大臣们看出弘历为储君的端倪。一是雍正

第三章 康乾盛世（下）

元年正月，雍正登基后第一次到天坛祭天，回来后将弘历召至养心殿，给他一块肉吃，而没有赐给弘昼，因此弘历认为，他爹在祭天时肯定是将立他为储君的心愿默告于天，所以回来赐他胙肉。另外，雍正封弘历为"宝亲王"，这封号被《清高宗纯皇帝实录》的修纂者解释为"将授大宝"，所谓"宝"就是玉玺，而弘昼是"和亲王"。

除放在乾清宫的密诏外，雍正还在圆明园内也备份了一个内容相同的遗诏。圆明园是康熙皇帝修建后赐给雍正的，位于畅春园北面，雍正即位后将圆明园进行扩建，成为自己的主要行宫，雍正大部分时间都住圆明园里，而不是紫禁城内，所以在圆明园也备一份，以防自己突然在圆明园去世，还得大老远跑回紫禁城去取遗诏，中间发生变故。雍正八年（公元1730年）九月，雍正曾一度病重，于是将圆明园存有备份的事情，秘密地告诉了张廷玉和鄂尔泰；雍正十年（公元1732年）正月，又向鄂尔泰、张廷玉说，圆明园的备份除了"汝二人外，再无一人知之"。两份诏书，同样有效，雍正考虑得很周详。

果然，雍正后来在圆明园暴病而亡，死得非常突然。张廷玉、鄂尔泰赶到圆明园后也非常震惊，弘历、弘昼等守在床头痛哭。然后张廷玉、鄂尔泰就向雍正的弟弟胤禄、胤礼等人说，如今继承大统是急事，大行皇帝[1]曾告诉我们二人在圆明园有密

---

[1] 刚去世的皇帝称为大行皇帝。

诏，应赶紧请出，大家同意。但总管太监说不知道有密旨，也不知道放在哪里。张廷玉说："大行皇帝当日密封之件，谅亦无多，外用黄纸固封，背后写一'封'字者即是此旨。"总管太监慌忙去找，最后果然找到了，于是张廷玉等就在灯下宣读密旨，由弘历继位，众臣拜请弘历受命，弘历随即命胤禄、胤礼、鄂尔泰、张廷玉四人辅政，然后扶雍正的棺材回到紫禁城。

上面这段记录出自张廷玉的年谱，所以叙述的时候突出了他自己的地位，仅从这段记录看，张廷玉在乾隆继位一事上，发挥了关键的作用，然而《清实录》的记录却不太一样。

《清实录》记载，雍正在圆明园去世的时候，弘历扑在地上痛哭，王公大臣劝弘历节哀，并准备了黄舆，把雍正的遗体运回紫禁城。弘历命令内大臣海望持合符开门进城，一众王公大臣，包括张廷玉在内，也随着进城。到乾清宫后，侍卫将雍正元年藏在乾清宫"正大光明"匾后的封函取下，恭敬地捧到弘历的面前。弘历命令庄亲王胤禄、果亲王胤礼、大学士张廷玉、原任大学士鄂尔泰等人到齐，然后启封，看到遗诏上自己的名字，弘历趴在地上大哭。庄亲王胤禄等请弘历止哀，并宣读遗诏：

> 宝亲王皇四子弘历，秉性仁慈，居心孝友，圣祖皇考于诸孙之中，最为钟爱，抚养宫中，恩逾常格。雍正元年八月，朕于乾清宫召诸王、满汉大臣入见，面谕以建储一事，

第三章 康乾盛世（下）

亲书谕旨，加以密封，收藏于乾清宫最高处，即立弘历为皇太子之旨也。其后仍封亲王者，盖令备位藩封，谙习政事，以增广识见。今既遭大事，著继朕登基，即皇帝位。

弘历听完，又呼天抢地地痛哭了一番，然后根据雍正遗命，命庄亲王、果亲王、鄂尔泰、张廷玉四人辅政。

我们可以看到，在《清实录》的记载中，完全删除了在圆明园寻找备份遗诏、张廷玉宣读遗诏的情节，同时完全以弘历为中心，将宣读遗诏的环节放到了乾清宫。但这个修改本身是存在严重的逻辑漏洞的，因为如果没有圆明园宣读备份遗诏，那么弘历怎么可以提前以皇帝身份自居、主持雍正遗体回宫和开启乾清宫遗诏等事宜呢？显然这其中是有矛盾的。

那么为什么《清实录》要有意省略掉弘历在圆明园中奉遗诏继位的情节呢？因为在这一事中，张廷玉和鄂尔泰两人，尤其是张廷玉发挥了至关重要的作用，俨然成了雍正皇帝的托孤之臣，而且他们又是雍正皇帝秘密立储人选的仅有的两位知情人；但是，后来乾隆对张廷玉和鄂尔泰两人极为鄙视，非常看不起这两位，所以乾隆无法容忍这两人以自己大恩人的形象出现在史书上。于是，在编修自己的《清高宗纯皇帝实录》时，应是乾隆授意将这一真实有趣又有点骇人的情节删除了。

还有一个疑问，为什么雍正皇帝刚即位，就选定弘历作为自己的继承人呢？那时的弘历不过年仅十一周岁，未来成为什么样的人，他的才能、品德究竟如何还没经过考验，向来疑心病很重的雍正皇帝为何对此事如此果决？在之后的十三年中，有没有动过换人的念头呢？

乾隆皇帝继位（下）：为什么是他？

据清朝官方权威的说法，清圣祖康熙皇帝去世前下决心将帝位传给皇四子雍亲王，一个重要的原因是康熙看中了雍正的儿子弘历，故隔代指定弘历为第三代皇帝。这个说法见于乾隆裕陵的圣德神功碑碑文。

裕陵位于河北遵化马兰峪东陵陵区内，嘉庆四年（公元1799年）九月乾隆皇帝安葬于此。裕陵前矗立的圣德神功碑碑文记录了乾隆一生的丰功伟业，其中写道：

> （乾隆）年十二，随世宗初侍圣祖，宴于牡丹台，一见异之，曰：是福过于予。厥秋，扈驾避暑山庄，暨木兰行围，躬承恩眷，详见圣（乾隆）制《纪恩堂记》，于是灼然有太王贻孙之鉴，而燕翼之志益定。

康熙见到弘历时，惊奇地说，这个孩子比自己有福气。我们试想，天底下有谁的福气能大过康熙呢？第一，这个人首先必须是个皇帝；第二，这个人的寿命要比康熙还长。康熙随后就把弘历带在身边，让他跟着去避暑山庄，参加木兰围猎等，对弘历特别照顾。后来看到弘历写的文章《纪恩堂记》，顿时有了隔代传位给弘历的念头。"太王贻孙之鉴"是指周太王想将王位传给孙子昌，即后来的周文王，但昌的父亲排行第三，不能继承，于是老大泰伯、老二仲雍出走，把王位让给三弟季历，之后再传给昌。"太王贻孙之鉴"就是隔代指定的典故。

乾隆皇帝在自己六十三岁的时候，曾撰文怀念五十多年前祖父康熙在避暑山庄教自己读书、射箭、游玩的种种情景，又记述秋天随祖父到塞外参加木兰秋狝时，险些被熊袭击的事情。当时围场中有一只熊，被康熙用火枪射中，倒地不动，过了好一会儿，康熙觉得这熊已经死了，就让侍卫带着乾隆前去再次射杀，意思是想让乾隆得到猎熊的美名，谁知乾隆刚要上马，那熊却突然站起，并向乾隆冲了过来，康熙连忙用虎枪将熊击毙。回到帐篷后，康熙就指着乾隆对皇贵妃说"伊命贵重"。后来又有一天，听说围场有虎，乾隆也想去猎杀，但被康熙制止，说"汝不可去"；要去的话，等自己去的时候再带他一起。

此事发生在康熙六十一年（公元1722年）夏，康熙死前数月，已默定继承人于心。《清高宗纯皇帝实录》卷一又说，乾隆继位是"圣祖深爱神知，默定于前；世宗垂裕谷诒，周注于后"，这也说明康熙生前已预定将传位给雍正，而最终要由乾隆继承皇位。但因为《清高宗纯皇帝实录》是乾隆死后才修成的，容易被人怀疑是史家根据既成事实而臆说的，所以《清高宗纯皇帝实录》的这个说法不受史学界的重视也是可以理解的。

康熙对孙子弘历的喜爱之情，在当时已流传较广，昭梿在《啸亭杂录》中也记载了围场猎熊的故事，和乾隆自己的叙述基本相同。这说明康熙是有意让乾隆当皇帝的，但孙承祖位，前无先例，所以康熙欲传皇位于乾隆，必先传位于其父雍正。昭梿是清太祖努尔哈赤第二子代善之后，系清皇室的近支宗室，又与乾隆约略生活在同一时代，他的笔记《啸亭杂录》又以记清代掌故翔实而历来受学术界重视，因而他的说法有一定的影响力。

当时康熙居住在畅春园，为了便于乾隆能够随时陪伴在自己的左右，康熙便把圆明园寝殿左侧的牡丹台赐给乾隆，作为他起居、读书之所，又将畅春园内的澹宁堂也赐给乾隆。二十余年后，乾隆九年（公元1744年），乾隆在一首题为《镂月云开》的诗中还写道"犹忆垂髫日，承恩此最初"，殷殷怀念此事。

《朝鲜李朝实录》中景宗二年（清康熙六十一年）十二月有这样的记载：

康熙皇帝在畅春园病危，知道自己来日无多，便召来阁老马齐说："第四子雍亲王胤禛最贤，我死后立为嗣皇。胤禛第二子有英雄气象，必封为太子。"之后摘下脖子上所挂的念珠给雍正，说："此乃顺治皇帝临终时赠朕之物，今我赠尔，有意存焉，尔其知之。"康熙临死前，雍正在世的儿子只有弘时、弘历、弘昼、福惠四人（福沛、弘瞻尚未出生），按照年纪，弘历排第二，所以康熙临终前说"胤禛第二子"。因为康熙有意隔代传位给乾隆，所以必须先传给乾隆的父亲雍正，雍正继位必定是康熙的旨意，并不存在篡位的可能。

虽然皇位注定要传给乾隆，但乾隆似乎并不是雍正最疼爱的儿子。雍正六年（公元1728年）六月，《古今图书集成》编纂完成，有棉纸书和竹纸书两种版本，雍正帝将其赏赐给了诸位王公子弟和大臣。在雍正诸位皇子中，唯有八阿哥福惠得到了材质更好的棉纸书版本，而四阿哥弘历却只得到了竹纸书版本。乾隆后来继位后就多次表示，雍正疼爱八阿哥福惠甚多，朝鲜使者也多次传闻，雍正帝要把八阿哥福惠立为太子。然而，仅过了三个月，八阿哥福惠便夭折了，年仅八岁，雍正帝为其辍朝三日，并以亲王礼下葬，足以看出雍正帝对八阿哥福惠的疼爱。但对幼年儿子的宠爱并不代表就要将皇位传给他，更何况他的亲舅舅大将军年羹尧是被雍正皇帝处死的，一旦亲外甥上台，这个案要不要翻？所以说要将皇位传给福惠的说法只是传闻，而且传位于弘历已经成了公开的秘密，雍正也难以违背父亲康熙皇帝的遗愿，这会动摇他的皇位合法性；而事实上雍正的传位诏书自雍正元年放在"正大光明"匾后，就再也没有开启、改动过，直到他去世。

乾隆皇帝（一）：以宽大为政——与雍正对着干

孔子曾说："三年无改于父之道，可谓孝矣。"可是乾隆皇帝刚一即位，就迫不及待地改变了他父亲的执政理念和风格。

乾隆皇帝即位不久就颁布了自己的政治纲领："治天下之道，贵得其中。故宽则纠之以猛，猛则济之以宽。"虽然他表面上宣称"时时以皇考之心为心，即以皇考之政为政"，但他要行中道，"惟思刚柔相济，不竞不绒（不争逐、不急躁），以臻平康正直之治"，具体做法是"朕主于宽，而诸王、大臣严明振作，以辅朕之宽"，实行宽仁之政。

乾隆皇帝与祖父康熙皇帝的感情很深，也很敬佩祖父的功业与宽仁的政治理念，却对父亲的为政不以为然。对此，他并不讳言，说父亲因为他赋性宽缓，屡次教训他要改正。康熙为政宽仁，而雍正则严苛。乾隆皇帝"非嫡、非长、非宠"，并非雍正皇帝喜欢、宠爱的皇子，他之所以能被立为太子并即位，是因为祖父康熙皇帝的隔代指定。

在皇子时代，乾隆皇帝曾写过《宽则得众论》，认为"诚能宽以待物，包荒纳垢，宥人细故，成己大德，则人亦感其恩而心悦诚服矣！苟为不然，以褊急为念，以刻薄为务，则虽勤于为治，如始皇之程石观书，隋文之躬亲吏职，亦何益哉？"其中"以褊急为念，以刻薄为务"恰恰是雍正朝的为政特征。

在这篇文章里，乾隆皇帝借古讽今，抒发了自己崇尚宽仁的政治理念。由此也可以看出，乾隆皇帝对其父雍正皇帝的执政理念与风格非常不以为然，父子之间存在较大的差异，文章中甚至将父亲影射成了事无巨细、事必躬亲但严峻刻薄的秦始皇、隋文帝，父子间的真实关系可想而知。

显然，康乾祖孙在天性上更加相近，与严峻的雍正皇帝则相去较远。虽然乾隆内心不认同父亲的作风，但也不能公开讲父亲的坏话，还是要给父亲的严苛打个圆场。乾隆解释道，雍正继位之初，天下人心散漫，诸事废弛，"官吏不知奉公，宵小不知畏法"，所以不得不严加整顿，以除积弊。下面的官员看到皇帝这么严苛，在执行政策的时候就变本加厉、层层加码，导致给老百姓造成沉重负担，但这难道是父亲的本意吗？所以，乾隆要对之前的政策进行调整，"朕即位以来，深知从前奉行之不善，留心经理，不过欲减去繁苛，与民休息"。于是乾隆新政开始了。

乾隆新政的第一件事就是驱逐了雍正皇帝豢养在禁苑、宫中和他说禅论道、炼制丹药的僧人、道士。曾为政治斗争出谋划策的僧人文觉被命令徒步返回家乡长洲（今江苏省苏州市），并交地方官严加管束。随后又迅速将包括胤䄉、胤禟等在内的皇八子党成员子孙收入玉牒，恢复了宗室待遇；将被拘禁的胤䄉、胤祯释放，封为公爵；释放包括被判处斩监候的岳钟琪、傅尔丹、蔡珽在内的诸多有罪官员及其家属；六十九名因亏空被判决有罪的官员概行宽释；他在登基两年多的时间内"施恩豁免"的赋税"已不下数千万"。这完全是拨乱反正。

雍正时期鼓励开荒，结果地方官谎报成绩，以求奖励提拔；推行清丈土地，结果民众武装反抗；规定民间土地房产买卖，要用官方印刷的合同（即契纸、契根），结果官吏趁机敲诈勒索；雍正皇帝不顾自然条件，命怡亲王胤祥在直隶强行营治水田，甚至还试行井田；因为西北用兵，西南改土归流，财政紧张，实行捐纳当官。以上政策均被乾隆皇帝或废除或改正，甚至还一度放松了雍正时期极为严格的私盐查缉，允许民众贩卖四十斤以下的私盐。雍正皇帝性喜佛道，乾隆皇帝则对佛道严厉管束，发给度牒（执照）控制人数，并禁止增建寺庙道观；乾隆皇帝极度厌恶雍正皇帝的宠臣田文镜，认为他"苛刻搜求，以严厉相尚，而属员又复承其意指，剥削成风，豫民重受其困"。雍正皇帝在某种意义上就是放大版的田文镜，用这句话形容他也很切合。

礼亲王昭梿在回顾这段历史时评论道："纯皇（乾隆皇帝谥号最后一字为"纯"）即位时，承宪皇（雍正皇帝谥号最后一字为"宪"）严肃之后，皆以宽大为政，罢开垦，停捐纳，重农桑，汰僧尼之诏累下，万民欢悦，颂声如雷。"[1]朝鲜使臣也认为"雍正有苛刻之名，乾隆行宽大之政"，说乾隆不因指责

---

[1] 昭梿：《啸亭杂录》卷一，《纯皇初政》。

皇帝本人和大臣的言论而怪罪言官，"可谓贤君矣"。朝鲜使臣此言不虚，乾隆皇帝提拔了在雍正时期就以直言敢谏名动天下的孙嘉淦为专管监察的左都御史，孙嘉淦当即上了"三习一弊疏"的折子，认为皇帝有三大恶习："耳习于所闻，则喜谀而恶直"；"目习于所见，则喜柔而恶刚"；"心习于所是，则喜从而恶违"；"三习既成，乃生一弊。何谓一弊？喜小人而厌君子是也"。即皇帝不愿意听到不同意见，喜欢阿谀奉承、柔媚事主的佞臣。面对言辞如此激烈的批评，乾隆皇帝见疏却非常欣赏，命令宣示群臣。

田文镜是雍正皇帝最欣赏的地方官，田文镜死后雍正评价他说："老成历练，才守兼优，自简任督抚以来，府库不亏，仓储充足，察吏安民，惩贪除弊，殚竭心志，不辞劳苦，不避嫌怨，庶务俱举，四境肃然。"[1]《易县志》载，田文镜墓因占用乾隆帝西陵扫墓御路三尺，被乾隆帝夷为平地，显然对田文镜极为鄙夷，但田文镜已经死了，就将矛头对准了他的继任者王士俊。

王士俊是田文镜特别欣赏的人，秉持了田文镜一贯的严苛作风。乾隆皇帝下旨痛骂王士俊，说此前田文镜当巡抚总督的时候，"苛刻搜求"，"剥削成风，豫民重受其困"，天下人都知道，你王士俊接任后还继续这么干，让老百姓遭殃。河南这个

---

[1]《河南通志》卷一《圣制》。

地方的老百姓民风淳朴，却先后遭到总督巡抚的苛政，实在可怜。之后，乾隆将王士俊就地免职（后改署理四川巡抚），并废掉河南总督，只设巡抚一职。

乾隆新政激起了雍正时期旧臣的反弹。王士俊被贬后，曾上密折指责群臣"近日条陈，惟在翻驳前案"，甚至当众嘲讽"只须将世宗时事翻案，即系好条陈"，实质上是指责乾隆皇帝专门翻雍正皇帝的案，这是对外号称"时时以皇考之心为心，即以皇考之政为政"的乾隆皇帝无法容忍的，结果王士俊以大不敬罪被判斩监候，后被释放为民，遣送原籍。

总之，乾隆新政崇尚宽仁之政，与其父亲崇尚严峻的执政理念背道而驰，而且对其父亲留给他的辅政大臣也非常不以为然，逮着机会就加以打击羞辱，还整肃了父皇最为宠信的两位大臣——张廷玉、鄂尔泰。

乾隆皇帝（二）：整肃父皇最宠信的张廷玉、鄂尔泰

张廷玉和鄂尔泰是雍正皇帝最为亲信和倚重的两位大臣，雍正在遗诏里要求在他俩死后给予配享太庙的最高荣誉，没承想这两人及其党羽都成了乾隆皇帝整肃的对象。

即位之初，年轻的乾隆皇帝没有自己的执政班底，都是父亲留下来的旧臣，由四位辅政大臣庄亲王胤禄、果亲王胤礼、

大学士张廷玉和鄂尔泰等任总理事务王大臣,并紧急召回正前往浙江视察海塘工程的老师朱轼,任命他为协办总理事务大臣。在诸多大臣中,乾隆皇帝唯对朱轼抱有深厚的感情,也最信任朱轼。他的宽仁思想很大程度上是朱轼当年教育的成果,因此朱轼充当了乾隆皇帝新政的导师,只是不到一年他就去世了。

乾隆二年(公元1737年)十一月,居丧期结束的乾隆皇帝撤销了总理事务处,恢复了军机处,以鄂尔泰、张廷玉、讷亲、海望、纳延泰、班第为军机大臣,原总理事务王大臣庄亲王胤禄、果亲王胤礼均不在其中,由此确立了皇族亲贵不再参与政务的定例。这一定例直至一百二十四年后的辛酉政变才被打破,而此前清朝皇族亲贵一直积极参与政事。

鄂尔泰、张廷玉是雍正皇帝生前最信任的大臣,甚至在遗诏中赞扬他们是"不世出之名臣",并要求将二人"配享太庙",这是清朝大臣所能得到的最高荣誉,以前只有立下奇功伟业的大臣才能获得。然而鄂尔泰虽有改土归流之功,但不久苗民因此起事,一直到乾隆初年才平定,他本人一度被罢免除爵;张廷玉更无尺寸之功,只是雍正皇帝身边得力的机要秘书,可见雍正皇帝做事常心血来潮,感情用事,乾隆皇帝对此深不以为然。此时鄂尔泰、张廷玉秉政,"门下士互相推奉,渐至分朋引类,阴为角斗",形成了鄂、张朋党,满洲官员大多依附鄂尔泰,而汉人官员则多投靠张廷玉。但由于乾隆皇帝本人重满轻汉，当时全国的巡抚满汉各半，但总督则是清一色的满人，乾隆以满洲为本位的思想较之康熙皇帝、雍正皇帝更加浓厚，因此，鄂党要稍占上风。但实际上鄂、张党争都在乾隆皇帝的操控之下，诚如他自己所说："朕临御以来，用人之权从不旁落。试问数年中，因二臣之荐而用者为何人？因二臣之劾而退者为何人？"[1]乾隆五年（公元1740年），他公开宣示，揭露了满汉大臣分别依附鄂、张二人的事实，并警告鄂、张朋党："鄂尔泰、张廷玉乃皇考与朕久用之好大臣，众人当成全之，使之完名全节，永受国恩，岂不甚善？若必欲依附逢迎，日积月累，实所以陷害之也。"[2]

乾隆六年（公元1741年）十二月，左都御史刘统勋上奏称，张廷玉历事三朝，皇上对他的厚恩眷顾可谓极盛，但是现在外面传闻"桐城张、姚两姓，占却半部缙绅"，他们家族的势力已经太大了，请求在三年之内停止张家亲属升官。这个奏章得到乾隆的批准。张廷玉见势不妙，请求解除自己管理吏部的权力，但被拒绝；第二年，张廷玉欲将伯爵之位转给儿子张若霭承袭，结果乾隆皇帝以"我朝文臣无封公、侯、伯之例。大学士张廷玉伯爵，系格外加恩"的理由，剥夺了他的爵位世袭。就在同时，左副都御史仲永檀与鄂尔泰长子鄂容安串通泄露密奏内容，

---

1 ［清］方濬师：《蕉轩随录》卷十，《记田督事》。
2 同前注。

第三章　康乾盛世（下）

仲永檀被逮捕下狱，鄂容安被革职，并牵连到了鄂尔泰，他的所有加级、纪录[1]，俱着销去，降二级，从宽留任。

鄂尔泰于乾隆十年（公元1745年）去世，乾隆皇帝开始重点打击张廷玉。他提拔出身于满洲镶黄旗、开国功臣遏必隆的孙子、一等公讷亲接替鄂尔泰为领班军机大臣。讷亲是雍正皇帝识拔的青年才俊，他的资历比张廷玉浅很多。雍正年间鄂尔泰后来居上成为领班军机大臣，现在讷亲又重演了当年的一幕，张廷玉心中滋味可想而知。

乾隆十四年（公元1749年）讷亲被诛后，乾隆皇帝皇后的弟弟、出身于满洲镶黄旗富察氏、不到三十岁的傅恒又一跃而成领班军机大臣，而此时张廷玉已经七十多岁了，心里滋味肯定不太好受。乾隆皇帝公开宣称张廷玉只是一件摆设，并无实际的作用："夫座右鼎彝古器，尚欲久陈几席，何况庙堂元老？"甚至认为即使在备受器重的雍正朝，张廷玉也只是皇帝的秘书，仅仅负责缮写谕旨等文字工作。这段话表明，张廷玉在乾隆皇帝眼中就是一件古董摆设，并不参与实质性的政务决策，乾隆真正重用、信任的还是满洲亲贵。

在公开场合，乾隆皇帝又利用张廷玉请求退休以及配享太庙一事对他百般斥责、羞辱，以此来清除他在朝中的影响，并

---

[1] 加级、纪录：清朝对官员的奖励。纪录有三等，纪录四次即可加一级，加到三级则需纪录十二次。加级、纪录是官员政绩，又是定期考绩时的重要条件。加级可以抵销降级、罚俸等处分。

惩罚他的重要党羽——军机大臣汪由敦。

乾隆十三年（公元1748年）正月，年过七旬的张廷玉上奏请求告老还乡，乾隆说："奉皇考遗命，将来配享太庙，岂有从祀元臣归田终老之理？"没有批准。第二年，张廷玉再次上奏请求退休，乾隆看他垂垂老矣，行动也不方便，就批准了，还作了诗赏给他。张廷玉临走前对雍正许诺给他的"配享太庙"一事念念不忘，生怕乾隆不兑现，就要乾隆留个保证书给他。遇到这种事，搁谁都不高兴，乾隆当然也很不乐意，但又不好发作，所以还是拟了手诏，重申雍正的遗命，保证等张廷玉死后让他配享太庙。

第二天，张廷玉写了个谢恩折，让他儿子张若澄入宫谢恩。乾隆皇帝本来昨天被逼着写保证书心里就有火，今天见张廷玉还不亲自来谢恩，火气一下上来，命军机大臣傅恒、汪由敦代写谕旨，要张廷玉交代清楚为什么不亲自来谢恩。结果这边圣旨还没下达，第二天天不亮，张廷玉就跑到内廷见乾隆。乾隆更加火大，说这一定是军机处走漏了消息，不然张廷玉怎么知道，而且"今日既可来，何以昨日不来？"于是，乾隆不仅将通风报信的汪由敦革职，还削掉了张廷玉的伯爵之位。

乾隆将之前配享太庙的开国功臣名单给张廷玉看，让张廷玉好好反省一下，自己有什么资格，有什么功绩，可以和这些开国功臣一起配享太庙。鄂尔泰尚且还有平定苗疆的功绩，张廷玉有什么功劳？不过是做些文秘工作罢了。而且张廷玉跟乾

第三章 康乾盛世（下）

隆也有十四年了，皇帝对待群臣事事推心置腹，他居然这么不信任皇帝，还忍心要挟皇帝写保证书。配享太庙这种荣耀，人心自有公论，哪有人自己不停地叨叨索要的？乾隆心中自然气愤。"此在朕平心论之，张廷玉实不当配享，其配享实为过分。"[1]

不过，乾隆终究还是尊重他父亲的遗愿，准许张廷玉身后配享太庙，还保留了雍正赐予他的大学士头衔，但乾隆自己赏赐给张廷玉的东西，包括伯爵爵位、物品、在京的府邸等统统收回。

乾隆二十年（公元1755年），张廷玉在惶恐、屈辱中终于得以善终，并配享太庙。乾隆皇帝也没有放过已经去世十年，但仍有政治影响的鄂尔泰，借着《坚磨生诗钞》案处死了鄂党的胡中藻、鄂尔泰的侄子鄂昌，并公开痛斥："伊在鄂尔泰门下，依草附木……攀援门户，恬不知耻。""胡中藻系鄂尔泰门生……肆无忌惮，悖慢诋张……胡中藻依附师门，甘为鹰犬。"并将鄂尔泰撤出贤良祠，不准入祀。至此，鄂、张二党被彻底清除。

清朝康熙、雍正年间的文字狱很多并非单纯因文字获罪，而是有政治斗争背景，因文字获罪仅仅是表象。康熙晚年著名的《南山集》案有废太子的背景，雍正年间的吕留良案则是因曾静劝岳钟琪造反，查嗣庭"维民所止"案与雍正皇帝打击隆

---

[1]《清高宗纯皇帝实录》卷三五五。

科多有关，汪景祺《西征随笔》案、钱名世"名教罪人"案则是受了年羹尧的牵连。而这些案件的审理最终目的是强化满洲贵族的封建专制统治，加强思想、文化控制。比如《南山集》案实质上是对明末遗臣故老山河故国之思的打击，为的是防微杜渐。文字狱刑罚残酷，株连众多，严重禁锢了思想，阻碍了科学文化的发展，给中国社会发展带来了恶劣影响。历朝历代的封建统治都离不开集权和专制，这是封建统治者维持统治的根本手段，清朝尤其是乾隆时期，中央集权专制更是达到了历史上的巅峰。鲁迅先生说过：所谓的康乾盛世很有可能是统治者通过文字狱的手段掩盖了真正的记录，《四库全书》并不是全部的历史，那是经过乾隆删改的历史。在清朝的康乾时期，统治者通过文字狱对人民思想进行高度压制，许多知识分子遭受到了严重迫害。血淋淋的残酷镇压让知识分子只能埋首故纸堆，龚自珍才因此发出"我劝天公重抖擞，不拘一格降人才"的感慨。

乾隆皇帝（三）：绝望的鳏夫，乾隆十三年大变样

乾隆皇帝这样一位宽仁之主，却因富察皇后的突然去世而画风陡变，变成了比其曾不以为然的父亲更加严厉的君主。这究竟是什么原因导致的呢？

乾隆十三年，乾隆皇帝深爱的富察皇后及其嫡子的去世让

第三章 康乾盛世（下）

乾隆备受打击。富察皇后在雍正五年（公元1727年）时作为嫡福晋嫁给了当时的宝亲王弘历。她姿容窈窕，温婉大方，知书达理，深得乾隆宠爱。受汉族立嫡立长观念的影响，乾隆皇帝曾想立富察皇后所生嫡长子永琏为太子，可惜永琏在九岁的时候夭折了；之后富察皇后又诞下嫡子永琮，乾隆非常喜爱他，打算立为太子，可惜永琮在乾隆十二年（公元1747年）的除夕因出痘夭折了，当时只有两岁。永琮夭折后三个月，富察皇后也去世了。

接连遭遇丧子亡妻之痛的乾隆情绪失控，性情大变，在为富察皇后安排丧礼的过程中，一大批的官员获罪受罚。

首先因皇后册文的汉满文翻译问题，管理翰林院的刑部尚书阿克敦被交刑部问罪，被重判绞监候。但乾隆还不满意，指责刑部"党同徇庇"，将全体堂官（尚书、侍郎）革职留任，阿克敦以"大不敬"判斩监候。工部因皇后册宝制造粗陋，全体堂官被问罪或降级，或从宽留任。光禄寺、礼部全体堂官也因筹备丧礼的问题受到处分。地方官因各有职守，不可能到京治丧，虽然有些人会奏请，但只是做表面文章。谁知乾隆皇帝却大为光火，将五十三名没有奏请的旗人地方官全部降级。

风波还未平息。满洲原有丧礼百日不剃发的旧俗，但入关后逐渐不再遵守，乾隆皇帝竟然扬言要杀掉所有百日内剃发的官员，简直丧心病狂了。后因发现众多驻防八旗兵也剃发而作罢，但江南河道总督周学健、湖广总督塞楞额还是因剃发一事被勒令自尽，湖南巡抚杨锡绂、湖北巡抚彭树葵被革职。因皇后丧礼一事前后被处分的官员多达一百多人。此前乾隆皇帝在位十三年中只判处过一名高官死刑，即乾隆六年因贪污一千六百两白银被令自尽的提督鄂善，而且还是"垂泪谕之"。这是乾隆即位以来最大的政治风波。但没有人想到的是，更大的风波正在袭来。

这一年的十二月，因金川兵败，川陕总督张广泗被押解回京问斩，随后乾隆派遣侍卫鄂实携带遏必隆的佩刀将保和殿大学士、领班军机大臣、金川战事经略大臣讷亲斩首，而遏必隆恰恰是讷亲的祖父，清朝的开国功臣。乾隆十四年九月，乾隆以在瞻对之役中贻误军机为由，赐文华殿大学士、佟国维之子、一等公庆复自尽。

乾隆十三年是乾隆皇帝个人与乾隆朝政治的分水岭，在此之前乾隆皇帝是一位"赋性宽缓"的仁君，一心效法祖父的仁政，之后他变成了一个杀伐决断的严峻之主，但对民众仍然延续了宽仁之政。钟爱的嫡子与皇后相继去世只是触发这一转变的契机，而根本的原因在于乾隆皇帝本人的政治哲学。早在即位之初，在"治天下之道，贵得其中"，要行宽仁政治的诏书中，他便提出了警告："宽大之与废弛，相似而实不同。朕之所谓宽者，如兵丁之宜存恤，百姓之宜惠保，而非谓罪恶之可以悉赦，刑罚之可以姑纵，与庶政之可以怠荒而弗理也。"也就是说他的宽大主要是平时对士兵、对百姓的，但对于违法犯罪行为还是要严厉打击的。他要求大臣们要"严明振作",否则导致事务废弛,逼得他不得不亲自出面采取雷霆手段,那就"不惟臣工之不幸,抑亦天下之不幸,更即朕之不幸矣"。

乾隆十四年,乾隆皇帝一改从前的宽大,大批勾决死刑犯,甚至以前一再被缓刑的罪犯也被处死,并且重点勾决那些贪污的"官犯"。他对此自有解释:"当临御之初,因人命攸关,实切切而不忍,宁失之宽。今阅历既久,灼见事理,若一味姑息纵舍,则失之懦弱。裁度因时,方得权衡不爽。非有意从宽,亦非有意从严;且非前此从宽,而今又改为从严也。"乾隆皇帝一直遵奉宽严相济的原则,执政十几年的经历与金川战事让他深刻意识到官僚的效率低下、平庸塞责,他对整个官僚阶层产生了极度的不满与不信任感。正是在这个背景下,他严厉打击鄂、张二党,彻底清除了他们的影响力。

乾隆十三年后,乾隆皇帝的严峻、独断的个性越发彰显,他在位期间极为重视吏治,其驭下的严厉远超过后世传说中以严厉著称的雍正皇帝。富察皇后之死仅是一个契机,而张广泗的供状"但知皇上慈仁,不知皇上英武"更是直接刺激了他。

乾隆皇帝历来自视甚高,执政的前十三年都在效仿他的祖父康熙皇帝,在臣下心目中树立一个宽仁之主的形象,可没想到在张广泗等人的眼中,自己竟然是个"傻白甜",是个只知道宽大却没有威严的傻货,大臣们根本不把自己当回事,连富察皇后的丧礼也在敷衍了事。乾隆的自尊心受到严重打击,于是在对待官僚的态度上出现了一百八十度的大调整。

他非常痛恨当时的官僚做不得罪人的老好人以及邀买下属的行为。他发现督抚办事,有所谓"上和下睦、两面见好"的潜规则,督抚对地方官表面上公事公办,但又在私底下开后门,借以邀买下属人心,上下一团和气。乾隆皇帝认为"安民在于察吏……督抚有表率封疆之任,不在多设科条纷扰百姓,惟在督察属员,令其就现在举行之事因地制宜,务以实心行实政",即总督、巡抚的责任不在于新设各种法规管理民众,而是要督察属下的各级官吏,推行实政。

乾隆皇帝与汉武帝一样,洞察世事人心,他将府州以上文武官员的姓名写在墙壁上,经常考察他们的言行举止,并时时训诫、提醒。他继承了雍正皇帝的做法,亲自接见知县及以上各级地方官,亲自考察官员们的能力,有时候一天要见上百名的各地官员;为了避免自己在短暂的引见中误判,他还要求督抚们推荐、保举人才。

大学士、河道总督高斌是乾隆皇帝宠爱的慧贤皇贵妃的父亲,原为汉人包衣,后被抬入满洲镶黄旗。乾隆十八年(公元1753年)黄河于江苏铜山决口,河水灌入洪泽湖,高邮、宝应等州县被淹没。这次黄河决口,正如乾隆所说,虽然有天灾的因素,但主要还是因为历年来河工偷工减料,虽是天灾,实为人祸,因此乾隆皇帝下令查案的策楞、刘统勋将监修这段工程的同知李焞、守备张宾在河工现场处斩,并将江南河道总督高斌、协办河督张师载一同绑赴刑场，让他们亲眼看看李焞、张宾的行刑过程，再宣布开恩释放。高斌、张师载不知内情，当即吓得昏迷倒地，醒后奏称："我二人悔已无及，此时除感恩图报，心中并无别念。"

乾隆皇帝对官吏贪污腐败更是深恶痛绝，对督抚、九卿大臣经常轻判贪腐官吏非常不满，认为这些贪官污吏"多留一日，则民多受一日之残，国多受一日之蠹"，因此"斧锧一日未加，则侵贪一日不止"。只要贪污的证据确凿，就立刻杀掉，杜绝贪官们有"牺牲我一个，幸福一家人"的侥幸心理，要让"人人共知法在必行，无可幸免。身家既破，子孙莫保，则饕餮之私，必能自禁"，当年（乾隆十四年）即将三十六名贪官处决。[1]

乾隆皇帝（四）：清朝最严厉的皇帝根本不是雍正，而是他儿子

通常印象中，雍正皇帝好像是清朝帝王中最为严苛的，而提到乾隆往往是风流才子的形象，但实际上，在官僚治理和反贪方面，乾隆反而比他的父亲更加严厉。

乾隆二十二年（公元1757年）爆发了一起大案，湖南布

---

[1] 参见《清高宗纯皇帝实录》卷三五一。

政使杨灏贪污三千余两白银，巡抚蒋炳审讯之后，判为斩监候，近似于死缓，秋后杀头，并通过了三法司（刑部、大理寺、都察院）、九卿科道的审核。乾隆皇帝阅秋审官犯册时"不胜骇然"，他认为杨灏身为藩司，竟然贪污三千余两，应该就地正法才是，而司法部门这帮人居然仅判了个斩监候，如此随意糊弄，"将视朕为何如主？"乾隆认为，之所以轻判，是官员们相互包庇，把他当成昏庸无能的主子糊弄他，所以非常生气，结果杨灏被斩立决，蒋炳被罢官，发配军台效力，三法司共有八十六名官员被革职留任或降级。此外，还有大批督抚因包庇贪污的下属被惩处，如湖南巡抚许容、两广总督硕色、广东巡抚岳浚、云南巡抚图尔炳阿、两江总督高晋等，他们或被罢官发配，或被革职，江苏巡抚庄有恭、山西巡抚和其衷则被判斩监候。

同年，云贵总督恒文、云南巡抚郭一裕以进贡金炉为名，压低金价，中饱私囊。乾隆皇帝派遣刘统勋查案属实，赐恒文自尽，郭一裕充军。同年，山东巡抚蒋洲因在担任山西布政使时亏空库款，并勒索下属纳银弥补，经刘统勋审理后处斩。乾隆三十三年（公元1768年），两淮盐政以筹备南巡为名，私自加派每一盐引银三两，共加派盐引银达一千零九十万两，除小部分供南巡外，大部分被两淮盐政侵吞，曾任盐政的高恒（慧贤皇贵妃兄弟）、普福与盐运使卢见曾均被处决，并没收家产。大学士傅恒请求看在慧贤皇贵妃面子上免高恒一死，乾隆皇帝冷笑了一声说："如皇后兄弟犯法，当奈何？"作为富察皇后弟弟的傅恒吓得不敢再多说一句话。

贪官们前赴后继，"争相赴死"，因贪腐而被处死的督抚还有广东巡抚钱度、山东巡抚国泰、江西巡抚郝硕、闽浙总督宗室伍拉纳、福建巡抚浦霖、浙江巡抚福崧等，而乾隆朝最大的贪腐案发生在甘肃。

乾隆四十六年（公元1781年），甘肃爆发了苏四十三起义，甚至一度威胁兰州，皇帝急派宠臣户部尚书和珅为钦差大臣，率军镇压，但和珅没有军事才能，一战而败，却诿过下属，认为他们不听指挥。督师大学士阿桂赶到前线，发现情况并非如此，乾隆皇帝也已经洞察和珅的用意，将其召回身边。和珅为了挽回颜面，又借口说甘肃连绵大雨，影响作战，乾隆一听生疑。清代规定督抚要定期向皇帝汇报雨水粮价，而此前甘肃一直报告连年大旱。在甘肃作战的阿桂同样奏报"雨势连绵滂霈，且至数日之久"，乾隆由此认定，此前甘肃地方奏报受灾，全都是谎言。官员谎报旱情必然是为了贪污朝廷下发的赈灾粮食，乾隆皇帝当即下令和珅、阿桂查办此案。此时正逢甘肃布政使王廷赞赴避暑山庄觐见，他立即被逮捕审讯，由此揭发了甘肃官员集体冒领贪污赈灾款项的事实。七年前，陕甘总督勒尔谨因甘肃地瘠民贫，在全省实行"捐粮为监"，即公开出卖国子监监生的名额筹措赈灾物资。朝廷规定只准许每捐谷四十石换取一个监生名额，但勒尔谨与甘肃布政使王亶望勾结，擅自改变规则，以五十五两白银换一个监生名额。王亶望还与兰州知府蒋全迪为各县谎报灾情，定下收捐数额，再由布政司预定份数，发单给各县，照单开赈。当王廷赞接任甘肃布政使后，他发现"监粮折银"不符合"捐监"的规定，一度想停止捐监，但却禁不住诱惑被拉下水，他非但不向皇帝据实陈奏，反而"改革"了全省组织贪污的程序，使其更加"高效"。几年内，甘肃全省捐银收入超过一千万两，全部被各级官员侵吞。不仅如此，甘肃的官员竟然宣称要盖仓库，储存子虚乌有的"捐粮"，并以雇用运粮夫役名义，又骗得户部二十万两白银。实际上甘肃不仅没有捐粮，这些贪官甚至侵吞了正项仓库中的一百万石粮米，包括"籽种、口粮"，贪腐无所不用其极。

几乎所有的甘肃官员都卷入了这场贪污大案，在得知案情后，乾隆皇帝震怒："甘肃此案，上下勾通，侵帑剥民，盈千累万，为从来未有之奇贪异事。"结果王亶望、蒋全迪被处斩刑，王廷赞被处绞首，勒尔谨被赐死；贪污白银两万两以上的案犯斩首五十六人，免死发遣四十六人，革职、杖流、病故、畏罪自杀数十人，甘肃官场几乎一扫而空。

事情到此并未结束。首犯王亶望被抄家后，发现其家产折合白银三百万两，其中有不少珍宝和名贵字画，乾隆皇帝对此心知肚明，但当他检视这些抄没之物时，却发现都是一些粗制滥造的字画，他断定有人调换吞没。乾隆四十七年（公元1782年）夏，乾隆在避暑山庄询问浙江布政使李封、按察使陈淮，但他们均矢口否认。乾隆命令将抄家底册与物品一一核对，果不相符，确有人从中调换侵吞。在铁证面前，李、陈二人只好认罪，供出了主犯闽浙总督陈辉祖。陈辉祖被逮捕，严刑审讯，交代了调换抄家物品的经过，被判斩监候，后被赐自尽。这算是甘肃集体贪污案连带出来的案件，又一位总督被杀。陈辉祖的贪婪和胆大妄为令人惊讶，在甘肃贪污案被如此严厉处置后，他竟然还敢侵吞首犯的财产，想必是心存侥幸和贪腐已经习以为常，没承想正好撞上了乾隆的枪口。

甘肃贪腐案的突出特点是无官不贪，而且是有组织、成系统、走程序的贪腐，形成了一个金字塔式的生态系统。长达七年的时间内，向朝廷谎报全省连年大旱是一个高风险的行为，如果不是全体官员集体配合，很容易被揭穿，因此必须要将每一个官员都拖下水，变成共犯。换句话讲，如果一个官员想保全官位或者得到升迁，他就必须进入这个贪腐集体，否则作为异己，就无法在甘肃官场容身，因为他的上级和同僚会担心他有可能揭发。布政使王廷赞在刚进入甘肃官场时还想改变"监粮折银"的违法行为，但他随即选择了同流合污，一方面固然是因为贪欲，另一方面也是形势使然，使他身陷泥淖而无法独善其身。

当时官员集体或大规模贪腐的更深层原因在于，官员的选拔都由上级决定，即采取所谓的"伯乐制"。由于官场呈金字塔形，每上升一级都很困难，因此下级获得升迁或保位就必须博得上级的欢心。在当时的人治社会，官员提拔缺乏客观标准，下级向上级行贿也就成了"最佳之选",于是就形成了一个同样是金字塔式的贪腐生态系统、一条食物链:官员不贪腐就无法行贿,不行贿就无法保位或升迁,每一级官员都是其下级的受贿者、其上级的行贿者,而真正清廉的官员必然凤毛麟角。在这种情况下,贪腐是难以清除的,因为贪腐就是官场的润滑剂和原动力,甚至就是官场本身存在的目的,甘肃集体贪腐案只是这一原则的"完美"体现。中国传统帝制时代的官员大多出身科举,自小熟读四书五经,普遍敬畏"天、地、君、亲、师",强调"礼、义、廉、耻",但这些道德信念仍然无法与人性的贪欲以及严酷的官场生态抗衡。

甘肃的贪腐食物链组织非常完整,运行"高效顺畅",省、府、县三级官员组成了一个"完美"的贪腐金字塔。知情者均是共犯,相互庇护,没有强大的外来力量,是很难打破这一贪腐格局的。甘肃贪腐案是由于一个偶然的因素,引发了最高层乾隆皇帝的关注与强力介入,才最终揭开了黑幕,否则还不知道要持续多久。

乾隆皇帝处理贪污官员不可谓不严厉,整个清朝因贪污被处死的二品以上高级官员共四十一人,而被乾隆皇帝处死的就高达二十七人,占了近三分之二。在乾隆皇帝的意识里,天下属于他一人,他是国家的唯一所有者,绝不会容忍臣下的贪腐行为,因此乾隆皇帝反贪腐是真心诚意的。由于乾隆皇帝拥有绝对权威,他关注的反腐案件最终一定会高效破案。但是天下之大，情况之复杂，官员之多，贪腐手段之高明，再英明、再能干的君主也无法烛照一切，必然会存在灯下的阴影——甘肃贪腐案的主审官，乾隆皇帝最宠信的和珅，恰恰就是最大的贪污犯，这真是莫大的讽刺。

乾隆皇帝（五）：北狩、南巡、减税——他要做"康熙二世"

乾隆皇帝一生皆以祖父康熙皇帝为楷模，"以皇祖之心为心"，"以皇祖之事为事"。

满蒙联盟是清朝统治的重要基石，因此乾隆皇帝恢复了雍正朝中断的木兰秋狝制度。乾隆六年，乾隆皇帝仿效康熙皇帝，开始了他的第一次木兰秋狝，此后几乎年年都举行，总共达五十二次；他在避暑山庄度过的时间总计超过十年，甚至直至去世前的几个月，八十八岁的他还以太上皇帝的身份最后一次巡幸了避暑山庄，接见了蒙古各部王公，只是因年高而未行围。与康熙皇帝一样，乾隆皇帝举行木兰秋狝的目的，一是让军队借围猎演习、锻炼，"皇祖每年出口行围，于军伍最为有益"；二是怀柔蒙古，"至巡行口外，按历蒙古诸藩，加之恩意，因以寓怀远之略，所关甚钜"。乾隆六年二月初八，监察御史丛洞听说皇上要到热河木兰巡幸行围，上疏谏阻说：恐怕侍从人员以狩猎为乐,留京大臣怠惰,目前纪纲急需整顿,营务不能松弛,请帝"暂息行围,以颐养天和"。乾隆皇帝拒其所请,下达专谕,详述行围之必要性:除训练军队骑射外,还要笼络蒙古诸藩,"朕之降旨行围,所以遵循祖制,整饬戎兵,怀柔属国,非驰骋畋游之谓"。乾隆还说,秋狝并不是去玩,要玩待在宫里不是更安逸吗,何必大老远跑到塞外去?丛洞这个人有意见就提,出发点也是好的,但没什么见识,所以乾隆特地下了这道口谕让他知道其中缘由。

曾做过军机章京的史家赵翼对乾隆帝之讲武十分称颂,赞其"最善射",不论是夏季见武官还是秋天出塞狩猎,都要比赛射箭,射九箭就有六七箭正中靶心。

乾隆皇帝不仅要仿效祖父每年的木兰秋狝,南巡也照样要仿效,而且次数同为六次。"我皇祖六度南巡,予藐躬敬以法之。"乾隆晚年曾说:"予临御五十年,凡举二大事,一曰西师,一曰南巡。"西师指征伐准噶尔、回部,加强对边疆地区的控制;南巡指巡视江南,是内政,可见南巡在乾隆心目中的重要地位。

乾隆十六年(公元1751年)正月,他开始了第一次南巡,以康熙皇帝为榜样,考察地方情形。因为东南各省历年积欠的钱粮非常多,所以他下令一次性将乾隆元年(公元1736年)至乾隆十三年江苏积欠地丁二百二十八万余两、安徽积欠地丁三十余万两全部蠲免;浙江虽然没有积欠,也免除了本年度应征地丁钱粮三十万两;经过的直隶、山东各州县的钱粮免除十分之三，成为以后的定例。

第二次南巡，乾隆又下令免去苏、浙、皖三省在乾隆二十一年（公元1756年）以前积欠的钱粮，又免浙江漕银二十余万两。第三次南巡，谕免乾隆二十二年至二十六年（公元1761年）三省积欠钱粮，又免浙江漕银等项二十七万余两。第四次南巡，谕免江苏、安徽钱粮一百四十三万余两及浙江钱粮十三万余两。第五次南巡，谕免江苏、安徽乾隆三十九年（公元1774年）至四十四年（公元1779年）欠银一百三十余万两。第六次南巡，谕免江苏、安徽欠银一百三十余万两。总计六次南巡，蠲免税银在一千万两以上。

乾隆皇帝宣称"南巡之事，莫大于河工"，因此他六次南巡，均仿效康熙皇帝视察河工。但正如他自己所说，只是"敕河臣慎守修防，无多指示"，他并不像康熙皇帝那样精通河工，能亲自规划、指导工程。

清兵入关后，江南人反抗最为激烈，反清意识历久不衰，因此南巡另有不能明说的目的，即笼络人心。康熙皇帝与乾隆皇帝南巡，均多次祭拜孔林与明太祖陵，并行最高等级的三跪九叩或二跪六叩礼，表示自己虽是异族入主，但与汉族人同样尊奉孔子和明太祖，这也是乾隆皇帝将南巡与西师并列为其一生中最重要两件事的原因。当然，江南园林、山水对来自于白山黑水、生长于北国的皇帝深具吸引力，避暑山庄、圆明园、清漪园等皇家园林中的很多景点就是直接模仿江南园林和山水,甚至连名称都不做改动。

乾隆皇帝一生以祖父为楷模,继承了康熙皇帝的仁政,频繁以各种理由蠲免天下赋税钱粮,其力度之大,减免数额之高远超过康熙皇帝。他登基后就蠲免了各地积欠十年以上的钱粮,只此一项,就免除了江南(江苏、安徽)赋税达一千余万两;在他退位的乾隆六十年(公元1795年),又下令蠲免天下所有积欠赋税达一千七百多万两,没有积欠的地方则将其次年赋税免除五分之一。因灾害蠲免钱粮更是家常便饭,赈灾救济费用仅在乾隆二十年之前就高达两千五百万两以上。乾隆朝蠲免的盛举分别在乾隆十一年(公元1746年)、乾隆三十五年(公元1770年)、乾隆四十三年(公元1778年)、乾隆五十五年(公元1790年),前后四次普免全国赋税钱粮,共计白银一亿两千万两,如果加上实际上仍然是乾隆皇帝执政的嘉庆元年(公元1796年),则是五次,共计白银一亿五千万两,而康熙朝只有一次;此外他于乾隆三十一年(公元1766年)、乾隆四十五年(公元1780年)、乾隆五十九年(公元1794年)三次普免漕粮一千万石。整个乾隆朝蠲免的天下钱粮赋税共计超过三亿两白银,是康熙朝的两倍,而当时全国每年的赋税总数也不过四千万两左右,可见其力度之大。蠲免赋税是乾隆皇帝施行的最大仁政,如此大力度的蠲免是有雄厚的财力作为基础的,乾隆时期户部存银常年保持在六七千万两,最高时约八千万两,足以应付政府的各项日常开支、重大工程和战争。

第三章 康乾盛世（下）

虽然清朝的赋税很轻，康乾时期又对外积极扩张用兵，同时大兴各种工程，但每年国家财政都有盈余，国库储备银逐年上升，康熙四十五年（公元1706年）国库存银已超过五千多万两，以后虽有起伏，但总体呈现稳步上升的趋势；到了乾隆三十七年（公元1772年），国库存银达到了空前的约八千万两。充盈的国库无疑是大幅度减免赋税的重要物质保证，但藏富于民的政治理念才是政策得以实施的根本原因。

乾隆皇帝认为："思天地止此生财之数，不在上，即在下。"[1] 天下财富的总数是恒定的，官府收得多了，民众得到的自然就少；与其将财富积聚国库，掌握在各级官僚手里，还不如让财富流通于民间，"为民藏富"；只有这样才能促进经济、社会的发展。人民富足了，国力自然会变得更强，这才是民富国强、长治久安的不二法门，才是真正负责任、着眼于长远的明智之举。如果官府只是一门心思聚敛财富，与民争利，又没有开放、透明的财务制度由民众监督，抱着捞一把就走的心态，各级官僚必然更加贪污腐败，结果必然导致民穷官富，吏治败坏，社会矛盾激化，人心离散，阶层分裂、对立，这只会导致乱世，与通往盛世之路背道而驰。正因为国家的最高领导者有此清醒、明智的藏富于民的认识，康乾时代才能在对外积极扩张、对内大兴工程的同时，不增加赋税和人民的负担。因为国力强盛，扣除政府日常开

---

[1]《清高宗纯皇帝实录》卷八五〇。

支、军费和工程费，国家财政仍然有盈余。

乾隆皇帝（六）：周甲归政、退而不休的太上皇帝

　　乾隆皇帝是中国古代中原王朝寿命最长的皇帝，活到八十九岁；他在位时间也特别长，整整六十周年。乾隆在当了六十年的皇帝后，主动退位，称太上皇帝，继续掌权三年，他也成为中国历史上极其罕见的主动退位的皇帝。

　　之所以要主动退位，也是因为他的祖父康熙皇帝。乾隆皇帝对祖父康熙皇帝非常景仰，感情深厚，对祖父的怀念持续了他漫长的一生。在他二十四岁刚继位时就"焚香告天默祷"[1]，自己在位时间不敢超过皇祖康熙执政的六十一年，到乾隆六十年的时候，即应当传位给皇子，自己归政退休，此即为"周甲归政"（一周甲为六十年）。但在当时，乾隆皇帝还很年轻，那时人很难活到八十多岁，执政超过六十年的概率其实很小，因此他也不以为意，也就是做个姿态，表示一下对祖父的孝敬，直到五十岁的时候他才开始认真考虑这个问题。乾隆皇帝虽然有十七个儿子，但到了晚年，只有四个皇子可作为继承人选，大部分儿子都先他而去了。古代人平均寿命只有三四十岁。所以，

1《清高宗纯皇帝实录》卷一六一七。

第三章　康乾盛世（下）

他在乾隆三十八年（公元1773年）冬"手书应立皇子之名，密缄而识藏之"[1]，并将此事告知军机大臣，但未透露储君是谁。

五年后冬至南郊大祀，乾隆皇帝写下储君的名字，默默向上天祷告，说如果他选的这个储君有贤德，能够继承国家洪业，则希望上天保佑他将来有所成就；如果这个人不行，则希望上天能夺去他的性命，以便重新选择新的太子。[2]这种话不是一般的父亲能说得出来的，而且是在如此隆重的场合，可见乾隆天生是冷酷的政治家，也非常理智。乾隆皇帝解释他并非不爱自己的儿子，但是为了江山社稷，不得不如此；他只希望能找到合适的继承人，延续祖宗的基业。也不是没有立储，只是不肯提前泄露机密，以免众人窥伺，集结在储君周围溜须拍马、结党营私，反而害了储君。这件事也可以反映出，乾隆皇帝对他选定的太子并不满意，但也无可奈何，只能矮子里拔将军。

时间终于到了乾隆六十年，这年九月初三，乾隆皇帝在圆明园勤政殿召集皇子、皇孙、王公大臣，揭开隐藏了几十年的谜团，宣示他在乾隆三十八年密封的手书："立皇十五子嘉亲王颙琰为皇太子"[3]，决定于第二年正月初一禅位给颙琰，并改元嘉庆。时年三十六岁的颙琰对即位后的境况并不乐观，他恳请父亲不要退位，表示自己只想一直备位皇储，早晚伺候父亲，接

1《清高宗纯皇帝实录》卷一六一七。
2 参见《清高宗纯皇帝实录》卷一六一七。
3《清高宗纯皇帝实录》卷一四八六。

受父亲的教诲，并不愿继位；王公大臣也集体请求乾隆顺应民心，表示大家都很拥戴他，他一定要将皇帝做到底。这时候当然是所有人都要出来劝他不要退位的，这是表忠心、表态度的关键时候。乾隆皇帝坚持自己当年的诺言，但同时宣布归政后，凡是遇军国大事以及用人行政等大事，仍会亲自指教，自己怎么可能置之不理呢？"嗣皇帝朝夕敬聆训谕，来知所禀承，不致错失。"[1]虽然归政退位，但要嘉庆皇帝早晚来他这听训令，汇报工作情况，大权还是掌握在自己手里。

第二年，即嘉庆元年正月初一，归政禅让大典举行，乾隆皇帝于太和殿升座，皇太子颙琰率王公大臣跪，宣读庆贺传位表，由两位大学士引导皇太子到御座前跪着，左边的大学士跪捧着"皇帝之宝"的玉玺，由乾隆皇帝亲自授予皇太子。在这一瞬间，乾隆皇帝变成了太上皇帝，皇太子颙琰成了皇帝，即嘉庆皇帝。嘉庆皇帝率王公大臣对着太上皇帝行九叩礼，太上皇帝启座乘舆还宫，典礼完成。

紫禁城内外东路有一组独立的宫殿建筑——宁寿宫，占地超过五万平方米，宫门前有一块巨大的、雕刻精美的九龙壁，与山西大同九龙壁、北京北海公园九龙壁合称"中国三大九龙壁"，由此可知这组宫殿的不同寻常。宁寿宫的形制模仿乾清宫、坤宁宫，而建筑的材料、质量、工艺更是青出于蓝，有独

---

[1]［清］王先谦：《东华续录（乾隆朝）》卷一百二十。

立的花园、亭台，甚至还有紫禁城中规模最大的戏台。宁寿宫中轴线上有一座乐寿堂，它是卧室和书房，是整个紫禁城用材最为考究、装修最为奢华的建筑，二十余根金丝楠木大柱支撑起了这座面阔七间（36.15米）、进深三间（23.20米）的殿堂，内部四壁及天花板全部用金丝楠木装修。紫禁城虽然建于明初，是明清两代的皇宫，但因历年的天灾人祸，现存的主要宫殿基本都是清朝重建。由于当时金丝楠木已经极其稀有，因此即使最重要的太和殿也只能用松木大柱，在外面包裹十厘米厚的杉木板而已。从建筑材料上讲，乐寿堂可以说是整座紫禁城中最为珍贵的建筑，而这里就是乾隆皇帝为自己准备的退位后的住所。

早在六十岁生日时，乾隆皇帝就决定修建宁寿宫作为自己退位后的居所，因此不惜工本，精益求精，为自己的打算不可谓不周到。这也是人之常情，一个大权独揽长达六十年的皇帝，自觉自愿退休，享受一下超高规格的待遇很正常，但不正常的是，这座华美的宫殿乾隆皇帝一天也没有住过，弃置了一百多年，直到清末自比太上皇帝的慈禧太后携光绪皇帝短暂住过一段时间。

禅位后仅十几天，朝鲜使节李秉模觐见，太上皇帝让他转告朝鲜国王，他虽然退位了，但"大事还是我办"。嘉庆皇帝只是一直在旁侍坐。朝鲜使臣回国后告诉国王他的观感："（新皇帝）状貌和平洒落，终日宴戏，初不游目，侍坐太上皇，上皇喜则亦喜，笑则亦笑。"[1]

养心殿是自雍正皇帝以来清朝皇帝的寝宫和处理日常政务的办公室，是政治舞台的中心，在此生活、工作了整整六十年，"大事还是我办"的太上皇帝如何舍得离开？因此专门为太上皇帝准备的宁寿宫一直闲置，即使它远比养心殿华美、精制、敞亮。太上皇帝曾这样描述自己归政后的生活："仍在养心殿日勤训政，事无巨细，皆予自任之。"看来不仅大事，就连小事也全由太上皇帝操办，年近不惑的嘉庆皇帝只能在太上皇帝的指导下当个"实习皇帝"，或另一个不太好听但更恰当的说法——"傀儡皇帝"。既然太上皇帝不搬走，嘉庆皇帝只好仍然住在自己的旧居毓庆宫。虽然改元"嘉庆"，但在宫廷中仍然使用"乾隆"年号。

嘉庆皇帝不仅要仰视太上皇帝，甚至还要看太上皇帝的亲信和珅的脸色。据当时人礼亲王昭梿的记载，和珅认为自己有拥戴嘉庆之功，"出入意颇狂傲"[2]；嘉庆对和珅很尊敬，有任何事要报告太上皇帝都要托他代言。当时太上皇帝已经是八十多岁的老人，耳朵不灵，说话含糊，行为也常出人意料，除与他亲近几十年的和珅外，几乎无人能与他沟通。因此，和珅就顺理成章地成为太上皇帝与嘉庆皇帝、臣下之间的"联络员"，

---

[1] 吴晗辑：《朝鲜李朝实录中的中国史料》，中华书局1980年版。
[2] [清] 昭梿：《啸亭杂录续录》，卷一。

狐假虎威，以至嘉庆皇帝也要看他的脸色。

归政禅让大典刚举行了几天，就爆发了继三藩之乱后规模最大的内乱——川楚白莲教起义。这场内乱持续时间长达九年，波及四川、湖北、陕西、河南，起义人员主要由川楚一带山区信奉白莲教的无地流民组成，它是人口压力与吏治腐败的双重产物，标志着长达一个多世纪的康乾盛世的结束。此时，首席大学士兼领班军机大臣阿桂去世，和珅终于成为名副其实的首辅，更加大权独揽。他有意压下各地不利的军报，以免让太上皇帝担忧，结果贻误军机；再加上长期承平，官员与军队腐败严重，动员、作战效率低下，内乱愈演愈烈。

乾隆皇帝虽然号称"十全老人"，自以为是古往今来最成功的帝王，自称"二十有五践阼纪元，六十年传位皇帝。兹春秋八十有七，精神纯固，康健如常。亲见五代元（玄）孙，武功十全，诸福备具……逾于皇祖"[1]，应验了祖父康熙皇帝当年所说的"是命贵重，福将过予"，但不幸的是，他在生前就经历了此次内乱，几乎完满的一生留下了缺憾。

其实，在整个康乾盛世，统治者除在文化思想领域加强专制统治外，也没有忘记用武力进行残酷镇压。乾隆四十六年，苏四十三、田五反清起义，席卷了甘肃、青海，最后被清政府镇压。乾隆五十一年（公元1786年）至乾隆五十三年（公元

---

[1]《清高宗纯皇帝实录》卷一四九七。

1788年），林爽文发动了台湾历史上规模最大、范围最广的农民起义斗争，被俘后押到北京凌迟处死。乾隆六十年，黔东、湘西苗民发动起义，控制了黔、川、湘三省交界的许多地区，持续了十二年之久，嘉庆年间被成功镇压。

嘉庆三年（公元1798年），太上皇帝身体依旧如往常一样健康，仍然巡幸塞外，并在避暑山庄庆祝他的生日"万万寿"，在澹泊敬诚殿接受皇帝、皇子、皇孙、王公大臣、蒙古王公以及外藩使节的庆贺，此时朝廷上下已经在筹备明年太上皇帝的"九旬万万寿庆典"。回到京师后，太上皇帝一直住在他毕生营建的圆明园，直至立冬后才回到紫禁城。嘉庆四年正月初一，太上皇帝一改以往在外朝太和殿接受元旦朝贺的惯例，在内廷的乾清宫接受了皇帝及诸王公大臣的朝拜。在上一年冬至后，高龄的太上皇帝因"筹办军务，心体焦劳"而生病，接受元旦朝贺的第二天，太上皇帝病情加重。嘉庆四年正月初三早晨，统治了中国长达六十三年的弘历怀着遗憾于养心殿去世。就在此前一天，他还写了一首《望捷诗》，盼望早日平定川楚白莲教之乱。

第四章 晚清败局

嘉庆皇帝（上）：不幸的盛世接盘侠——白莲教造反

嘉庆元年（公元1796年）正月初一，归政禅让大典举行，皇太子颙琰即位，年号"嘉庆"，即俗称的嘉庆皇帝。嘉庆皇帝可以说是个不幸的盛世接盘侠，接下了他父亲乾隆的盘。这时候的清朝是当时世界上版图最大的帝国之一，四周的敌人早已被征服，全国人口也已经超过三亿，看上去仍是一片盛世的祥和气象，可是这个看似繁盛的王朝到了乾隆晚年实际上已经危机重重。

颙琰原名"永琰"，乾隆六十年（公元1795年）九月被立为皇太子时，就主动把自己的名字改成"颙琰"，取了"颙"这个生僻字。因为古代讲究帝王名字避讳，老百姓日常行文中不能出现帝王名号中的那几个字。比如康熙皇帝名玄烨，他继位后南京的"玄武湖"就改称"元武湖"，避玄字；雍正皇帝胤禛继位后，为了避免和"禛"字同音，江苏的仪真县改名仪征县；乾隆皇帝弘历继位后，老百姓日常遇到"弘"字就改用"宏"代替，或者把"弘"字最后一点省略；后来的道光皇帝旻宁继位后，繁体的"寧"全部改为"甯"；诸如此类。对于嘉庆皇帝的名字来说，"琰"字还好办，本来就不太常用，可是"永"是个很常见的字，如果不改，就会给老百姓带来很大的麻烦，而且他的兄弟及宗室的同辈都是"永"字辈，也统统要改名字。此时，乾隆皇帝已经把子孙后代的字辈都安排好了，嘉庆总不好忤逆乾隆的意思，当然也可能是乾隆授意，加上嘉庆本身比较宽厚，就把自己名字改成了生僻字。相比之下，他的爷爷雍正皇帝胤禛就比较自私，他继位后，"胤"字辈的兄弟宗亲全部改名为"允"，只有他自己还用"胤"字。

颙琰出生于乾隆二十五年（公元1760年）十月初六，是乾隆的第十五子，母亲魏佳氏，不是嫡子。他的母亲可以确认是汉家女子，改为旗人后加了个"佳"字，所以嘉庆可能是清朝唯一的生母是汉人的皇帝。

颙琰小时候的老师主要有兵部侍郎奉宽、工部侍郎谢墉和侍讲学士朱珪，其中朱珪是他最信任的老师。乾隆四十五年（公元1780年），朱珪赴福建学政任前夕，给颙琰留下五点箴言："曰养心、曰敬身、曰勤业、曰虚己、曰致诚。"颙琰很尊重朱珪的话，身体力行，甚至在继位之后，还是经常把这五条箴言抄写后放在身边。少年时期的颙琰，学业很不错，文采粲然，落笔成章。

嘉庆皇帝即位时已过而立之年。歌舞升平的"盛世"景象没有使他陶醉，他对于"盛世"下潜伏的种种社会危机有着清醒认识，也十分忧虑。当皇子时，他曾随皇父南巡，在杭州检阅部队的时候，目睹八旗兵"射箭箭虚发，驰马人坠地"[1]；当年以骑射起家的满洲八旗兵，此时已经颓废得一塌糊涂。

川楚白莲教起义是一个被低估的内乱，前不及三藩之乱引人注目，后不及太平天国规模巨大。三藩之乱平息是康乾盛世的开端，而白莲教内乱是盛世的终结，嘉庆皇帝刚即位才几天就爆发了。

三藩之乱后，国内已经一百多年没有大规模的战争，康雍乾时期的战争都发生在边疆地区或者国外，数亿中国民众享受了长达上百年的和平，这是历史罕见的和平繁荣时期，因此人口才能从一亿增长到了三亿这一空前的最高峰。无论生活质量如何，能养活这么多人口本身就是一个伟大的成就，尤其是在没有现代科技、农药、化肥、机械等条件下，已经将传统的生产力发挥到了极致。劳动越来越密集化，田少人多的矛盾日益尖锐，因此有大量无地流民开始向山区迁移，尤其是湖北、四川、陕西三省交界的原始森林山区。

湖北、四川、陕西三省交界地区，群山起伏，高山深谷，犬牙交错，地势险要，像这种省界交会地带管理起来很不方便，山高皇帝远，官方的统治力量有限。从明朝中后期开始，就不断有贫苦破产的流民迁徙到这里垦荒种山。到乾隆年间，许多失地农民和破产的手工业者，纷纷拖家带口而来，络绎不

---

1 ［清］王先谦：《十二朝东华录（嘉庆朝）》卷二。

绝，估计当时流落到这里的流民有数百万人。但是，这里土地贫瘠，气候恶劣，灌溉困难，因此收成并不好，民众的生活依然很艰难。

山区光靠农业显然很难维持生计，于是就有很多人到山里的林厂、矿区、炭厂等处做工，这些厂矿汇聚了大量的青壮年劳动力，这种人口的聚集很容易成为不稳定因素。

在这种条件下，白莲教作为一种民间的秘密宗教得到快速的传播。白莲教形成于宋元时期，是一种把弥勒教、摩尼教、道教等各种教义杂糅在一起的民间宗教，他们相信弥勒终将降世，那时候光明就可以战胜黑暗，实现世界大同。白莲教教义和仪式都比较简单，很容易被底层贫苦百姓接受，并成为对抗朝廷的社会组织。

嘉庆元年正月初七，湖北宜都、枝江一带白莲教首领张正谟、聂杰人等因官府查拿紧急，提前举事。太上皇帝立即调兵遣将，围追堵截，然而劳师数年，耗费军饷数千万，结果是越"剿"越多，打了三年，参加白莲教起义的民众还有数十万，范围扩大到河南、陕西、四川三省。

嘉庆四年（公元1799年）正月初四，即嘉庆皇帝亲政第二天，就着手对付白莲教起义。嘉庆皇帝认为，之前打了三年没有一点效果，主要是因为和珅把持军政、压搁军报，前线将领都依附和珅，并不认真打仗，也不敢将前线真实情况上报，只是敷衍塞责，存心欺骗朝廷，而且还经常谎报军情，虚报战功，导致贻误军机。所以，在除掉和珅后，嘉庆皇帝即着手肃清和珅流毒，下旨警告川、陕、鄂等前线督抚、将领，和珅已经伏法，他们再这么玩忽职守、欺上瞒下，只能军法处置。

当时官场和军队的腐败问题非常严重，大量的军饷被贪污；剿匪三年，耗费军饷七千万两，但是很大部分并没有用到实处，而是被各级督抚和将领贪污掉。军队的贪腐程度之深令人触目惊心，"军营中酒肉声歌，相为娱乐"[1]，而普通士兵的装备极差，衣衫褴褛，如同乞丐，底层士兵的军饷拖欠严重，有些士兵甚至因为吃不饱饭而结队逃跑。

当时许多在京的侍卫、章京等纷纷请求到军营中任职，倒不是说这些人多么有担当，而是大家都知道军队是个捞钱的好去处；借着镇压起义军，那些从军队任职回来的，个个都成了暴发户，回来就买田置地，真是大炮一响，黄金万两。在这种情况下，各级官员和将领实际上是"养寇自重"，把"围剿"起义军当作发财的生意，当然不会认真地"围剿"。

嘉庆皇帝对军队腐败极为痛恨，决心大力整顿。嘉庆四年十一月，襄阳道胡齐仑贪污湖北军饷二万九千余两白银，然后到处行贿，被嘉庆皇帝处死；已故湖广总督毕沅也牵涉其中，他儿子世袭的职务被革除；受贿的明亮、永保、庆成、鄂辉等前线将领被抄家。嘉庆皇帝做了一首诗痛斥这些臣工："内外诸

---

[1]《清仁宗睿皇帝实录》卷三九。

臣尽紫袍，何人肯与朕分劳？玉杯饮尽千家血，银烛烧残百姓膏。天泪落时人泪落，歌声高处哭声高。平居漫说君恩重，辜负君恩是尔曹。"[1]

嘉庆皇帝改变了之前乾隆单纯的"围剿"政策，改为"剿抚兼施"，其中很重要的一条就是，优擢良吏，惩办贪官酷吏，把那些迫害老百姓、把老百姓逼得造反的酷吏清除掉，包括那些滥杀俘虏的暴虐将领。比如有个旗人福宁，杀戮投降民众两千多人，残忍至极。嘉庆皇帝下旨说，很多民众是被逼造反的，这样屠杀俘虏，不是把民众都驱赶到贼匪那边去了吗？如果投降也要被杀，那以后谁还敢投降啊？"贼匪"也是人，怎么能这么残忍？今天下四海一家，这样自相残杀皇帝实在不忍心。嘉庆皇帝严惩了一批贪官污吏，又提拔了一批清廉而有良好名声的官员，这种"害民之官必宜去，爱民之官必宜用"的决策后来发挥了很大的作用。

为了改变之前各路官兵相互推诿的局面，嘉庆皇帝任命原总管四川军务的勒保为经略大臣，作为前敌总指挥，统一调动和指挥前线各路军队，包括将领和陕西、湖北、河南等地督抚。但勒保指挥不力，没有什么进展，很快被嘉庆撤职，换上明亮作为总指挥，但明亮也不行，也被免职，再换额勒登保为总指挥。额勒登保是清军的一员悍将，不仅作战勇猛，而且廉

---

[1]［清］徐珂：《清稗类钞》第一册《仁宗责臣工诗》。

洁自律，治军严明，是后期镇压白莲教起义的主将。

前期清军作战无功跟地方官员怯懦避战、相互推诿有很大的关系。他们只是虚张声势，每天认认真真地向朝廷汇报起义军的动向，表面文章做得很足，但就是不敢硬碰硬地跟农民起义军打。河南巡抚景安领兵驻扎南阳一带，负责堵截湖北农民军进入河南。然而，他从不跟农民军正面交战，农民军来了他就跑，农民军走了他就远远地跟着，向朝廷报告动向，人称"迎送伯"。很多官员只求把起义军赶出自己的防区就万事大吉了，并不认真攻打。对此，嘉庆皇帝惩治了一批作战不力的将官。

当时朝鲜使者赵明会记录了中国的这场大暴乱。据他的记载，白莲教教徒长期活跃在山区，对山地地形熟悉，乘坐的川马**体**态矮小但步履矫健，在山区穿行自如，"如鸟飞鼠窜"，而北方来的清军骑兵则很难在山区施展开，山地作战非常不利。白莲教采取流动作战的方式，进退神速，清军很难深入山林追击，所以四十八万清军只能分散驻扎在七十二个山溪入口处，严密防御。

针对白莲教流动作战的特点，前期曾有将领向太上皇乾隆建议采取"坚壁清野"的方式，即将乡村人口、粮食、物资等聚集在一起，构建深沟高垒，以防御白莲教的攻击，但是这个建议**被乾隆拒绝**。嘉庆亲政后，即刻采用了这个办法，首先在四川推行，额勒登保在川东、川北各地修建了大量的堡寨，发动民众，兴办团练，抵御白莲教，之后陕甘、湖北等地也迅速推广。坚壁清野的策略对于打游击战的白莲教来说是致命的打击，给白莲教的人员和粮草补给造成极大的困难，白莲教迅速衰弱下去。

经过嘉庆的一系列措施，到嘉庆七年（公元1802年）下半年，白莲教起义军基本上被肃清，嘉庆皇帝在十二月宣示获得胜利，祭祖并大行封赏。但嘉庆并没有撤军，而是命令额勒登保继续将剩下的零星教徒消灭。至嘉庆八年（公元1803年）七月，额勒登保报告称三省"匪患"已经肃清，于是清军大批撤离。随着清军的撤离，白莲教余部重新出山，又掀起一波战乱，额勒登保再次披挂上阵，直到嘉庆十年（公元1805年）五月，白莲教才算被彻底消灭。

历时九年多，白莲教占据或攻破州县多达二百零四个，消灭了大量清军，击毙一、二品大员二十余名，副将以下将领四百余名，清朝耗费军费两亿两，相当于四年的财政收入，对清朝国势造成沉重的打击。嘉庆皇帝刚刚接手的盛世王朝就这样被打得千疮百孔。

嘉庆皇帝（下）：不幸的盛世接盘侠——宫廷惊变

嘉庆皇帝相对于他严厉的父亲来说，算是比较宽厚仁慈的，对臣下也比较友善，从他去世后的庙号"仁宗"也可以看出这点。朝鲜使者的秘密报告是这样描绘嘉庆皇帝的：

皇太子，今年三十六岁，姿容端重，禀性宽厚，故天下人心，属望已久云。十月初六日，是千秋圣节诞日，王公、大臣庆贺时，行二跪三叩头礼。此是新定仪节，而不敢上同于皇帝前行三跪九叩之礼也。皇太子上请皇帝降旨，通谕王公、大臣、督抚等，自丙辰为始，年节三贡，无庸备物呈纳，又为条讲时政所宜二十一件，颁发中外。此即皇太子之初政，而所仰请者也。旨意一下，民情洽然景仰。[1]

从乾隆六十年九月被公开宣布为皇太子到嘉庆元年正月初一登基，颙琰当了三个多月的皇太子，他也是除康熙朝的废太子外，清朝当皇太子时间最长的人。朝鲜人的记录说当时皇太子三十六岁，秉性宽厚，大家对他执政期望已久，因为大家都受够了乾隆晚年的严苛和喜怒无常，希望换个仁厚的君主。颙琰当了皇太子后，就请乾隆下旨，告知各王公大臣们，以后过年过节不要再给皇帝送礼物了。此前乾隆皇帝有个嗜好，非常喜欢大臣们给他送礼物，全国各地的督抚每年要给皇帝进贡大量的物品，包括字画、茶叶、纺织品、金银器、药材、木材、瓜果等，各式各样，种类繁多。比如福建为了给乾隆送新鲜的荔枝，将荔枝树种在木桶里，然后走海路运到北京，路上还带着福建的水浇灌，算好荔枝开花结果和航行的时间，到北京正

---

[1] 吴晗辑：《朝鲜李朝实录中的中国史料》，中华书局1980年版。

好结果。整个清朝近三百年里，就数乾隆朝进贡和纳贡的规模最大。而这些进贡的礼品，说到底还是从老百姓那里盘剥来的。所以嘉庆说不要送礼之后，天下人对皇太子都很有好感，"民情洽然景仰"。

嘉庆皇帝相对来说比较仁慈，也比较善解人意。在镇压白莲教起义的时候，他也意识到贪官污吏的压迫是白莲教起事的一个重要因素。当他听到白莲教首领王三槐的审讯供词中有"官逼民反"时，心里感到很难过。他将乾隆的"围剿"政策调整为"剿抚兼施"，要求地方官员想法安置白莲教教众，并严厉谴责虐杀俘虏的行为。

嘉庆皇帝体形较为肥胖，他可能是清朝皇帝中继皇太极之后的第二胖。大理寺卿杨怿曾是个很正派的人，也很受嘉庆皇帝的器重。盛夏的一天，嘉庆叫杨怿曾来问话，杨怿曾掀开帘子进来，就看见嘉庆正热得满头大汗，不停地扇扇子。嘉庆看他进来后，就把扇子放到了一边。两人对话了很久，嘉庆热得汗如雨下，杨怿曾也是浑身湿透，但嘉庆始终没有再扇扇子。后来嘉庆还下特旨，年龄超过七十岁的老臣可以坐轿子进宫，以照顾这些老臣。因为紫禁城很大，遇到大夏天或者冬天，要从午门或者东华门一路走到养心殿是很辛苦的，对于上了年纪的人来说更加艰难。嘉庆体谅臣下，特许老臣坐轿进宫，这也是之前从未有过的。

嘉庆皇帝还有一项重要的改革，就是"并用满汉"，汉人官员的地位得到提升。据朝鲜使者的观察，乾隆在位时，朝廷各部院的关键岗位上都是满洲人，汉人多是副职或者在不太重要的岗位上；新皇帝继任以后，既用满人，也用汉人，比如王杰、刘墉出任内阁首辅以及他的汉族老师朱珪出任吏部尚书等。当然，毕竟嘉庆是满洲人，还是更加信任自己的满洲兄弟，任命成亲王永瑆为首席军机大臣，总揽大小事务。

相对于奢华的乾隆来说，嘉庆是个节俭朴素的皇帝。沈阳原有夏园行宫，是清代皇帝回沈阳拜祭祖宗陵墓时的中途休息站。沈阳将军上奏说要花点钱装修一下，嘉庆皇帝却说，这个行宫虽然创建于太上皇时期，但却不是太上皇的本意，按照满洲的传统，每当外出的时候，随身携带毡庐帐篷就可以，以表示勤俭朴素的意思，那座行宫现在拆了吧，省得劳民伤财。

嘉庆皇帝还明确规定，不允许宦官干政。为了管住这些宦官，专门设立了御前大臣一职，一般由亲王担任，统一负责乾清门以内的保卫、后勤等各项工作。

这样一位谦和、仁慈、节俭的皇帝，却碰上了清朝开国以来从未有的奇事——在宫中遇刺了。嘉庆八年闰二月二十日，嘉庆皇帝从圆明园返回紫禁城，随行的还有一些大臣和御前侍卫，城外的一段路坐的是马车，进到神武门后，要换乘御轿进宫。就在嘉庆刚刚坐上轿子，准备进入神武门内的顺贞门时，突然从神武门内西厢房的南墙后冲出一名刺客，手持短刀，直奔御轿而来。在场的侍卫、大臣等一干人，大概平时很少遇到

第四章 晚清败局

这种突发状况，松散惯了，一时之间都懵了，不知所措，都没有上前阻拦，幸好轿旁的御前大臣定亲王绵恩比较警觉，随即上前挡住刺客，固伦额驸拉旺多尔济、乾清门侍卫丹巴多尔济等人随后也冲上前去和刺客搏斗。嘉庆皇帝赶紧躲到了顺贞门内。刺客最终寡不敌众，被摁在了地上。定亲王绵恩的袍袖在搏斗中被刺破，侍卫丹巴多尔济被刺伤三处。

这个刺客叫陈德，是一个厨子，因为曾在内务府当差，经常出入宫门，所以对紫禁城非常熟悉。两年前陈德的老婆病死，岳母又瘫痪在床，生活困难；在行刺皇帝的一个月前，陈德因酗酒闹事，厨子的工作也丢了，想不开就走了极端，去刺杀皇帝。

后来陈德在菜市口法场被凌迟处死，两个未成年的儿子也被绞死。定亲王绵恩、固伦额驸拉旺多尔济以及乾清门侍卫丹巴多尔济等人救驾有功，得到封赏，而京城侍卫统领、神武门护军统领等因保卫工作出现严重失误被革职。

宫中遇刺这种事遇到一次已经非常不可思议了，没想到十年后，嘉庆皇帝又碰到一起行刺事件，而且规模更大，更危险。

嘉庆十八年（公元1813年）九月十五日，嘉庆皇帝去塞外举行木兰秋狝后，从避暑山庄回紫禁城；快到北京的时候，收到警报得知七十多名天理教教徒勾结太监，攻进了紫禁城。

当天，天理教教徒分别从东华门和西华门攻入紫禁城，教首林清则在宋家庄指挥。东华门一路由陈爽带头，太监刘得财、刘金负责带路；他们在东华门前和一个运煤的人发生冲突，这些教徒就抽刀把那人杀了，守门官兵见状赶紧关门，但还是有大批教徒冲了进去。当时礼部侍郎宝兴刚好从上书房下班出来，迎面碰见一群教徒挥舞着刀冲进来，慌忙掉头往回跑，跑到上书房告诉正在读书的皇次子绵宁。绵宁处变不惊，立刻下令关闭四处宫门，组织护军和太监进行防御，同时让弟弟绵恺保护后宫，自己和贝勒绵志带着火枪和弓箭到养心殿御敌。此时，从西华门进攻的天理教教徒也已全部进入城内，并攻击了尚衣监、文颖馆等处，两队教徒聚集在隆宗门下。

隆宗门的位置非常紧要，门内北侧是军机处，门外就是慈宁宫，离皇帝的寝宫养心殿也很近。当时隆宗门已关，天理教教徒就试图从墙头翻过去。皇次子绵宁站在养心殿前，用火枪接连打死两个翻墙的教徒，贝勒绵志也朝墙头开枪，打死一人，教徒们暂时被击退。

礼亲王昭梿、庄亲王绵课、成亲王永瑆等王公大臣闻讯后也带着家丁杂役等赶到宫中救援，镇国公奕灏把正准备去滑县镇压暴动的一千多火器营官兵拉到紫禁城平乱。庄亲王绵课和镇国公奕灏赶到隆宗门时，教徒们正在搜罗被褥等准备放火，被及时平定。火器营进入后，天理教教徒寡不敌众，就分散到宫中各处藏匿。第二天凌晨，躲藏在五凤楼的教徒放火，不过一场倾盆大雨将大火浇灭，否则整个紫禁城恐怕要被烧毁了。

抓捕一直持续到第三天，清军仍陆陆续续地抓出几十名分散藏匿在宫中各处的教徒。同时，根据被抓教徒的口供，迅速前往黄村将逃跑的林清逮捕。

事后，林清等暴动的主要骨干以及被策反的太监被处死，林清的首级被送到直隶、河南、山东等天理教暴动多发地巡展。

嘉庆皇帝对此事感到非常震惊，暴徒攻进皇宫，实在是"汉唐宋明未有之事"。他下了一道罪己诏，说"朕虽未能仰绍爱民之实政，亦无害民之虐事，突遭此变，实不可解"。之所以会发生这种事，归结到底是"因循怠玩"四个字；官兵们太平日子过久了，都非常懈怠，自己要好好反省，也希望各位大臣们尽心报国，不要玩忽职守、尸位素餐，否则干脆辞职算了。[1]

这次天理教教徒进攻紫禁城并不是孤立的突发事件，此前由于华北地区连年旱灾，河南、直隶、山东等地已经接连发生了天理教的暴动，清廷已调集军队前往镇压。天理教也称八卦教，跟之前白莲教也有联系；作为一种民间秘密教会，实际也是杂糅了各种各样的教义。在民生困难的时候，这种民间宗教更容易传播。嘉庆皇帝感叹说："承平日久，生齿日繁，物价腾贵，游手之民，不遑谋食。加之以官多疲玩，兵尽怠惰，文不能办事，武不能操戈，顽钝无耻，名节有亏……邪教从此起

---

[1] 参见《清仁宗睿皇帝实录》卷二七四。

矣","朕遇斯时,大不幸也"。[1]

皇次子绵宁在这次突发事件中处变不惊,沉着应对,两枪退敌,嘉庆皇帝对此非常满意,说绵宁"身先捍御,获保安全,实属忠孝兼备",并封绵宁为智亲王,每年的俸银加倍。绵宁后来改名旻宁,就是道光皇帝。

嘉庆二十五年(公元1820年)秋季,嘉庆皇帝照例出塞举行木兰秋狝,到达热河避暑山庄的次日,即嘉庆二十五年七月二十五日,天气暑热,加上旅途劳顿,嘉庆皇帝可能因心血管病或脑中风而猝死,享年六十岁。

现在我们讲到嘉庆朝的时候,都说从嘉庆年间开始,清朝的盛世时代落幕,并由此开始走向衰落。的确,清朝在此由盛而衰是客观事实,但说实话,这和嘉庆本人真的没多大关系。嘉庆皇帝非常勤政,仅次于雍正皇帝,一天不看奏章就浑身难受,勤勤恳恳,不敢有丝毫懈怠,而且非常节俭,不喜欢到处去玩。嘉庆那会儿已经是十九世纪了,世界格局已经发生了重大变化,欧洲工业革命蓬勃发展,美国也已经独立并发展起来,嘉庆皇帝单靠自己的勤政是无法改变清朝这么大一个国家的格局与发展大势的。任何人都有自己的时代局限性。在他的岗位上,我觉得嘉庆皇帝至少是非常合格的,兢兢业业地将清朝平稳地支撑了二十五年。一个几亿人的大国,有着几千年

---

[1]《清仁宗睿皇帝实录》卷二八一。

的沉重传统，想要靠一个人在二三十年的时间里做出彻底的改变，犹如做梦。

道光皇帝（上）：衰世中的亮点，两次平定西域之乱

提起道光皇帝，大家通常就会联想到屈辱的鸦片战争和《南京条约》，但真实的道光皇帝并不这么单一。他在位三十年，鸦片战争已经是他执政中后期的事情了。道光皇帝出生于乾隆四十七年（公元1782年），是嘉庆皇帝的皇次子，生母为孝淑睿皇后喜塔腊氏；由于皇后所生的嫡长子早夭，所以道光是以嫡长子的身份继位的，他也是清朝历史上唯一以嫡长子身份继位的皇帝。道光皇帝原名绵宁，继位后跟他父亲一样，为减少因避讳造成的麻烦，就改名为旻宁，把较为常见的"绵"字改为生僻字"旻"。

我们现在看道光的画像，会感觉他非常瘦弱，但实际上他从小骑射功夫还是很不错的。乾隆五十六年（公元1791年），那会儿绵宁才十岁，就跟着爷爷乾隆去打猎，并射中一头鹿。当时乾隆已经八十岁了，看到这个身手敏捷的小孙子非常高兴，赏赐黄马褂和花翎给他。乾隆大概想起了当年祖父康熙皇帝看到自己的样子，还特地写了一首诗，其中有一句"幼孙中鹿赐花翎"，意思是说自己小时候在避暑山庄听祖父康熙皇

的教诲，现在自己老了，看到小孙子射中鹿，很高兴。

嘉庆四年，也就是太上皇乾隆刚去世三个月，嘉庆皇帝就按照秘密立储的祖制，立绵宁为储君了。绵宁被立为太子，跟乾隆对他的宠爱有着密切关系。前文在讲嘉庆皇帝的时候，曾说到皇次子绵宁在面对天理教教徒进攻时，表现镇定，还亲自放火枪打死两名翻墙的教徒，嘉庆皇帝很高兴。所以后来也有人认为，嘉庆皇帝是因为绵宁这次表现优异而获得皇位的，但这是不对的。击退天理教教徒的表现只是锦上添花，因为早在嘉庆四年，嘉庆皇帝就已经秘密地将储君绵宁的名字藏在镡匣里了。再加上绵宁当时是嫡长子，他继位是没有什么悬念的。

不过，道光继位的细节在清朝官方的记载中存在一点自相矛盾的地方。《清仁宗睿皇帝实录》卷一记载，嘉庆二十五年七月二十五日，嘉庆皇帝在避暑山庄病倒，临终前召御前大臣赛冲阿、索特纳木多布斋，军机大臣托津、戴均元、卢荫溥、文孚，总管内务府大臣禧恩、和世泰等一起打开密封的镡匣，并宣布写于嘉庆四年的立绵宁为皇太子的朱谕，之后嘉庆皇帝才驾崩。但是，同样是在《清仁宗睿皇帝实录》卷一又记载嘉庆二十五年七月二十九日，"奉皇太后懿旨"，"皇次子智亲王，仁孝聪睿，英武端醇，现随行在，自当上膺付托，抚驭黎元。但恐仓猝之中，大行皇帝未及明谕，而皇次子秉性谦冲，素所深知，为此特降懿旨，传谕留京王大臣驰寄皇次子即正尊位"。

乍一看这段话，道光是根据皇太后所下懿旨继位的，与前面在避暑山庄根据嘉庆皇帝的遗命继位相冲突。但我们仔细看会发现，皇太后懿旨中的说法是"但恐仓猝之中，大行皇帝未及明谕"，也就是说当时皇太后是担心嘉庆皇帝去世太仓猝，没来得及指明继承人，所以为了稳定朝纲，才下了这道懿旨。当时的通信并不像今天这么发达，嘉庆在承德去世的消息在四天后才传到北京的皇太后那里，皇太后对当时嘉庆是否留有遗诏还不清楚，也不确定她丈夫是不是把镡匣随身携带。而皇太后敢下这道懿旨，本身也反映了当时朝野上下对于皇次子绵宁继位在很大程度上是达成共识的，尽管在形式上还是秘密立储。我们现代人考虑历史问题经常会忽略一点，就是空间上的距离会带来信息传递时间上的差距，因为古代长途传递信息是很不容易的。

与嘉庆皇帝刚即位就遭遇白莲教起义类似，道光皇帝甫一即位，就遭遇了新疆张格尔叛乱。

张格尔是大和卓的孙子，出生于浩罕汗国。"张格尔"是波斯语音译，意为"世界的征服者"。乾隆年间，大小和卓兄弟被清朝军队消灭后，他们的几个儿子也被清朝抓了，但是大和卓有个儿子叫萨木萨克，侥幸逃到了浩罕汗国，在今天中亚的费尔干纳盆地。萨木萨克在浩罕汗国生了三个儿子，其中第二个就是张格尔，所以其实张格尔从骨子里就是清朝的敌对势力。大小和卓的根据地原来在喀什噶尔，就是现在的新疆维吾尔自治区喀什地区，所以他们家族一直企图割据南疆地区。在浩罕汗国的支持下，张格尔曾多次入侵南疆。

嘉庆二十五年九月初七，刚即位的道光皇帝就接到报告说，张格尔带三百多人袭击边界的图舒克塔什卡伦，抢夺马匹，清军将领色普征额带领官兵追捕，杀了张格尔五十多人，并生擒八十多人。但此时道光皇帝对张格尔的情况还不太了解，甚至都无法确认是否真有张格尔其人，说之前多次传闻萨木萨克发动叛乱，但后来都证明是子虚乌有，现在这个张格尔恐怕也是假的吧。直到道光元年（公元1821年）正月初五，道光皇帝才确认实有其人。

张格尔向浩罕国王许诺，事成之后向浩罕汗国割让天山南路的喀什噶尔的土地，并平分喀什噶尔的人口和财产。在浩罕汗国的支持下，张格尔多次潜入南疆发动叛乱。

道光六年（公元1826年）六月，张格尔带领五百多人，以祭拜祖先麻札（坟墓）为名，窜回南疆，煽动和纠集了一万多民众集体叛乱，并装配了火绳枪，同时浩罕汗国的大汗阿里也亲自带着近万名骑兵前来助阵。叛军先后攻占喀什噶尔、英吉沙尔（今新疆维吾尔自治区英吉沙县）、叶尔羌（今新疆维吾尔自治区莎车县）、和阗（今新疆维吾尔自治区和田地区）等城。在这一过程中，英国派出了二十多名间谍充当顾问。之后，张格尔在喀什噶尔自立，形成割据势力。

对此，道光皇帝任命陕甘总督杨遇春为钦差，带领万余清

第四章 晚清败局

军入疆，之后又任命伊犁将军长龄为扬威将军（即前敌总指挥），杨遇春和山东巡抚武隆阿为参赞大臣，增调吉林、黑龙江、四川、陕西、甘肃五省清兵共计三万七千人入疆平乱。同时道光皇帝还多次命令清军要搞好民众的思想政治工作。在进军途中，清军一路上都在张贴告示和宣传标语，安抚百姓，分化和孤立张格尔叛军。

此外，这次入疆作战的后勤补给也很给力，道光皇帝命令户部统一筹集军火粮饷，并任命熟悉边务、善于办理粮饷的官员鄂山为陕甘总督，驻扎兰州，陕西巡抚卢坤驻肃州，办事大臣恒敬驻哈密，并在乌鲁木齐建立后路粮台，保证后勤军需物资源源不断地输送至前线。

道光皇帝认为，阿克苏是进军南疆的要地，要求先头部队不要轻易冒进，待各路清军在阿克苏集结后再一鼓作气平定张格尔。道光六年十月左右，清军主力在阿克苏集结完毕。当时张格尔担心清军南下，便派了三千人扼守在阿克苏城西南一百二十多公里的柯尔坪。柯尔坪是清军向西南进军喀什噶尔的必经之路，是个战略要地。清军由陕西提督杨芳率部进攻，分两路突击，并成功剿灭驻守此地的叛军，取得柯尔坪之战的胜利，打开了清军南下的通道。但是因此时南疆已经大雪封山，清军又退回阿克苏。

之后，增援的清军又陆续集结于阿克苏，并且从北疆乌鲁木齐、伊犁等地调运了大量的粮草和装备。道光皇帝虽然在北京提出了作战方略，但并不遥制，给予了前线总指挥长龄充分的决策权。第二年二月初六，阿克苏清军主力开始向喀什噶尔进军。张格尔随即派两万叛军在今伽师东侧的洋阿尔巴特构筑防线，阵地长达五六里。二十三日凌晨，清军分三路进攻，长龄、杨遇春率主力从正面强攻，杨芳从右翼、武隆阿从左翼包抄，叛军溃逃，清军大获全胜，杀敌过万。

二十五日，清军向西进攻张格尔重点设防的沙布都尔庄（位于今新疆维吾尔自治区伽师县西侧），叛军人为掘开苇湖制造水障，阻止清军骑兵冲击，主帅长龄亲自带领步兵正面进攻，又命骑兵从两翼迂回包抄，歼敌过万，叛军溃逃。二十七日，清军又在阿瓦巴特大败张格尔叛军，歼敌两万。二十八日，清军进至浑河（今恰克玛克河）北岸，距离喀什噶尔城仅十多里。张格尔叛军倾巢出动，十万叛军在浑河南岸设防，防线长达二十余里。第二天夜里大风，刮起沙尘暴，能见度极低，主帅长龄担心叛军偷袭，打算后退十里，但杨遇春认为天色昏暗正好可以出其不意、攻其不备，是个天赐良机，于是命令一千多黑龙江索伦骑兵在浑河下游佯攻，而主力在上游渡河。拂晓时分，清军主力全部过河，并集中炮火猛烈轰击叛军营地，叛军溃散，清军大获全胜，收复喀什噶尔，张格尔则率少数残部经乌孜别里山口逃往布鲁特达尔瓦斯山。

之后，清军陆续收复英吉沙尔、叶尔羌、和阗等地，南疆地区全境平定，清军主力在杨遇春率领下撤回内地。

第四章 晚清败局

道光七年（公元1827年）年底，逃亡的张格尔卷土重来，纠集了一支五百人的队伍，打算偷袭喀什噶尔。长龄即派杨芳带兵连夜前去搜剿，并最终在喀尔铁盖山（今喀拉铁克山）追上叛军，歼灭叛军大部。张格尔被迫弃马逃到山上，清军穷追不舍，最终生擒张格尔。

道光八年（公元1828年）五月，张格尔被解送京师。道光皇帝亲自到午门举行了盛大的献俘仪式，金鼓大乐奏响。道光皇帝端坐在午门城楼上，张格尔跪伏在地上，兵部尚书向皇帝奏报平定回疆的功绩，王公百官列队庆贺，这是道光皇帝一生中最辉煌的时刻。之后张格尔被凌迟处死。

但张格尔死后，和卓余部的叛乱并没有停止。张格尔的兄长玉素普在两年后，也就是道光十年（公元1830年），又勾结浩罕汗国入侵喀什噶尔。被清军平定后，玉素普逃往境外，不久病死。

十七年后，和卓部又一次发动大规模的叛乱，即"七和卓之乱"。所谓"七和卓"，即玉素普和张格尔的七个子侄，其中玉素普的儿子迈买的明在七人中年纪最大，被称为"卡塔条勒"，即"大头领"的意思。他们的父叔十多年前被清军消灭后，他们就继续在浩罕汗国的庇护下，伺机侵略南疆。

道光二十七年（公元1847年）七月底，七和卓首领卡塔条勒等带领骑兵千余人从浩罕汗国出发，攻占喀什噶尔回城（今新疆维吾尔自治区喀什市），并包围了喀什噶尔汉城（今新疆维吾尔自治区疏勒县）和英吉沙尔。清廷闻讯后，派奕山为参赞大臣，率领北疆五千多清军迅速南下，从阿克苏取道叶尔羌，在英吉沙尔击溃了叛军。卡塔条勒等见势不妙，掠夺了喀什噶尔大量的人口和财物后，逃回浩罕汗国。清军在九月底收复了喀什噶尔，"七和卓之乱"平定。

道光年间两度平定新疆和卓部的叛乱，有力地维护了我国疆域的统一，但和卓之乱依旧没有结束，这股势力还将在以后带来更大的动乱，以致西域新疆差点脱离了大清版图。

道光皇帝（下）：裤子打补丁，死于草席

从两次干脆利落地平定和卓部叛乱可以看出，道光皇帝其实并不像我们通常认为的那么平庸无知。他继位的时候已经四十岁了，是很有些政治手腕的；他刚一继位，就借着遗诏事件将两位军机大臣解职。

嘉庆皇帝刚去世的时候，遗诏由军机大臣草拟，道光说自己当时很悲痛，而且想着军机大臣多年拟旨，应该不会出差错，所以当时没有看出遗诏有什么问题。后来看到内阁送来缮写的遗诏副本时，居然看到有皇祖（指乾隆）"降生避暑山庄"的表述，道光很困惑，然后查了实录，实录上明确记载着乾隆出生在雍和宫，于是道光皇帝责问军机大臣怎么回事。军机大

臣回复说是根据嘉庆皇帝诗集的注释写的,而他们又看不到实录,所以写成乾隆在避暑山庄出生。出生地问题为什么重要呢?因为这涉及乾隆的生母究竟是谁的问题。道光以"遗诏为万世征信,岂容稍有舛错"为由,免掉了托津、戴均元两人的军机大臣职务。所谓一朝天子一朝臣,道光皇帝一上来就免掉了这两位嘉庆时期的重臣。

除在军事和政治上的手腕外,今天大众对道光皇帝主要的印象就是他的近乎吝啬且显得迂腐的节俭。

道光皇帝的节俭似乎是与生俱来的,他父亲嘉庆皇帝就曾评价说旻宁生性"质朴,不奢华"。人的个性在很大程度上是天生的,天性使然,遗传因素对一个人性格形成的影响是很大的。当然,生长环境和后天的塑造也同样很重要,道光皇帝的节俭很大一部分也是受他父亲嘉庆皇帝的影响。嘉庆皇帝本人生活简朴,跟乾隆皇帝比起来显得尤为朴实无华。嘉庆亲政后,即下令废除"中秋贡"。在乾隆时期,中秋节是个重大节日,王公大臣和各地督抚要在中秋节的时候向皇帝进贡大量的礼品,宫里也要举办大型联欢晚会。乾隆喜欢热闹,中秋办晚会他很开心,但是嘉庆皇帝觉得这么搞太铺张浪费,亲政后就废除了,大家在家里吃吃月饼、赏赏月就行了。嘉庆皇帝出巡,也不会像乾隆皇帝那样搞得锣鼓喧天、鞭炮齐鸣、人山人海,他不太讲究这些排场,比较简单朴素。嘉庆皇帝也经常教育皇子们要以节俭为本,要经常忆苦思甜,想想先帝创业的艰难,时刻提醒自己保持满洲人在白山黑水间的淳朴作风。嘉庆皇帝的言传身教，自然也对道光皇帝产生了很大的影响。

道光皇帝继位后，就将这种节俭的作风发扬光大，甚至推向极致。

道光元年，即发布了《御制声色货利谕》，要求大家重义轻利，不蓄私财，同时要求停止各省进贡，也不再兴建宫殿楼阁。道光十一年（公元1831年）夏，又发布了《御制慎德堂记》，告诫皇子皇孙们，说先祖创业艰难，大家吃穿住行等不要太奢侈，吃的方面不要追求山珍海味，衣着穿戴不要贪图奢华贵重，居住不要讲究豪华气派，平时也不要沉迷于戏曲娱乐等。道光皇帝还把雍正皇帝关于禁止民众丧葬过于铺张浪费的圣谕搬出来，也颁发一道上谕，说先祖雍正就很提倡"崇俭去奢"，现在京师和各省的风气都"竞尚浮夸"，相互攀比，不仅仅是葬礼，各种红白喜事、婚丧嫁娶都要大办特办，甚至不顾生计，倾家荡产，也要办得足够侈靡，足够风光，好像不这样就没面子似的。道光皇帝说，这样是不行的，民间婚丧嫁娶的规格，国家都是有明确规定的，都得按照会典上写的办，对这种攀比浪费的风气，各地要严令禁止。

就这样，厉行节俭成了道光皇帝治理内政的指导思想。

道光皇帝的节俭一方面是其本人个性使然，另一方面也跟当时清朝国力逐渐衰微、财政日益窘迫的现状密切相关。乾隆年间国库最多的时候曾有八千一百万两白银，但到了嘉庆、道

第四章　晚清败局

光年间，只有一两千万两，已经大不如前；虽然国家依然很大，人口还在不断增长，但社会经济已经明显呈现出衰败景象。人们的生活水平也在不断下降。加上嘉庆、道光年间气候变冷，水旱灾害发生的频率明显增高，民间谚语称"嘉庆变道光，十年倒有九年荒"。民生经济以肉眼可见的速度衰败下去，因而道光皇帝不得不小心谨慎地维持着，没有条件再像他爷爷乾隆那样潇洒。道光皇帝希望通过以身作则、厉行节俭来改变整个社会萎靡颓废的气象，拯救大清这艘千疮百孔的大船。

道光皇帝规定"宫中岁入不得超过二十万"，控制开销总额，"宫中用膳，每日不得超过四碗"。当时一般是早晚吃两顿饭，所以每餐大概就是两个菜，而之前的惯例，皇帝每天是八十八道菜、皇后十六道菜、嫔妃八道菜，现在一下子压缩到四道菜。孝淑睿皇后过生日，道光皇帝竟只用打卤面招待大臣和太监，后来大概自己也觉得太抠门，才让御膳房多杀了两头猪。道光喜欢吃冰糖肘子，但是御膳房说，做一碗冰糖肘子要五十两银子，道光听后咽了咽口水，说太油腻，不吃了。

上文讲到平定张格尔叛乱后午门献俘，按说这么重大的庆功典礼，宴会上总该吃得像样一点，可是参加宴会的大臣们提起筷子发现，皇帝只准备了几样小菜，而且量还很少，大家一起下筷子估计就光盘了。于是大臣们悬在半空中的筷子又放了下来，笑着陪皇帝喝两口酒就完事了。

穿的方面更是抠门，他规定自己"衣非三浣不易"。这里的"浣"原指唐朝官员十天洗一次澡，三浣就相当于现在上中下三旬，就是说道光皇帝一个月才换一次衣服。不仅换得少，而且裤子膝盖部位破了，还要打上补丁继续穿，真是"新三年旧三年，缝缝补补又三年"。嫌内务府打个补丁要五两银子太贵，道光皇帝就让皇后嫔妃们自己动手补。看到皇帝穿破裤子，大学士兼领班军机大臣曹振镛也揣摩上意，给自己的裤子打上补丁，还故意露出来给道光皇帝看。道光看了很高兴，其他大臣见状也纷纷开始效仿，穿了破烂衣裳来上朝，甚至没有破也要特地加个补丁上去。这就叫上有所好，下必甚焉。

道光在仪仗排场方面更是能省则省。道光元年正月初一，道光皇帝即位后首次到太和殿举行典礼，就下令鼓乐设而不作，摆摆样子就行，不要真的演奏，贺表也不要读了。按此前的惯例，皇帝从圆明园或者避暑山庄等回宫时，王公大臣都要出城接驾的，到道光皇帝这里，这些排场仪式都给免掉了。

道光皇帝自己过得跟葛朗台一样，并希望臣下们也能像他一样艰苦朴素，同时引导社会形成崇尚节俭的风气。但很显然，这是不可能的。内务府和大臣们对此的态度都是虚与委蛇，做足表面文章，甚至欺骗、糊弄道光皇帝。

内务府相当于皇帝的大管家，打理着皇宫的吃穿住行，本来油水很足，可是道光皇帝上台后这么节俭，让内务府的官员和太监们都暗暗叫苦不迭，渐渐地就开始糊弄皇帝。比如前面提到的，裤子打个补丁要五两银子，一碗冰糖肘子要五十两银

第四章 晚清败局

子等,其实都是内务府的太监们在糊弄皇帝,以捞取油水,而且明目张胆,极其夸张。道光皇帝平时也会问大臣外面老百姓日常物价多少,但没有人跟他说真话。有一次,道光皇帝问内务府总管,宫里吃的鸡蛋多少钱,总管竟然敢说三十两白银一个,道光连呼太贵了、太贵了。有一回,道光皇帝问曹振镛早饭吃了什么,曹振镛说只喝了碗粥、吃了两个鸡蛋,道光一听,大惊失色,说鸡蛋这么贵你都吃得起啊!曹振镛赶紧说是自己家养的鸡下的蛋,不是外面买的,不要钱,道光这才平缓下来,回头让宫女们自己养鸡下蛋。

所以,尽管道光皇帝自己很节俭,日子过得苦哈哈的,但宫廷的开销一点也没降低。他从小生养在宫中,不像雍正等皇帝年轻的时候在社会上闯荡过,因此对社会生活缺少常识,以至于被太监们糊弄欺骗而丝毫没有察觉。

内务府如此,王公大臣和各地官员也一样,做足了表面文章,上朝的时候穿得跟叫花子似的,回去之后照样摆酒设宴,挟妓纵酒,赌博唱戏,声色犬马,穷奢极欲,贪污腐败较前朝有过之而无不及。道光皇帝的节俭压根儿起不到遏止官场奢靡腐化风气的作用,反而让节俭成了一种虚伪的政治正确,大家都积极地做样子糊弄皇帝。在这样的环境下,道光皇帝的节俭反倒给人留下了作秀和迂腐的印象。

道光皇帝自己抠抠搜搜的,可国库被掏空却浑然不知,直到道光二十三年(公元1843年),户部亏空大案爆出。

户部的银库就是大清的国库，相当于今天中央银行的金库，大清财政税收主要存在户部银库里。按说国库的管理应该是最严格的，但是太平日子过久了，制度管理逐渐就松弛了。大概从和珅当权以后，户部银库就很长时间没有进行清点；即使皇帝派御史来清点，管库的官吏们也会想办法贿赂他们，渐渐地连贿赂来查账的御史都成了惯例。管库大臣和在银库当差的库丁们上下勾结，日复一日地盗取国库存银，而作案的手段花样繁多。比如各地通过银号、票号等缴纳到户部的银两都要经过户部官员严格验收才能入库，但通过贿赂户部的验收官员，将缺斤少两或者成色不足的银子蒙混过关，缴到银库，这样账面上数额不少，但实际库房并没有多少银子。有些官员相互勾结，直接盗取库房深处的存银，然后用白布裹着木块代替，如果没有全面盘查就很难发现。底层的库丁没有什么权力这么干，他们进出库房的时候都要脱光检查，并张嘴叫唤几声，以防止夹带银块出去，但是库丁们仍会想尽办法在下班的时候偷偷带走一些银子，比如有些人会将银块塞进肛门带走。一般的银锭像小船一样两头竖起，不好塞，所以库丁们比较喜欢塞江西圆锭。据《清代野记》的传说，"闻之此中高手，每次能夹江西圆锭十枚，则百金矣"。户部银库被盗了几十年，官员们彼此都心照不宣，大家一起偷，然后报给皇帝的账本也弄虚作假，糊弄皇帝。

道光二十三年，富商张亨智花了一万多两银子为他儿子买

第四章 晚清败局

了个知州，这笔银子分装成十一袋，通过他在户部银库当库丁的弟弟张诚保送到户部银库。张诚保手黑，在交银的时候，只交了七袋，另外四袋自己带走，验收的官员也是睁一只眼闭一只眼。可是张诚保太贪心，不愿意将这四袋银子和其他知情官员及库丁分赃，于是造成哄抢，没有抢到银子的库丁第二天就到衙门举报。

由于偷盗国库是重案，所以直接报给了道光皇帝。道光皇帝一看，觉得这种惯犯肯定不是第一次了，于是派刑部尚书惟勤亲自去盘查银库。结果发现，户部账面上余额为一千二百一十八万两，但实际库房里只有二百九十三万两，而且还是成色不足的银子，亏空超过九百二十五万两。几十年的国库被盗案彻底揭开，道光变成了"盗光"。

这个盘查结果犹如晴天霹雳，道光皇帝"曷胜忿恨"，气得拿奏章的手都在发抖，暴跳如雷，痛骂这群人丧心昧良，如同背国盗贼。想想自己这么多年省吃俭用，连鸡蛋都不舍得吃、龙袍上都打补丁，好不容易省下点钱，居然被这些蛀虫们偷个精光，光想想都要气死了。

道光皇帝一怒之下，下令将涉案的库丁处斩，妻儿发配新疆，同时追缴赃款。但案子涉及时间太长，没法查清哪个官员偷了多少钱，只好默认大家都有罪，规定从最后一次清库的嘉庆五年（公元1800年）到道光二十三年间，只要担任过管库大臣、查库御史等相关官职的，不管有没有贪，一律按照在任年月长短追缴罚银，去世的减半。最后共计被罚的官员有三百多人，连道光皇帝最倚重的大臣曹振镛也被罚。虽然此时曹振镛已去世多年，仍要其儿子代缴罚银。其子赔补一万两后身亡，又由他孙子继续缴纳罚款。时任管库大臣穆彰阿赔罚十一万两，此案负责人定郡王载铨被罚了六千两。虽然这样有些"一刀切"，但实际上绝大部分官员都是有罪的，也不会冤枉谁。追缴行动持续了好几年，一直到道光皇帝去世才不了了之。

　　道光皇帝继位的时候已经三十八岁，年纪已经比较大了，又当了三十年的皇帝，到后面不论是格局、能力，还是体力，都已经没法改变大清颓废的趋势。道光皇帝执政这三十年间，先后重用曹振镛和穆彰阿，而这两人都是溜须拍马、贪婪奸诈、嫉妒贤能的猥琐小人。曹振镛的为官秘籍就是"多磕头，少说话"，整天就知道揣摩道光皇帝的心思，投其所好。道光皇帝后来倦于政务，又不能不看奏章，曹振镛就给道光出馊主意，说皇上只要给奏章挑一些细节上的毛病，比如错别字，这样臣下就知道皇上明察秋毫，就会心生敬畏。道光皇帝觉得很有道理，后来对许多奏章就在细节上吹毛求疵，严厉批评，但对奏章本身所提的事情则不太关注。长此以往，大家都不敢说真话了，都学着首席大臣曹振镛的样子，只知道磕头，而且报喜不报忧，相互之间一团和气，碌碌无为。曹振镛不仅自己身体力行"多磕头，少说话"的官诀，甚至劝诫本应直言敢谏、弹劾权贵的

第四章　晚清败局

御史:"道光初,曹太傅振镛当国,颇厌后生躁妄。门生后辈有入御史者,必戒之曰:'毋多言,毋豪意兴!'"[1]继曹振镛执政的是穆彰阿,人称其"在位二十年,亦爱才,亦不大贪,惟性巧佞,以欺罔蒙蔽为务"[2]。后来曾国藩曾批评道光朝:"九卿无一人陈时政之得失,司道无一折言地方之利病,相率缄默。"[3]

　　道光皇帝与曹振镛确实是一对完美的君臣,彼此相知相契,可惜他们共同创造的是一个万马齐喑、平庸、衰败的时代。时人龚自珍一针见血直斥这个貌似治世、实为衰世的时代是"人心混混而无口过也,似治世之不议",不仅找不到有才能的文武大臣,有才能的知识分子,有才能的老百姓,有才能的工匠,有才能的商人,甚至连有才能的小偷、流氓、强盗都没有;不仅君子少,甚至小人也少,因为所有的人实在是太平庸了。偶尔出现了有才能的人"则百不才督之、缚之,以至于戮之。戮之非刀、非锯、非水火,文亦戮之,名亦戮之,声音笑貌亦戮之……徒戮其心,戮其能忧心、能愤心、能思虑心、能作为心、能有廉耻心、能无渣滓心"[4],就像一个没有缝隙的黑屋,所有的人在里面一起昏睡,不知道外面的世界正在发生着巨大变化。道光执政的第二十个年头,鸦片战争爆发,最后以

---

1 [清]朱克敬:《暝庵杂识》卷四。
2 [清]汪士铎:《汪悔翁乙丙日记》卷三。
3 [清]曾国藩:《曾国藩全集》奏稿卷一,《应诏陈言疏》。
4 [清]龚自珍:《乙丙之际著议第九》,见《龚自珍全集》。

签订《南京条约》赔款割地而告终。

作为一个王朝的统治者，最重要的职责是规划长远发展战略，而不是斤斤计较于琐碎无聊的小节，更不能因小节而害大局。道光皇帝提倡节俭也许起到了社会表率的作用，但是在一个不合理的体制中却容易流为非常可笑的滑稽剧，出现五两银子的补丁、三十两银子的鸡蛋这样的闹剧。在这些方面，道光皇帝恰恰展现了他的平庸和昏聩。

道光皇帝没有成为放眼看世界的人，没能领导清王朝应对变局走向富强，甚至不是一个合格的传统守成君主。在清王朝面临空前危机之际，道光的庸碌、琐碎、气量褊狭的个性和作为却倒行逆施地恶化了整个政治环境，让中国进入了一个平庸乏味、扼杀人才的衰世。

道光二十九年（公元1849年）十二月十一日，仅比道光皇帝年长六岁的嫡母恭慈皇太后去世。虽然恭慈皇太后不是道光皇帝的生母，年纪又相差不多，但道光对她非常孝顺。皇太后去世的时候正值隆冬，道光这会儿也年近七旬，王公大臣就劝他说，皇上年纪这么大，身体还未完全康复，天气又冷，就不要为皇太后送行了吧，但是道光皇帝说"何敢不送，何忍不送？"于是，道光皇帝也像康熙一样，在皇太后停棺的梓宫前搭了个帐篷，睡在草席上，以表示自己的孝顺。但是北京的寒冬腊月天太冷，道光皇帝晚年瘦骨嶙峋，体质也不行，这么一折腾就病倒了。道光三十年（公元1850年）正月十三日道光感觉身体不适，第二天就不行了，连忙叫来穆彰阿、僧格林沁等王公大臣，打开镮匣，宣布立皇四子奕詝为皇太子，随后死在了圆明园慎德堂的草席上。

咸丰皇帝（上）：生于忧患

道光三十年，在位三十年的清宣宗道光皇帝旻宁驾崩，他留下了一份亲笔遗诏："皇四子奕詝立为皇太子，皇六子奕䜣为亲王。"奕詝即清文宗咸丰皇帝，奕䜣即恭亲王。这封道光皇帝亲自用朱笔写的遗诏原件，现在还保存在中国第一历史档案馆里。这封遗诏独特之处在于，遗诏不仅提及继位的人选，还涉及一位皇子的封爵，这其中隐藏着一段曲折的故事。

道光皇帝共有九个儿子，但他的晚年，第一、二、三子已经去世，皇四子奕詝在现存的皇子中年龄最大，而且是道光钟爱且早逝的皇后所生的嫡子，奕詝继位当是合情合理的选择。但此时比奕詝小一岁的皇六子奕䜣在各方面都显示出了自己过人的才华，这使得年老的道光皇帝左右为难，无从选择。在这一微妙的关头，奕詝的老师杜受田发挥了重要的作用。

据《清史稿·杜受田传》载，杜受田从奕詝六岁的时候出任其老师，教了奕詝十多年。道光晚年对立储一事犹豫不决。有一次在南苑狩猎，诸位皇子都参加了，其中奕䜣骑射很厉害，射杀的猎物最多,但奕䜣却一箭不发。道光皇帝问他为什么不射,奕詝回答说:"时方春,鸟兽孳育,不忍伤生以干天和。"意思说现在是春天动物繁殖的季节,自己不忍心杀生,违背天时。道光皇帝听了非常高兴,说这真是帝王仁德之言啊。

奕詝当时的那句话,其实是杜受田教给他的台词。因为杜受田知道,要是比武艺骑射,奕詝肯定不是奕䜣的对手,那怎么办呢?杜受田对老皇帝道光平庸的性情摸得很透,就教奕詝用守拙的方式,展示自己仁慈、心善、厚道的一面,以此来掩饰自己在骑射方面的无能。道光皇帝果然上当了。要换作康熙、雍正、乾隆,大概率不会上这个当,乾隆被康熙看中就是因为他才华横溢,而不是忠厚仁慈。

后来,道光病危的时候,又召奕詝和奕䜣来问话,以决定立谁为储君。两个皇子都回去问自己的老师,奕䜣的老师卓秉恬说,应当知无不言,言无不尽,如实对答,充分展现才华;而奕詝的老师杜受田则告诉他:"阿哥如条陈时政,智识万不敌六爷。惟有一策,皇上若自言老病,将不久于此位,阿哥惟伏地流涕,以表孺慕之诚而已。"[1]意思说,如果讲国家大事,你的智慧和见识比不上六爷奕䜣;只有一个办法,皇上要是说自己老了,要不行了,当不了多久皇帝了,你就趴在地上痛哭流

---

[1] 小横香室主人:《清朝野史大观》卷一《文宗得储位之异辞》,上海书店1981年版。

第四章　晚清败局

涕，充分展示自己的孝顺就好了，其他不用多说。果然，又被杜受田猜中，道光皇帝看到奕詝痛哭流涕的表演，非常高兴，说皇四子"仁孝"，于是决定立奕詝为储君。平庸的人就特别喜欢看别人表忠心，道光皇帝又上当了。

在这场继位的竞争中，奕詝的老师杜受田巧妙利用了道光皇帝的心理，以机巧使奕詝在争位竞争中战胜了才华更胜一筹的奕䜣。杜受田死后，咸丰皇帝破格以最高等级的"文正"作为他的谥号，并赠"太师"。与清朝其他的几位"文正"相比，杜受田在功业德行上完全是名不副实，其原因可想而知。

道光皇帝由于在决定继位者过程中难以取舍，在决定立奕詝为皇太子后，又对奕䜣抱有歉疚，为了补偿，才破例于继位遗诏中封他为最高等级的亲王爵位。道光的昏庸在此事上暴露无遗：错立平庸的奕詝已经是犯了一大错，在遗诏中封奕䜣为亲王又犯了一错。这将他在选择继承人上的犹豫暴露出来，埋下了日后奕詝、奕䜣兄弟失和的种子。正确的做法应该是，即使想补偿奕䜣，也只能私下嘱咐奕詝即位后以新皇帝的名义封爵，这样才能让奕䜣感恩于新皇帝，否则只能让奕䜣深憾自己错失了皇位，而不是感激得到了一个亲王爵位；奕詝也会因此猜忌奕䜣。

咸丰即位之初，一度重用奕䜣，任命其为军机大臣，执掌朝政大权，对付一即位就爆发的太平天国运动。但仅过了五年，在奕䜣生母，同时又是抚养咸丰长大的康慈皇太妃逝世后，咸丰立即将奕䜣的所有职务罢免,让他回书房重新读书,理由竟然是他在操办母亲的丧礼时"丧仪疏略"。自此,兄弟二人的感情公开破裂。在后来整个咸丰朝,除镇压太平天国运动和与英法联军谈判外,奕䜣都没有被重用,咸丰皇帝临终前也没有把奕䜣列入儿子同治帝的顾命大臣名单中,而这些都为后来的辛酉政变埋下了祸根。

就能力和责任心而言,咸丰在清朝诸帝中是倒数的,而他偏偏逢上了清朝内忧外患、危机重重的时期:内有太平天国运动,外有英法联军入侵,直至后者迫近北京。他逃到了避暑山庄,居然还带着戏班,整日寻欢作乐,却留下奕䜣在京主持谈判议和。议和后,奕䜣恭请咸丰回京,他却迁延逗留,直至驾崩。由于咸丰气量狭隘,竟然不指定已经立大功,且议亲议贵均应列于第一位的奕䜣作为未成年的同治皇帝的顾命大臣,激起了奕䜣和朝中大臣们的强烈不满,而此时两位皇太后也和顾命大臣们发生了激烈的权力冲突,这两股势力于是结合在一起,发动了辛酉政变,形成了"太后垂帘、亲王秉政"的局面。慈禧太后由此走上了历史的前台。

知子莫如父,奕䜣的才具,道光也是非常欣赏的。按理说咸丰是嫡长子,传位给他应该是天经地义,而道光却为此犹豫,这只能说明奕䜣的才具确实超过咸丰不少。从历史上看,奕䜣个性强烈,才华横溢,不排外,勇于开拓,使命感、责任心强,在主政的时期,他与慈禧太后发生了一系列激烈的争执，其政治生涯为此几次大起大落，甚至一度闲废达十年之久。但即使如此，他还是领导清朝中央政府平定了太平天国等一系列起义，开展了中国第一次的近代化运动——洋务运动，开创了充满希望的同光中兴时代。

咸丰皇帝（中）：戊午科场案

咸丰皇帝即位时才二十出头，心气高，很想有一番作为，一即位，他就将父亲最宠信的佞臣穆彰阿革职，将主持签订《南京条约》的大学士耆英降职。咸丰下旨痛斥穆彰阿"倾排异己"，"妨贤病国"，与耆英"同恶相济"，屡次排挤污蔑林则徐、姚莹等忠臣，实在令人痛恨，并重新任命林则徐为钦差大臣，前往广西镇压太平军，可惜林则徐走到半路就病逝了。

纵观清朝，新皇帝继位后都会对老皇帝留下的权臣下手。比如康熙亲政后，就设法将顺治指定的辅政大臣鳌拜除掉；雍正即位后不久，也把托孤的顾命大臣、他的舅舅隆科多逮捕下狱；乾隆继位后，也不断打击他父亲最喜欢的两位老臣张廷玉和鄂尔泰；嘉庆皇帝更加戏剧化，乾隆刚去世没几天，就赐乾隆的宠臣和珅自尽，并抄没了和珅的家产；道光皇帝继位后，也很快处理了老臣托津；现在咸丰皇帝继位后也是如此；日后这一幕还会继续上演，咸丰皇帝最宠信的托孤大臣肃顺后来也在同治朝被除掉。

咸丰八年（公元1858年）为干支纪年的戊午年，这一年正逢首都顺天府（北京）的乡试（考中者为举人），主考官是协办大学士蒙古正蓝旗人柏葰，副主考官是户部尚书朱凤标和左副都御史程庭桂。八月初八乡试一开场，即谣传在考场所在的贡院大堂发现了"大头鬼"，而贡院中的"大头鬼"不轻易出现，若出现一定有大案将要发生。九月十六日发榜，前十名中赫然出现旗人平龄的名字，他是一个著名的京剧票友，经常登台演出，因而引起舆论大哗，大家纷纷质疑优伶居然能高中举人。十月初七，御史孟传金上奏咸丰皇帝，参劾此次乡试有舞弊行为，特意指出"平龄朱墨不符"[1]。为了防止考官认出考生笔迹从中舞弊，清代科举考试规定考生亲笔所写的试卷用墨笔，然后指定人员用朱笔照抄呈送考官批改，"朱墨不符"即意味着平龄的试卷已经被篡改或调换。咸丰命怡亲王载垣、郑亲王端华、户部尚书全庆、兵部尚书陈孚恩会审此案，戊午科场案就此引爆。

随后平龄被提审，但不久即死于狱中。等重新勘察平龄的试卷后，竟然发现其墨卷内的草稿不全，朱卷内也有七个错别字曾被人改动过。十月二十四日，此次乡试的全部试卷在圆明园的九卿朝房重新勘察，发现"本年乡试主考、同考

---

[1] 中国第一历史档案馆编：《清代档案史料丛编》第十四辑，《谕内阁著派载垣等查办平龄等案卷》。

第四章　晚清败局

荒谬已极"[1]，有错误的试卷竟然有五十多本，甚至有一人的试卷错别字达三百多字，竟然也中举。咸丰闻讯大怒，立即将主考官柏葰革职，朱凤标和程庭桂解任。讽刺的是，就在此次乡试结束不久的九月，柏葰升任正一品文渊阁大学士兼军机大臣，清朝只有大学士兼军机大臣谓为"真宰相"，是真正的位极人臣。

随着案情的深入，柏葰直接卷入舞弊的证据浮出水面。考生罗鸿绎通过同乡兵部侍郎李鹤龄的关系，结识了同考官浦安；浦安又通过柏葰的看门人靳祥的关系，请求柏葰同意调换罗鸿绎的试卷使其中举。事后罗鸿绎又向柏葰、浦安行贿。咸丰九年（公元1859年）二月十三日，载垣等人向咸丰汇报案情及处理方案，拟将柏葰"比照交通嘱托，贿买关节例，拟斩立决"。由于柏葰是咸丰的爱臣，因此咸丰想替他开脱，但"诸臣默无一言"，无人附和，而户部尚书肃顺当场力争，认为科举是国家选拔人才的重要制度，应该严格执法，才能改变科场上由来已久的恶习，力主将柏葰明正典刑。在此情况下，咸丰认为柏葰"情虽可原，法难宽宥"，同意将他"斩立决"，但咸丰很痛苦，"言念及此，不禁垂泪"。[2] 随即浦安、李鹤龄、罗鸿绎与柏葰四人一同被押往菜市口斩首，此事震动朝野。有清一

---

1 ［清］王嵩儒：《掌固零拾》。
2 刘锦藻：《清朝续文献通考》卷八十六。

朝，极少有正一品大员被公开处斩，罪大恶极如和珅也仅是被赐自尽，连柏葰本人也认为皇帝会下旨特赦，改为发配边疆效力，甚至还备好了行李，没想到等来的竟然是执行斩首的命令。

戊午科场案并未随柏葰等四人被杀而终结，案情还在进一步发展。在之前的审讯中，浦安供称他听说副主考程庭桂曾烧毁过请托者递送的条子，程庭桂因此被捕，招认他的儿子程炳采接到过几个人的条子，都是通过几位高官子弟的关系转送的，其中竟有参与审案的兵部尚书陈孚恩的儿子陈景彦。这些请托者和递送条子的高官子弟全部被捕。咸丰九年七月全案审结，载垣等拟将程庭桂、程炳采父子共同斩首，咸丰念及程庭桂是两朝老臣，不忍将他们父子一起处死，法外开恩将父亲程庭桂发配军台效力，儿子程炳采仍然处斩，案中的请托者七人免死，发配新疆，戊午科场案至此结束。

顺治、康熙年间也爆发过两起科场案，所有考官都因舞弊被处斩。但到了平庸衰世的道光年间，官场秉承"多磕头、少说话"的原则，没有人敢批评时政，官员们在庸碌度日的同时腐败日盛。在这样的背景下，科场当然也难幸免，"递条子""走后门"蔚然成风，考官也不以收条子为耻，甚至以收到条子多为荣，已经完全忘却了这些行为是严重的犯罪。咸丰即位后，整顿吏治，以纠正道光朝的腐败风气，依法处理科场案，竟将当朝"真宰相"柏葰公开处斩，这不啻是一记晴天霹雳，此后科场风气得到彻底扭转，无人再敢以人头试法。自此,"司文衡者懔懔畏法,科场清肃,历三十年,至光绪中始渐弛……终未至如前此之甚者"。[1]

戊午科场案不只是一个乱世用重典的故事,耐人寻味的是它反映了当有法不依、法律条文成为一纸空文、人们对严重的罪行麻木不仁后导致的人心、风气的变化。作为工作勤恳、谨慎、周密而深得皇帝赏识、器重的一品大员,柏葰事后只接受了浦安十六两银子的酬谢,因此他肯定不是为了贪图这区区十六两银子而以身试法;他是囿于人情世故,才调换考卷以便关系人中举,他肯定认为这种行为很平常,自己行事并无不妥。柏葰确属罪有应得,但他又何尝不是腐败风气的牺牲品呢?当整个社会目睹违法行为麻木不仁甚至不以为耻、反以为荣的时候,这些违法行为就会逐渐变成社会的"潜规则",甚至进一步变成"显规则",结果必然是有法不依,黑白是非不分,公平公正荡然无存。

咸丰皇帝(下):一错再错,生于忧患,死于更忧患

鸦片战争之后,东南沿海的海防更加松弛,对鸦片和走私活动的查禁形同虚设,于是就有很多沿海的奸商假借英国人势

---

[1] [清]赵尔巽等撰:《清史稿》卷三百八十九。

力，跑到香港去登记船只，悬挂英国国旗，从事走私贸易活动，这种披着外国皮的华人走私船在沿海来来往往，经常见到。

咸丰六年（公元1856年）九月初十，广东水师千总梁国定在广州海珠炮台附近码头查到"亚罗"号走私船，这也是一艘中国人的船，但是在香港登记，挂着英国国旗。梁国定登船搜查，并逮捕了船上十二名疑为海盗的中国船员。英领事巴夏礼要求释放全部被捕水手，被拒绝后，巴夏礼就向香港总督兼驻华公使包令报告说，中国水师在抓人的时候，把英国国旗摔到甲板上，有损大英帝国的荣誉，要广州当局赔礼道歉。之后英国外交官便照会两广总督叶名琛，说这事要是没个交代，那就只好各自回去整顿战舰，来干一架了。叶名琛答应放人，但是拒绝承认扯落英国国旗，也不赔偿和道歉，并派南海县丞许文深解送十二名水手到英国领事馆。英方极为不满，于是派英国海军将领西马縻各里于九月二十五日率军舰三艘、划艇十余只、海军陆战队约两千人，向虎门口开进。

叶名琛下令广东水师偃旗息鼓，不要跟英国人交战，结果沿河炮台的守军多数溜之大吉。英军占领海珠炮台后，将炮口对准叶名琛的总督府，轰击总督府和靖海门。炮击之后，英军于十月初一攻进了广州城，掠夺了总督府的档案文件之后撤走。英军人少，无法占据广州城，也不敢在城内久留，所以打完就撤走了。

叶名琛这边看到英军撤走之后，很得意，不仅没有如实向朝廷汇报情况，反而还向朝廷谎报战功，说自己打了大胜仗。

咸丰六年十一月十七日，叶名琛奏报说："我兵屡次击毁该夷轮船，又将勾串股匪击败……经兵勇轰坏兵船，并毙其水师大兵头哂吗縻咯厘，夷匪伤亡四百余名。"[1]吹嘘自己不仅击退了英军，击毁了英船，还打死了英海军指挥官西马縻各里，打死打伤英军四百多人。咸丰皇帝收到奏报后很高兴，说既然我们大胜，本来乘胜追击，全部把他们消灭也不是什么难事，但是只要他们肯认错，这事就算了，大人不记小人过；还表扬了叶名琛，说他"久任粤疆，夷情素所谙熟"，相信他必定可以把这事处理得很好。

在之后的一年时间里，英军也没有再来打广州，叶名琛就陆陆续续编造了许多"大捷"和"胜利"，说自己跟英国人打仗多次，击毁火轮船多艘，俘获敌舰五十多艘，击毙英军无数……叶名琛捏造的这些"胜利"让咸丰皇帝觉得形势大好。

英军由于兵力不足撤出广州后，第二年就从各殖民地抽调兵力，组成远征军开赴中国，并派额尔金为全权特使。同时，法国拿破仑三世这时借着"马神甫事件"，任命葛罗为特使，也派了一支远征军到中国。咸丰七年（公元1857年）七月，英法联军抵达珠江口。

之前《南京条约》规定五口通商，但是清朝地方官员办事

---

[1]《筹办夷务始末》（咸丰朝）二。

拖拉，相互推诿，所以过了十几年，广州城还是不让外国人进入。这次英法联军威逼广州，其中一个目的就是为了进城，并修订之前的贸易条约。十月二十七日，英法联军给叶名琛发出最后通牒，要求进城修约，同时派军舰突破虎门口，数十艘军舰集结于珠江江面，兵临广州城下。叶名琛还是老办法，置之不理，当作什么都没发生。十一月十三日，英法联军五千多人发动全面进攻，第二天就攻入城内。短暂交战之后，清军退出城外，广州沦陷。

广州失守的消息传来，咸丰皇帝大感意外，之前都是不断胜利，怎么就突然一败涂地了呢？他还不知道自己之前是一直被糊弄、被蒙蔽的。

十一月二十一日，叶名琛被俘，后被押送到加尔各答，第二年绝食而死。时人薛福成讥他是"六不总督"："不战、不和、不守、不死、不降、不走。"[1] 英法联军曾希望通过闽浙总督、两江总督等向清廷传递消息，但是也遭到拒绝，所以当时清朝地方官员对战局的实际情况是了解的，但是没有人愿意向朝廷报告危机，都是报喜不报忧，极力粉饰太平，对近在眼前的危机也视而不见，可见当时官场的风气之差。

占领广州之后不久，英法舰队北上天津，于咸丰八年三月抵达白河口，要求派公使进驻北京，和皇帝直接沟通。英法等

---

1 [清] 薛福成：《庸庵文续编》卷下，《书汉阳叶相广州之变》。

第四章　晚清败局

国这十几年跟清政府打交道下来发现，这些官员们说话实在不靠谱，最擅长的就是踢皮球和相互推诿。但是当时清廷的架子大，觉得这些蛮夷怎么可以住在天子脚下，还要跟皇帝直接对话，有失颜面，所以对列强派公使驻京的要求完全没法接受。

谈不拢之后，英法联军于四月初八开始进攻大沽口炮台，直隶总督谭廷襄毫无斗志，没怎么打就逃跑了，大沽口炮台失陷。英法联军沿河而上，打到天津城下，并威胁要攻打北京城。

五月初三，咸丰皇帝赶紧派大学士桂良和吏部尚书花沙纳为钦差大臣，赶往天津议和，并分别和俄、英、法、美签订了《天津条约》，其中第一条就是同意列强派公使常驻北京，外国使臣可以用西式礼节觐见皇帝，不必跪拜。

可笑的是，条约字都签了，但条约的内容却被桂良隐瞒得死死的，咸丰皇帝和清廷压根不知道桂良已经答应公使驻京，完全被蒙在鼓里。敌人都打到家门口了，清朝的官员还在糊弄、欺瞒皇帝。五月十八日，咸丰皇帝还特别指示桂良，其他条件都好说，但绝对不要让公使驻京，"一切跪拜礼仪悉遵中国制度"。可是桂良在几天前就把条约签完了。桂良一头瞒着皇帝，一头签署假协议糊弄洋人，两头欺骗。

洋人一开始还挺高兴，条约这么顺利就签下来了，觉得清廷终于开窍了，但是转念一想，按照这十几年跟清朝官员打交道的经验，担心其中有诈。他们就问桂良这个协议皇帝看过没有，桂良表示皇帝已经看过；洋人说当年《南京条约》都有皇帝的朱批和印玺，怎么这次没有？是不是有诈？没有朱批和印玺的话，他们还要打。

桂良被逼无奈，这才把条约内容报告给咸丰皇帝，这时候已经是五月二十三日了，条约都签好一个礼拜了。咸丰皇帝接到桂良的报告，十分震惊，却又无可奈何。桂良跟咸丰皇帝说，像这种城下之盟，签了也不算数，以后再撕毁就行了。咸丰无奈，只好同意，先让洋人退兵再说。

英法拿到有咸丰皇帝朱批和印玺的条约，高高兴兴地回去了，约好一年之后再到北京换约。条约需要双方国家君主签字盖章才能生效，英法使臣要先回去让自己的君王签章后，再拿给清廷；由于当时交通不发达，只能坐船穿越大半个地球，这么一来一回就需要一年。

第二年四月，英法公使就来换约了。可是清廷本来就不想答应洋人这些条件，尤其是公使驻京，所以就一直拖着，也不让洋人上岸。直到五月二十二日，咸丰皇帝表示，让使节从北塘登岸，可是咸丰的这个命令没有传到洋人那里。

到了五月二十五日上午，英法失去耐心，开始进攻大沽口。这回的清军指挥是僧格林沁，在他的有力指挥下，清军炮火猛烈，英法联军在登陆时又陷入河口泥滩，结果造成四百多人死伤，四艘军舰被击沉，损失惨重，随后撤退到杭州湾。

英法联军惨败的消息传到伦敦后，舆论大哗，英法决定发动更大规模的战争。于是两国分别再次任命额尔金、葛罗为特命全权代表，以陆军中将格兰特、陆军中将蒙托邦为联军总司令，率领由一万八千名英军和七千名法军组成的远征军，开往中国。

咸丰十年（公元1860年）春，英法舰队在上海集结，随后攻占定海、烟台、大连等地，并在六月开始封锁渤海湾，准备进攻大沽口炮台。

上一年的胜利让咸丰皇帝感到飘飘然，面对气势汹汹的英法联军，咸丰皇帝让直隶总督恒福跟联军说，天津口已经由僧格林沁严密防守，去年已经重重地羞辱了他们一次，今年再收拾他们一顿也不成问题。

这次英法联军吸取教训了，不仅人数众多，而且战术严密，稳扎稳打。六月十二日，英法联军大举进攻。六月二十八日，从北塘登陆后，集结一万多人攻击大沽口炮台。僧格林沁在塘沽的防线很快被突破，两千多清军四下溃散。

僧格林沁丢了大沽口，还向咸丰皇帝"报捷"，说自己虽然寡不敌众，但还是"毙贼无数。我兵每发一炮，该夷成行倒毙"[1]。而实际上大沽口战役英法联军死伤轻微，只有法军一人阵亡、十五人受伤而已。

七月初五，英法联军攻击北炮台。这次战斗中，因炮台炸药中弹爆炸导致英法伤亡大增，伤亡三百人，其中死亡六十人，而清军死伤一千人。这时，僧格林沁又向咸丰皇帝"报捷"，说

---

[1]《中国近代史资料丛刊·第二次鸦片战争》（四），上海人民出版社2000年版。

"我兵枪炮一发，该夷纷纷倒毙……击毙夷匪三四千名"。[1]

虽然僧格林沁捷报不断，但英法联军还是在七月初十占领了天津，咸丰皇帝对这一结果再次惊呆。

根据法方联军总司令蒙托邦的回忆，他们在一个阵亡清朝官员身上找到了该官员与直隶总督恒福以及僧格林沁之间的往来信函，而这些信函记录了他们是如何谎报军情、糊弄皇帝的。蒙托邦惊讶地发现"清朝皇帝被手下官员愚弄到如此地步，他们竟然将军队的溃败写成了胜利！"[2]

英法联军攻占天津后，咸丰皇帝不得不派人来通州谈判。英法提出要赔偿军费，并各带一千人进京换约，咸丰皇帝痛骂桂良"丧心病狂、擅自应许"，严词拒绝了英法联军的要求，并在七月二十一日正式和英、法宣战，让军机处调集各路兵马，要和英法联军决一死战。咸丰皇帝甚至两次表示要御驾亲征，以鼓舞士气。

谈判破裂，英法联军于是从天津向北京进发，很快打到了通州。咸丰皇帝看英法联军来势汹汹，又动摇了，于是派怡亲王载垣为钦差大臣，再去通州和洋人谈判。八月初一，英方派外交官巴夏礼来通州会谈。原本谈判已取得进展，清朝答应了英法联军大部分条件，但是唯独对洋人要求当面向皇帝递交国书，还不行

1《中国近代史资料丛刊·第二次鸦片战争》(四)，上海人民出版社2000年版。
2 [法] 库赞·德·蒙托邦：《蒙托邦征战中国回忆录》，中西书局2011年版。

第四章 晚清败局

跪拜礼这点，无论如何都不同意，于是谈判再次破裂。

在谈判的前一天，咸丰皇帝曾暗地里告诉载垣，说这个巴夏礼是联军的"谋主"，所谓擒贼先擒王，你们到时候可以先把巴夏礼抓起来，这样联军就会溃散了。于是，在谈判破裂后，载垣就让僧格林沁将准备骑马离去的巴夏礼等三十九人扣下。

抓了敌军主将后，咸丰皇帝再次下令与英法联军决战。八月初七，僧格林沁率领蒙古科尔沁部野战骑兵和华北清军主力三万四千人在通州八里桥和英法联军六千人展开决战，结果僧格林沁部全军溃散，清军死伤两千多人，英法联军伤亡只有个位数。

八里桥惨败之后，咸丰皇帝估摸着北京也守不住了，第二天就以"木兰秋狝"为名，带着皇长子迅速逃往热河，让恭亲王奕䜣作为全权代表留在北京和洋人周旋。不过，后来证明奕䜣的能力确实比咸丰强，他出乎意料地把局势稳定了下来。

咸丰皇帝临走前，光禄寺少卿焦祐瀛奏请将巴夏礼等三十九人处死，咸丰皇帝表示"是极"，说过几天就把他们杀了吧。

八月，英法联军进攻北京城，并冲入圆明园大肆抢劫，救出了被关押的巴夏礼等人，但发现已经死了二十人。八月二十九日，豫亲王义道接受联军最后通牒，将安定门清军撤出，英法联军毫不费劲地从安定门进入北京城。之后，英法联军于九月初五野蛮焚毁圆明园。十天后，咸丰皇帝就批准了

《北京条约》；九月二十七日，英法联军撤出北京，第二次鸦片战争正式结束。

战争结束将近一年，咸丰皇帝却一直不敢回北京。自从清军入关以来，北京城在咸丰皇帝的手中第一次被外敌攻陷，咸丰可谓颜面尽失。之后咸丰皇帝心灰意冷，尽情纵欲寻欢，不久就死于避暑山庄，年仅三十岁。道光糊涂，将皇位传给这样一位身心俱弱的继承人，真是误国误民；但更糟糕的是，咸丰皇帝只留下了一位继承人，无从择优，导致了后来更大的悲剧。

同治皇帝：荒诞不经，几一无是处

同治皇帝可以说是清朝帝王中除三岁继位的宣统帝外最差劲的一个。

同治皇帝载淳出生于咸丰六年三月二十三日，生母是懿贵妃叶赫那拉氏，即后来的慈禧太后。载淳原本有个同父异母的弟弟，但是刚出生不久就夭折了，他成为咸丰皇帝唯一存活的儿子，因此咸丰皇帝在继承人问题上根本没有其他人可选。

咸丰十一年（公元1861年）七月，咸丰皇帝在弥留之际，立载淳为皇太子，并任命肃顺等八人辅政，称顾命八大臣。嫡母皇后钮祜禄氏和生母懿贵妃叶赫那拉氏并尊为皇太后，其中

第四章 晚清败局

钮祜禄氏是咸丰帝的皇后，所以地位更高。两位皇太后在为咸丰守丧期间，分别住在避暑山庄烟波致爽殿的东暖阁和西暖阁，所以俗称她们为东太后和西太后；咸丰十一年九月，两人分别上徽号慈安、慈禧，所以也称为慈安太后、慈禧太后。

载淳即位之初，由顾命八大臣主政，他们选定的年号是"祺祥"，但不到三个月，两宫皇太后就与恭亲王奕䜣、醇郡王奕譞等人发动政变，除掉了八大臣。之后改年号"祺祥"为"同治"，意为"母子同治天下"，从此开启了东西两宫长达二十年的垂帘听政。其中主要是慈禧太后听政，加上恭亲王奕䜣作为议政王，而同治皇帝本人并没有实际权力。同治登基的时候才六岁，在位十三年，直到十八岁才开始亲政；但亲政后一年多就去世了，年仅十九岁，是清朝帝王中最短命的一个。

但是在同治皇帝短暂的一生中，却发生了很多荒诞不经的事情。

同治十二年（公元1873年），当时浩罕汗国军官阿古柏入侵新疆，左宗棠领兵入疆平乱。时任乌鲁木齐提督的成禄却胆小如鼠，不仅不敢去新疆平乱，反而龟缩在甘肃高台，还纵兵杀害良民两百多人，将他们污蔑为叛军，以此冒领军功，事后被左宗棠弹劾逮捕入京。这种罪行按《大清律例》应判斩立决，可是因为成禄是满洲八旗贵族，又是醇亲王的亲信，所以朝廷有意包庇，轻判为斩监候。斩监候就有很大的操作空间，比如要是遇上大赦，就无罪释放了。甘肃出身的御史吴可读本来就很耿直，遇到这事就更加气愤，于是给同治皇帝上了一道《请诛已经革提督成禄疏》，言辞激烈，痛陈成禄罪状，要求将成禄斩立决，并留下狠话："请皇上先斩成禄之头悬之藁街以谢甘肃百姓，然后再斩臣之头悬之成氏之门以谢成禄。"表示宁愿自己陪葬也要斩成禄。

同治皇帝看到这个奏折后被气哭了，认为吴可读是在欺负他年幼，非要杀了吴可读。幸亏当时大理寺少卿王家璧刚正不阿，据理力争，才保住了吴可读的性命，让吴可读官降三级，回兰州去了。

中国古代有不杀言官的传统。言官的职责就是监察行政，甚至监察皇帝本人的言行。如果朝政有失，言官就要上奏章提出批评，而如果杀言官，那就没有人敢说话了，所以不杀言官是一个不成文的规定。即使是在雍正、乾隆年间，也基本上不会杀言官，而同治皇帝刚刚亲政，竟然就要杀言官，这不是坐实了自己是昏君吗？

另一件事则更加荒唐。

同治皇帝在十八岁亲政后，慈禧太后还是时不时地要干预政务，所以同治皇帝就想着把圆明园修缮一下，让慈禧太后到那边去养老。正巧当时慈禧太后快过四十岁生日了，同治皇帝也可趁机表一下孝心。于是，同治皇帝决定重修圆明园。他自己对这个工程非常上心，多次跑到圆明园废墟去视察。可是修圆明园面临的最大的问题是没有钱，预算需要一千万两白银，而当时的财政非常困难。此前经过太平天国战争、沙俄和阿古柏入侵新疆等战争的长期消耗，内忧外患，国库非常紧张，根本拿不出钱来。此外还需要大木料三千根，而经过道光以来的不断砍伐，这时候已经没有多少大树可砍了；同治皇帝下旨要求各省想办法砍伐木料，但也无济于事，因此许多大臣都表示应停止修复圆明园。

这时候，有一位"候补知府"李光昭表示，自己愿意为修园报效三十万两的木材应急。各地都没有木材，李光昭的木材从哪里搞来的呢？经李鸿章调查发现，是经法国商人从海外进口来的，商定价格为五万四千余银元，但是李光昭向内务府申报的时候，竟然说是三十万两银子，浮夸邀功；更过分的是，李光昭根本没有付款给法国商人，以致法国商人到直隶总督李鸿章那儿告状，说大清皇室居然诈骗他们法国人的钱。李鸿章原本就反对修圆明园，现在碰到这个诈骗案件，正好借此机会让圆明园工程停掉。

恭亲王奕䜣，醇亲王奕譞，大学士文祥、宝鋆，军机大臣沈桂芬、李鸿藻等十位重臣联名上疏，请求停止工程，此外还给小皇帝提了七点劝谏，包括"戒微行、远宦寺、绝小人、警宴朝、开言路、惩夷患、去玩好"。"戒微行"指不要再偷偷摸摸半夜穿着黑衣溜出宫去玩，"远宦寺""绝小人"指不要整天跟太监们混在一起，"警宴朝""去玩好"是告诫同治帝不要整天吃喝玩乐。

没想到奏章递上去，同治皇帝根本看都不看。于是，恭亲王奕䜣就带着群臣，当面一条条地讲给同治皇帝听。哪料到同治听后恼羞成怒，说"要不皇位让给你们怎样啊？"群臣听了目瞪口呆，同治的六叔恭亲王奕䜣一听，清朝两百多年来都是帝王乾纲独断，从来没有谁敢说这么荒唐的话，气得不再言语。醇亲王奕譞边哭边谏，说到"戒微行"一条时，同治皇帝还要嘴硬，以为他跟载澂溜出宫去嫖娼的事没人知道，要他叔叔们拿出证据来。醇亲王无奈，只好把同治皇帝每次什么时候溜出宫、去哪里、干了什么破事都一五一十地指出来。同治皇帝听完"大窘"，半晌才说，这几点都听大臣们的，唯独修园子一事要请太后定夺。

过了一阵子，又叫恭亲王来，问他出宫的事究竟是听谁说的，恭亲王说是自己的长子载澂说的。载澂是个典型的纨绔子弟，和一群狐朋狗友招摇过市、为非作歹，恭亲王对他这个浪荡公子非常不满，又没什么办法。载澂和同治皇帝年纪差不多，他俩关系很好，载澂经常带同治皇帝出宫寻花问柳。得知是载澂走漏的消息，同治皇帝恼羞成怒，对恭亲王和载澂都很生气，第二天就召见全班御前大臣和军机大臣，宣布"恭亲王无人臣礼"，罢免恭亲王所任军机大臣等一切职务，剥夺亲王爵位，降为不入八分辅国公，同时剥夺载澂的贝勒郡王衔。接下来两天，经过大臣们的反复争辩，才同意将奕䜣降为郡王，仍

第四章 晚清败局

在军机大臣上行走。要知道，恭亲王奕䜣是铁帽子王，他的爵位本来是世袭罔替的，现在居然被同治皇帝以这种莫须有的罪名给剥夺了。

与此同时，同治皇帝还以图谋不轨为由，将之前提意见的十位大臣全部革职，显然是对他们联名上疏的报复。

小皇帝闹成这样，两宫太后实在看不下去了，第二天中午同时驾临弘德殿。同治皇帝跪在那，听两宫太后训话。慈禧太后说，这十多年来，要是没有恭亲王，哪有你我的今天？皇上少未更事，之前的上谕马上撤销吧。同治皇帝不敢违背，只好另发谕旨，赏还奕䜣亲王爵位，世袭罔替，载澂的贝勒郡王衔一并赏还。之后，圆明园也停工了，只是稍稍修缮了北海、中海、南海，作为两宫皇太后驻跸之所。

经过这么一闹腾后，同治皇帝停止出宫游逛玩乐、寻花问柳了吗？并没有。

翁同龢在同治十三年（公元1874年）九月二十二日的日记中写道，前一日一驾马车直接冲入神武门，停在乾清宫广场东面的景运门，根本不服从紫禁城护军的管理。显然皇帝依然我行我素，毫无收敛。

一个月后，同治皇帝就突然发疹子了。翁同龢在日记中写道，皇帝不能上朝，命军机大臣李鸿藻代批奏章。之后太医确认同治皇帝得了天花。两宫皇太后在御榻前拿着蜡烛，让大臣们上前瞻仰同治皇帝，翁同龢看到此时的同治皇帝奄奄一息，脸上的"(天)花极稠密","头面痘疹皆灌浆饱满",痘疱又多又鼓。

也有民间传闻说同治皇帝得的是梅毒,因为他经常到南城寻花问柳。这种桃色新闻老百姓都爱听,也爱传,津津乐道,但是没有太多实际证据。故宫档案保存有《万岁爷用药进药底簿》,详细记录了同治皇帝的病症和用药情况,后来中国第一历史档案馆曾请中医专家来看,确认同治皇帝得的是天花。

同治十三年十二月十五日酉时(晚6时),同治皇帝在养心殿西暖阁驾崩,年仅十九岁。由于同治皇帝没有子嗣,皇位继承成了大问题,最后醇亲王年仅四岁的儿子载湉被慈禧太后选中,即后来的苦命天子光绪皇帝。清朝自开国以来父子一脉相承的皇统至此断绝。

光绪皇帝(上):第一位旁支入继大统的皇帝

光绪五年(公元1879年)闰三月初九清晨,一封来自蓟州知州刘枝彦的报告震惊朝廷:同治帝、后归葬惠陵,奉安典礼结束后,那个曾经言辞激烈地要求同治皇帝斩杀奸臣成禄而被贬回兰州的御史吴可读(此时出任吏部主事),并未随大队人马返京,而是滞留在蓟州马伸桥的三义庙内,打算用古代文

第四章 晚清败局

人最激烈、最极端的进谏方式——"尸谏"来为死去的同治皇帝争取后嗣,为清朝争取皇统的延续。吴可读曾悬梁自尽,无奈梁木朽坏,跌落下来,于是改用服毒自尽。

吴可读留下密折一匣,并有遗书嘱咐恳请代为递给皇上和太后。他的遗谏洋洋洒洒两三千字,其中说道:

> 罪臣涕泣跪诵,反覆思维,窃以为两宫皇太后一误再误,为文宗显皇帝立子,不为我大行皇帝立嗣。既不为我大行皇帝立嗣,则今日嗣皇帝所承大统,乃奉我两宫皇太后之命,受之于文宗显皇帝,非受之于我大行皇帝也。而将来大统之承,亦未奉有明文,必归之承继之子。[1]

意思是说,两宫太后一错再错,首先是没有为大行皇帝立嗣,而选择为咸丰皇帝立嗣,将光绪皇帝载湉过继给咸丰皇帝做儿子,这就导致同治皇帝没有了子嗣,断了香火绝了后,相当于同治皇帝把皇位传给了他的兄弟,形成了"兄终弟及"制,而违背清朝历来父传子的制度;其次,将来光绪皇帝生了儿子,继承的是谁的香火呢?两位太后也没有给个明确的说法,将来皇统和朝纲都要乱的。因此,吴可读提出,"惟仰祈我两宫皇太后,再行明白降一谕旨,将来大统仍归我承继大行皇

---

[1] [清] 朱寿朋:《光绪朝东华录》,光绪五年己卯。

帝嗣子",即希望两位太后再下一道谕旨,明明白白昭告天下,将来光绪皇帝载湉生了儿子后,仍旧过继给同治皇帝为儿子,使"大统有归"。

这种事在我们现代人看来好像很荒诞,皇位都是在你们爱新觉罗家内部传来传去,没什么区别,何必以死相谏?但是在古代,礼法是极其重要的事情。按理说,同治皇帝没有子嗣,就应该过继一个儿子给同治皇帝,而不是抛开同治,直接给咸丰皇帝再过继一个儿子来继位,否则以后皇统就传到光绪皇帝那一支去了,同治皇帝在宗庙里岂不成了孤魂野鬼?

慈禧太后强行让载湉承嗣咸丰皇帝本就引起朝廷上下的普遍不满,吴可读的尸谏更是让群情激昂,人们发现浑浑噩噩的晚清官场居然还有如此耿直之人,京城上下都发起了悼念吴可读的活动。

对此,两宫太后下了一道懿旨:"前于同治十三年十二月初五日降旨,俟嗣皇帝生有皇子,即承继大行皇帝为嗣。此次吴可读所奏,前降旨时即是此意。"重申了在同治十三年十二月初五两宫太后所下懿旨中,待以后光绪皇帝有了皇子后,承继同治皇帝为子嗣的原则,并强调此次吴可读所奏,跟之前两宫太后的意思是相同的。同时还表扬了吴可读"以死建言,孤忠可悯"。

消息传出,欢声雷动,"俟嗣皇帝生有皇子,即承继大行皇帝为嗣"一句明确了将来皇统还是要回到同治皇帝这里,一脉

第四章 晚清败局

相承，与旁支无干。

让我们再把时间拉回到同治皇帝驾崩的那个晚上。

由于同治皇帝没有子嗣，清朝这时候就出现了自建政以来最为尴尬的局面，皇位后继无人，而且咸丰皇帝只有同治这么一个儿子，连"兄终弟及"都无法实行，那么这时只能从旁支中挑选继承人。

两宫太后在同治皇帝驾崩当晚即在养心殿西暖阁召集群臣，商议皇位继承人。一般来说，同治皇帝这时候已经成年，他死后，应该从小一辈即"溥"字辈中，挑选一人过继给同治皇帝当儿子，并继承皇位。但这样的话，慈禧太后就成了奶奶辈的太皇太后了，无法垂帘听政；而且此时"溥"字辈也没有合适的人选，只有隐王这支的贝子载治的第四子溥伦一人，是个三个月大的婴儿。载治只是道光皇帝儿子奕纬的嗣子，不是亲生子，血脉关系疏远，选溥伦的话，道光皇帝的子孙们也不会答应。

此时慈禧太后权势熏天，于是她选择了给咸丰皇帝立嗣，在同治皇帝的兄弟"载"字辈中，挑选一人过继给咸丰皇帝当儿子，而不是给同治皇帝载淳立嗣。这样慈禧太后就能继续以皇太后的身份垂帘听政，而且这个人年纪还不能太大，否则慈禧太后听不了几年政，新皇帝成年就要亲政了。

选来选去，最后只有载湉最符合慈禧太后的要求。载湉是道光皇帝第七子醇亲王奕譞的次子，跟道光皇帝、咸丰皇帝的血缘关系很近；奕谟当年曾参与"辛酉政变"，协助慈禧太后和奕䜣扳倒八大臣，被慈禧视为心腹；而且载湉的生母嫡福晋叶赫那拉·婉贞还是慈禧太后的妹妹，慈禧太后的亲生儿子同治皇帝死后，宫中也就数载湉和慈禧太后的血缘最近；同时，载湉当时虚岁只有四岁，也很符合慈禧太后对候选人年龄的要求，将四岁的载湉过继给咸丰皇帝为嗣，慈禧太后就可以继续以皇太后的名义垂帘听政十多年。

于是，在同治皇帝驾崩的那个晚上，两宫太后在西暖阁宣布载湉为皇位继承人。根据翁同龢的日记，载湉的父亲醇亲王听到这个决定后，"惊遽敬唯，碰头痛哭，昏迷伏地，掖之不能起"[1]。

当天深夜，一队仪仗威严的马车匆忙赶到宣武门内太平湖东里的醇亲王府[2]，四岁的载湉被从睡梦中叫醒，穿戴整齐后，被连夜送到紫禁城。

从小就被人从父母亲身边带走，深养在宫中，缺少父母关爱，这对载湉后来的性格产生了很大的影响。生母嫡福晋婉贞在载湉入宫后不久，就因过于担心，忧郁成疾而死；父亲醇亲王后来被允许进宫陪读，但毕竟隔着君臣之礼，醇亲王见儿子载湉时，也是毕恭毕敬，亲情对载湉来说已经是奢

---

1 ［清］翁同龢：《翁文恭公日记》同治十三年十二月初五日。
2 因为出了天子，醇亲王府成为潜邸，所以醇亲王一家后来就迁往什刹海新的醇亲王府。

第四章 晚清败局

望了。

第二年，五岁的光绪皇帝开始在毓庆宫读书，翁同龢和夏同善成为他的老师。与他的哥哥同治皇帝喜欢外出不同，光绪皇帝读书很用功，连一向对他严苛的慈禧也夸赞他非常爱好学习，坐着、站着、躺着都在读书。

曾在慈禧身边多年的美国传教士何德兰也说，光绪皇帝是一个头脑非常聪明、勤奋好学的少年。和大多数保守皇族不同，光绪皇帝对西洋事物充满了好奇。据何德兰回忆，光绪小的时候就喜欢八音盒等各种西洋玩具，后来对电话、留声机、火车、轮船等外国机械方面的发明都很感兴趣；到二十岁的时候，光绪皇帝甚至急不可耐地要学习英语，并让太监到处搜罗京城里能找到的外文书，甚至曾仔细地阅读《圣经》。何德兰觉得，中国人的脸永远是朝着后面看的，他们最高的愿望是能达到古时黄金时代的那种海晏河清，而光绪是第一个身坐龙椅而脸向着未来的人，他的主要目标，是拥有和掌握那些让洋人在他的子民面前耀武扬威的技术的每一个方面。

光绪十四年（公元1888年），光绪帝已十八岁；到了这个年纪，无论按常理还是照先前皇帝的惯例，都应该成婚并亲政了。这年六月，慈禧太后颁布懿旨，说明年正月举行皇帝大婚典礼，并让光绪皇帝亲政。

慈禧太后把弟弟桂祥的次女、光绪的表姐叶赫那拉·静芬钦定为皇后，就是后来的隆裕太后。但是光绪皇帝对这位强行摊派的皇后极不喜欢。据传教士何德兰的夫人描述，这位皇后身材佝偻，面孔忧郁，面色蜡黄，神情呆滞，蛀牙很严重，一点都不漂亮，也没什么主见，难怪光绪皇帝不喜欢。光绪皇帝最喜欢的是户部右侍郎长叙的女儿珍妃。珍妃从小在广州长大，喜欢新奇的事物，生性乖巧活泼，擅长书法和下棋，长得也漂亮，和光绪很恩爱；光绪甚至会放下帝王尊严，用自己的筷子给珍妃喂饭。

虽然慈禧太后宣布归政于光绪皇帝，但她显然并不愿意就此放弃权力，于是授意礼亲王世铎等王公大臣上表，请慈禧太后在皇帝亲政后再"训政"数年。以前皇帝小，需要皇太后"听政"，现在皇帝成年了，已经结婚了，为什么皇太后还要"听政"？说不过去。于是就改了说法，叫"训政"，但本质上都一样，慈禧太后仍然掌握实权。

但也不能认为这时候的光绪皇帝完全是傀儡。光绪皇帝在亲政的前十年里，和慈禧太后的关系还不错，慈禧比较放权，光绪皇帝也拥有比较大的自主权。他每天早上六点就起来批阅奏章，非常勤政，也独立上朝，有朱批和发布上谕的权力，整个朝廷形式上都是对光绪皇帝负责，但在重要事务和关键人事任命上，需要请示慈禧太后。在这期间，光绪皇帝遭到的最大挫折，就是甲午战败。

当《马关条约》的文本递给光绪皇帝签章时，光绪皇帝

"绕殿急步约时许","乃顿足流涕"[1]。甲午战争的惨败也深深刺激了光绪,于是他下定决心要进行改革,并下旨征求精通"天文、地舆、算法、格致、制造"等西方自然科学的人才,力求变法图强。

光绪二十四年(公元1898年)四月二十三日,光绪皇帝颁布上谕《明定国是诏》,决心全面开展变法。《明定国是诏》揭开了戊戌变法的大幕,也决定了光绪皇帝悲惨的命运。

光绪皇帝(下):宫廷斗争引发国家悲剧

甲午战争惨败、《马关条约》的签订让清朝颜面丧尽,朝野上下群情激奋。之前输给欧洲列强,国人还觉得情有可原,毕竟欧洲工业化早,发展成熟,船坚炮利;可是日本明治维新起步晚,和清朝的洋务运动几乎同时开始,而且日本国土小,人口少,千百年来都被中国视为化外之地;这个东洋的弹丸小国竟然在短短的三十年里迅速崛起,打败了亚洲的老大哥,清朝上下此前还在竭力维持的那种"天朝上国"的自信心、价值观以及天下共主的政治幻象都在这一瞬间被粉碎,从而不得不深刻反思自身的问题,许多国人,尤其是青年人开始寻求变法自

---

[1]《中国近代史资料丛刊·中日战争》(一),上海人民出版社2000年版。

强之路。年轻的光绪皇帝也急迫地希望变法图强。

光绪二十四年四月二十二日，由翁同龢起草的《明定国是诏》，送呈慈禧太后，并得到了批准。慈禧太后顽固守旧，但经过甲午一战，傻子都知道原来的老路已经走不下去了，再不进行改革，恐怕就要亡国了，其态度不得不有所变化。慈禧太后曾对光绪皇帝面称："汝但留祖宗神主不烧，辫发不剪，我便不管。"[1]但慈禧太后支持变法的前提是不能触动她的绝对权力。第二天，《明定国是诏》即正式发布，揭开了戊戌变法的序幕；因为这次变法前后不过一百零三天，所以后来也被称为"百日维新"。

光绪皇帝要变法维新，可是面临的最直接的困难是无人可用，环顾朝堂，都是保守顽固的守旧官僚，光绪皇帝急于将"老谬昏庸之大臣尽行罢黜"，而提拔"通达英勇之人"到朝中参政议政。[2]

但是当时光绪皇帝可用的维新人士都是低品衔的小官，而高级官员的人事调整实际上牵涉很广，是个很复杂的问题。从实际表现来看，光绪皇帝和维新派都太过激进。

礼部六品主事王照认为皇帝是受到奸臣的蛊惑，才会推行不靠谱的变法，于是准备上奏建议皇帝出国考察，看看俄、

---

1 《中国近代史资料丛刊·戊戌变法》（一），上海人民出版社2000年版。
2 参见［清］赵炳麟：《光绪大事汇鉴》卷九。

第四章 晚清败局

德、日等国的变法究竟是什么样的。作为六品官员,他没有资格递折子,需要礼部尚书代为递送,但礼部尚书怀塔布和许应骙都是守旧官员,认为皇帝出国这事太荒唐,拒绝递送。于是耿直的王照根据新法内容,坚持要两位尚书为他代递奏章。此事闹到光绪皇帝那里,光绪皇帝趁此机会,以阻碍上书变法为由,将礼部尚书怀塔布、许应骙以及礼部侍郎等六堂官全部革职,相当于礼部正副部长全部撤掉,然后提拔自己的亲信李端棻为礼部尚书。

怀塔布是慈禧太后的铁杆亲信,慈禧太后还让他掌管着圆明园八旗、包衣三旗、鸟枪营等禁卫部队。被光绪皇帝撤职后,怀塔布的妻子就跑到慈禧太后那里哭诉,慈禧太后劝怀塔布先忍着,但内心对光绪皇帝的做法已感到不满。

在罢黜守旧官员的同时,光绪皇帝又提拔了一批低品衔的维新官员。他将六品侍读杨锐、候补知府谭嗣同、刑部六品主事刘光第、七品内阁中书林旭等四人提拔为四品衔的军机章京,进入军机处,参与新政。自雍正以来,军机处就是核心决策机构,派这四个人进军机处,就是要逐步掌权。可是事情并没有那么容易,军机处的元老重臣哪能轻易地就让这新来的四个小青年掌权呢?

眼看着搞不定军机处,维新派就想法子架空军机处。谭嗣同等人就提议,以懋勤殿的名义,另外成立一个议政处或制度局,招揽新人进行参政议政,摆脱原有官僚体系的束缚。于是,光绪皇帝就以康熙、乾隆、咸丰三朝均曾在懋勤殿召对九卿科道为由，试图重开懋勤殿，另建权力中心。光绪皇帝和维新派这一招被慈禧太后一眼看穿。此举已经威胁到慈禧太后的绝对权力，超越了慈禧太后对变法容忍的底线。因此，当光绪皇帝到圆明园向慈禧太后请奏重开懋勤殿一事时，遭到慈禧太后的严厉斥责，此事只好不了了之。

当时新旧两党矛盾非常尖锐，旧党已在密谋废立之事，光绪帝位受到严重威胁。当时京畿地区的防卫都牢牢掌握在慈禧太后手中，荣禄担任直隶总督兼北洋大臣，统领北洋三军，崇礼为步军统领，刚毅掌管健锐营，这些都是慈禧太后的铁杆亲信，光绪皇帝手中并没有枪杆子。当时帝国最有战斗力的部队就是甲午战后新编的武卫军，而其中武卫右军统领袁世凯因为跟维新派有交往，所以维新派就寄希望于策反袁世凯。于是，1898年9月18日，也就是光绪二十四年八月初三晚上，谭嗣同跑到天津秘密会见袁世凯，全盘透露了政变计划。

八月初四，慈禧太后紧急赶回西苑仪鸾殿，并把光绪皇帝叫来怒骂："我抚养汝二十余年，乃听小人谋我乎？"光绪皇帝吓得浑身战栗，说不出话来，过了很久才说："我无此意。"慈禧太后唾了一口："痴儿，今日无我，明安有汝乎？"[1]

---

1 [清] 徐珂：《清稗类钞》第一册，《孝钦后怒责德宗》。

第四章　晚清败局

八月初六凌晨，慈禧太后临朝，宣布戒严，火车停驶，软禁光绪皇帝于中南海瀛台涵元殿，并废除新政，搜捕维新党人，实行慈禧太后训政。至此，实施了一百零三天的戊戌变法失败。

经过这次事件后，慈禧太后对光绪皇帝已经彻底失去信任，起了废掉光绪的念头。光绪二十五年（公元1899年）十二月二十五日，慈禧太后挑选载漪十五岁的儿子溥儁入宫，过继给同治皇帝为子，称大阿哥，立为储君，并预定在光绪二十六年（公元1900年）冬举行禅位典礼，改年号为"保庆"。

载漪对自己的儿子被选为储君非常高兴，一心想着当太上皇。载漪的政治水平跟醇亲王比真是差远了，当年载湉被立为储君时，醇亲王当即意识到危险而极度恐惧。

但这个时候，各国公使都比较同情光绪，不支持慈禧太后废掉光绪，另立新君。而一些封疆大吏也表示反对，像两江总督刘坤一就说了一句非常著名的话："君臣之义已定，中外之口难防。坤一为国谋者以此，为公谋者亦以此。"[1]意思是说，自己和光绪皇帝的君臣之义已定，是不会承认新君的；如果要另立新君，那他只能造反了。最后迫于当时中外舆论压力，慈禧太后不得不中止废帝计划。光绪的帝位算是保住了，但也开始了他前后长达十年的囚禁生涯。

载漪迫不及待地想扶儿子上位，自己当太上皇，但现在最

---

[1] 王照：《方家园杂咏纪事》。

大的阻力就是洋人对光绪皇帝的支持，于是载漪就利用山东、直隶等地义和团"扶清灭洋"的排外情绪，给光绪皇帝扣上"汉奸"的帽子，招引义和团进京，妄图借义和团之手，废除"汉奸"光绪皇帝，好让自己的儿子赶快上位。慈禧太后这时候对洋人干预自己的内政也是怀恨在心，就同意载漪与庄亲王载勋引导义和团进京灭洋。载漪甚至还伪造了一份列强要求慈禧太后归政光绪帝的照会，这直接导致了慈禧太后向列强宣战。

西方列强以"保护在华利益"为名，组成八国联军入侵北京，北京再次沦陷，慈禧太后和光绪皇帝不得不仓促"西狩"到西安。清政府被迫签订了《辛丑条约》，赔款四亿五千万两白银，而且规定各国部队驻扎在北京至山海关一线的战略要地。后来1937年卢沟桥事变中，日军华北驻屯军为什么会驻扎在这一带，就是签订《辛丑条约》埋下的祸根。这场宫廷皇族斗争最后演变成了国家惨剧。当然，载漪的太上皇也没当成，和他的儿子溥儁一起被发配到了新疆。

光绪三十四年（公元1908年）十月二十一日，光绪皇帝逝于瀛台，比慈禧早一天驾崩，享年三十八岁。光绪皇帝的死因历来是人们争论的焦点问题，因为光绪皇帝死在慈禧太后去世的前一天，两人死亡时间太过于巧合了。清代官方文献和宫廷档案都说是病死的，但许多人包括溥仪在自己的回忆录中，都说光绪皇帝是被人毒死的。

日本的历史档案馆里，曾发现一份清朝外务部右侍郎伍廷

第四章 晚清败局

芳于光绪三十年（公元1904年）与日本公使内田康哉的谈话记录。内田问伍廷芳：如果慈禧先死了，那么光绪会怎么样呢？伍廷芳说，光绪很可能会死在前面，因为北京的宫廷里面都这样传说。

1980年，人们在整理崇陵光绪遗骨时，没有发现外伤和中毒迹象，所以当时人们又曾一度认为光绪皇帝就是自然死亡的。直到2008年，即光绪皇帝去世一百年的时候，相关部门组织专家组对清西陵光绪皇帝遗体的头发、遗骨、衣服等进行检测，发现了大量的三氧化二砷（砒霜），而且胃里面的含量最高，证实光绪皇帝是死于砒霜中毒。[1]

另外，清室后裔、书法家启功指出，其曾祖父、时任礼部尚书的溥良曾亲眼看到太监从病重的慈禧太后宫中传出一个盖碗，称"是老佛爷赏给万岁爷的塌喇"。[2]"塌喇"在满语中指酸奶。送后不久，光绪皇帝就驾崩了。随后乐寿堂哭声四起，宣布慈禧太后已死。启功认为，慈禧可能先于光绪帝病死，但秘不发丧，直到确认光绪帝死亡后才对外公布死讯。

虽然清朝官方公布的光绪死亡日期是光绪三十四年十月二十一日，但很可能是假的，光绪皇帝可能几天前就死了。光

---

[1] 参见钟里满等：《国家清史纂修工程重大学术问题研究专项课题成果：清光绪帝死因研究工作报告》，《清史研究》，2008年第4期。
[2] 刘川生编：《讲述：北京师范大学大师名家口述史》，光明日报出版社2012年版。

绪皇帝的起居注史官恽毓鼎在《崇陵传信录》中回忆，在此前两天的十月十九日，太监们就成群结队地出宫剃头，并毫不避讳地说皇上已经驾崩。因为国丧期间，服丧不允许剃头，所以太监们抢在死讯公布之前剃头。由此看来，朝廷发布的光绪帝死亡时间不准，在溥仪入宫之前光绪可能就已经死了。

光绪皇帝死后，醇亲王载沣三岁的儿子溥仪入承大统，为嗣皇帝，承嗣同治，兼祧光绪，即同时作为同治皇帝和光绪皇帝的继子。这就是清朝最后一位皇帝——宣统皇帝。

摄政王载沣梦回乾隆盛世与末代皇帝宣统登基

末代皇帝溥仪登基的时候只有三岁，只是上幼儿园的年纪，当然不可能掌权，清朝最后三年的实际掌权人是他的父亲摄政王载沣。

载沣和光绪皇帝载湉一样，也是出自醇亲王府。载沣是醇贤亲王奕譞的第五子，母亲是侧福晋刘佳氏。光绪皇帝载湉是他的二哥，后来过继给咸丰皇帝，他俩是异母兄弟。光绪十六年（公元1890年），醇贤亲王奕譞死后，年仅七岁的载沣承袭为新一代的醇亲王，是清朝铁帽子王之一。庚子国难后，慈禧太后为了笼络醇亲王，将她的铁杆亲信荣禄的女儿，也是慈禧太后的养女瓜尔佳氏嫁给载沣，而且指示按照皇子娶亲的规格操办婚礼，超越一般的亲王，可见醇亲王一家在晚清的政局中地位极为重要。瓜尔佳氏为载沣生了两个儿子：溥仪和溥杰。

义和团运动期间，德国驻北京公使克林德被杀。之后，德国公使馆提出，必须由载沣亲自前往德国道歉，因为载沣是光绪皇帝的亲弟弟和大清王朝的亲王。于是，光绪二十七年（公元1901年）五月，十八岁的载沣被授予头等专使头衔，取道上海、香港，前往德国道歉，这是个艰巨且备受羞辱的任务。在德期间，载沣很硬气，拒绝向德皇行跪拜礼，为此双方僵持二十多天，最后德国妥协，载沣和随从们向德皇行鞠躬礼，完成了这次道歉任务。

光绪三十三年（公元1907年）五月，载沣被授予"军机大臣上学习行走"之职，相当于见习军机大臣，第二年正月就正式成为军机大臣，这实际上是慈禧太后为皇权交接所做的准备工作。光绪皇帝没有子嗣，所以慈禧太后又像三十多年前同治皇帝驾崩的那个晚上一样，于宗亲中挑选一位继承人，而这次又选中了醇亲王府。

光绪三十四年十月二十日，慈禧太后正式下懿旨，将溥仪接入宫中教养。当天傍晚，载沣和一群军机大臣、太监们回醇亲王府迎溥仪入宫。据溥仪在《我的前半生》中记载：那天傍晚，"醇亲王府里发生了一场大混乱。老太太（老福晋刘佳氏）不等听完儿子带回来的懿旨，先昏过去了。王府太监和妇差丫头们灌姜汁的灌姜汁，传大夫的传大夫，忙成一团，那边又传过来孩子的哭叫和大人们的哄劝的嘈杂人声。新就位的摄政王手忙脚乱地跑出跑进，一会儿招呼着随他一起来的军机大臣和内监，叫人给孩子穿衣服，这时他忘掉了老太太正昏迷不醒，一会儿被叫进去看老太太，又忘掉了军机大臣还等着送未来的皇帝进宫。这样闹腾好大一阵，老太太苏醒过来，被扶送到里面去歇了，这里未来的皇帝还在'抗旨'，连哭带打地不让内监过来抱他。内监苦笑着看军机大臣怎么吩咐，军机大臣则束手无策地等摄政王商量办法，可是摄政王只会点头，什么办法也没有……""那一场混乱后来还亏着乳母给结束的。乳母看我哭得可怜，本能地拿出奶来喂我，这才止住了我的哭叫。这个卓越的举动启发了束手无策的老爷们。军机大臣和我父亲商量了一下，决定由乳母抱我一起去，到了中南海，再交内监抱我见慈禧太后。"

老福晋刘佳氏的反应和当初醇贤亲王奕譞听到载湉被选为皇子时的惊恐昏迷状态几乎一模一样。当初四岁的载湉被从府中抱走，最后被折腾致死；现在又要抱走三岁的溥仪，看来也是凶多吉少，其心情可想而知。

溥仪进宫后被送去见慈禧太后，此时的慈禧太后已经行将就木，脸色惨淡。溥仪一个三岁的小孩，在半夜进入阴森森的宫殿，再从帏帐里见到枯瘦的慈禧太后，自然被吓得浑身哆嗦、号啕大哭。慈禧太后倒还亲切，叫人拿冰糖葫芦给溥仪，却被溥仪一把摔到地上，连声哭喊着："要嬷嬷！要嬷嬷！"搞得慈禧太后很不痛快。

　　溥仪入宫后第二天,清朝就公布了光绪皇帝的死讯,接着慈禧太后的死讯也公布了,光绪灵柩停在乾清宫,慈禧灵柩停在皇极殿。又过了半个多月,即光绪三十四年十一月初九,在太和殿正式举行了溥仪的"登极大典"。

　　农历十一月的北京已经很冷了。在大典之前,溥仪先在中和殿接受领侍卫内大臣们的叩拜,然后再到太和殿受文武百官朝贺。领侍卫内大臣负责保护皇帝安全。溥仪在太和殿接受文武百官朝拜时,他们是站在皇帝身边的,不能跪拜,所以他们先在中和殿完成叩拜仪式。由于程序繁多,三岁小孩的耐性很有限,加上当天天气又冷得很,当溥仪被抬到太和殿的御座上时,早已没有了耐性,再看下面一群大臣黑压压地朝他磕头,受到惊吓,就在御座上挣扎着哭闹起来了:"我不挨这儿!我要回家!我不挨这儿!我要回家!"

　　载沣单膝侧身跪在御座下,双手扶着溥仪,急得满头大汗。文武百官的三跪九叩,没完没了,溥仪的哭叫声也越来越响,载沣只好哄着溥仪说:"别哭别哭,快完了,快完了!"

　　典礼结束后,文武百官窃窃私议起来了:"怎么可以说'快完了'呢?""说'要回家'是什么意思?"大家都垂头丧气,好像都发现了不祥之兆。[1]

---

[1] 参见爱新觉罗·溥仪:《我的前半生》,人民文学出版社2019年版。

就这样，载沣的长子溥仪成了宣统皇帝。光绪皇帝的遗诏中，让载沣为摄政王并监国，"嗣后军国政事，均由摄政王裁定"，同时又规定重大事宜要请皇太后商量，这个皇太后就是隆裕太后。

近半个世纪的强人统治骤然结束，此时的清朝已经风雨飘摇，人心浮动，各种谣言四起："不用掐，不用算，宣统不过二年半。""清代开国以摄政王多尔衮兴，此次必以摄政王亡也。噫！宋朝得天下于小儿，亦失天下于小儿，是同一理耳。"当时的人们似乎已经预见到清朝的灭亡了。

载沣监国后，为了巩固八旗亲贵的天下，尤其是爱新觉罗一家的天下，觉得最可靠的还是满洲人，汉人靠不住，于是大肆任用皇族亲贵。他让自己二十五岁的六弟载洵任筹办海军大臣，率团前往欧美考察海军，次年授海军部大臣；让他二十三岁的七弟载涛管理军咨处事务，掌握军事大权。

此时，军机大臣张之洞对载沣说："此国家重政，应于通国督抚大员中，选知兵者任其事。洵、涛年幼无识，何可以机要为儿戏？"张之洞是慈禧太后最为倚重的汉人大臣，但却遭到载沣的排挤打压。面对张之洞的劝谏，载沣说："无关汝事！"[1]

自从太平天国运动之后，汉人官僚势力迅速崛起，全国最能打的军队都在汉人手中，而满洲八旗军早已腐朽不堪，慈禧

---

[1] 参见《张之洞诗文集》上，庞坚点校，上海古籍出版社2008年版。

太后也不得不倚重汉人官僚和军队。载沣监国后，迅速收拢军权，打压汉族官员，重用满人，导致满汉之间的矛盾重新被激化。光绪三十四年十二月，载沣直接罢免了袁世凯，并打算将袁世凯处死，后慑于袁世凯在新军中的影响力以及在张之洞的强力反对下作罢。

宣统元年五月（公元1909年6月），载沣打算免去津浦铁路总办李顺德等汉官，而改用满人担任，强化满人统治，张之洞明确反对："不可，舆情不属"，"舆情不属，必激变"。对此，载沣很霸道地说："有兵在。"张之洞无可奈何地叹息道："不意闻此亡国之言。"载沣天真地以为，只要有军队在，就可以肆无忌惮地压制民心舆情。此后不久，张之洞便病逝了。临终前，他对陈宝琛说："国运尽矣！"[1]

庚子国变，帝后西狩，清廷颜面尽失，山穷水尽，不得不进行较戊戌变法更深、更广的新政改革，特别是1905年日俄战争，日本对俄国的胜利被看作是宪政对专制的胜利，清廷上下开始推进"预备立宪"，试图通过立宪来挽救风雨飘摇的清朝。但立宪与皇权本质上是相冲突的，立宪是要约束皇权，而清朝立宪的根本目的是要巩固皇权，所以在制定宪法、建立内阁、召开议会等关键问题上拖延不决。最后在光绪三十四年八月初一颁布《钦定宪法大纲》中规定："大清皇帝统治大

---

[1] 参见胡钧：《张文襄公年谱》。

清帝国，万世一系，永永尊戴。君上神圣尊严，不可侵犯。"而且还规定了皇帝拥有颁行法律、召开及关闭议会、任用罢黜官员、统帅军权、总揽司法、亲裁外交等一系列权力，对于皇帝的权力没有任何制约，跟专制时代的皇权没有任何区别。八旗满洲亲贵还活在乾隆盛世君权无上的迷梦中，因此《钦定宪法大纲》的颁布并没有缓解国内紧张的形势。宣统三年（1911年）四月初十，载沣任命庆亲王奕劻组阁，废除军机处，实行责任内阁制，但皇族内阁的亮相让全国上下彻底绝望，也预示了清王朝的死亡。

志大才疏、走向崩溃的摄政王

作为摄政王，载沣一上台就面临着如何处理袁世凯的问题。

袁世凯是载沣的最大政敌，有两重原因：一是八旗满洲亲贵要集权，尤其要将军权从汉人手中夺过来；二是载沣认为袁世凯在戊戌政变中陷害了哥哥光绪皇帝，因此要复仇。

光绪二十七年，汉族实力派首领李鸿章去世，袁世凯接任直隶总督、北洋大臣，手中掌握着当时清朝最精锐的北洋陆军。袁世凯是怎么一步步成为清末最强势的"军头"的呢？光绪二十一年（公元1895年）甲午战败后，清廷着手编练新军，派袁世凯到天津市区与塘沽之间的一个火车站仿照德军编

第四章　晚清败局

练新军。袁世凯在小站练兵期间，就着力于把这支新军打造成自己的私人武装，不断地给新军官兵洗脑，让官兵只知袁宫保而不知皇帝。到光绪二十五年，清廷将当时比较能打的新军整编为武卫军，分为武卫前、后、左、右、中军等五支，由荣禄统帅，袁世凯的小站新军为武卫右军。紧接着八国联军打过来，武卫军的前、后、左、中等四支都被打残，而只有袁世凯的武卫右军因之前被调往山东镇压义和团而躲过一劫，成为战后清朝唯一一支能打的军队。袁世凯出任直隶总督、北洋大臣后，以武卫右军为基础，在保定扩军，编练了北洋常备军六镇，后改称为北洋陆军。北洋陆军完全按照德军标准打造，训练有素，装备精良，人数达七万人，成为当时清朝的主力军队。而北洋陆军从小站练兵开始，一路下来已经完全被打造成袁世凯的私人武装。

大清朝的枪杆子结结实实地握在了袁世凯的手上，这当然就成为急于收权的摄政王载沣最大的障碍，必欲除之而后快。

可惜，载沣这个人志大才疏，看不清形势，急于夺取军权却又缺乏慈禧太后的政治手腕。他的儿子溥仪在《我的前半生》中，曾引用清朝遗老对载沣的评语："与王公大臣常相对无言，即请机宜亦嗫嚅不能立断。"这说明载沣缺少杀伐决断的魄力，遇事没有主张，办事优柔寡断，懦弱无能。虽然载沣非常勤政，想像雍正皇帝那样事事躬亲，但却是志大才疏，批阅奏章经常词不达意，文句不通，甚至有很多错别字。他的弟弟载洵也曾说，载沣当一个太平王爵是没问题的，但要他挽救行将崩塌的大清则实在是能力不足。更糟糕的是，这样一个志大才疏的人，却一心急着想要收权，想着把权力集中在满族八旗贵胄，尤其是爱新觉罗皇族的手中。他竭力排挤汉族官僚，激发了满汉之间的严重对立。

满洲皇族宗室内部不仅昏庸无能，而且相互之间各怀鬼胎，内斗严重，即使是面对袁世凯，宗室之间也是相互斗争。载沣、载泽等年轻勋贵想诛杀袁世凯，可是庆亲王奕劻却处处护着袁世凯，因为庆亲王常年收受袁世凯的巨额贿赂。庆亲王甚至让自己的儿子载振和袁世凯结成把兄弟。袁世凯的新军能够不断扩编，也离不开庆亲王的支持。庆亲王甚至说要是杀了袁世凯，北洋军造起反来，大家能拦得住吗？最后载沣也没拿定主意，就让袁世凯以回家去养"足疾"为由，放走了他。溥仪后来回忆说："杀袁世凯和保袁世凯的问题，早已不是什么维新与守旧、帝党与后党之争，也不是什么满汉显贵之争了，而是这一伙亲贵显要和那一伙亲贵显要间的夺权之争。""摄政王处于各伙人钩心斗角之间，一会儿听这边的话，一会儿又信另一边的主意，一会对两边全说'好，好'，过一会又全办不了。弄得各伙人都不满意他。"[1]

就在宗室高层内斗不休之际，南方革命党起义已经此起彼伏。

---

[1] 爱新觉罗·溥仪：《我的前半生》，人民文学出版社2019年版。

第四章 晚清败局

宣统二年（公元1910年），汪精卫等人在摄政王府附近的小石桥（不是传闻的银锭桥）准备埋炸弹刺杀载沣，最后失败。审理此案的是统率警察机关的民政部尚书肃亲王善耆。他对汪精卫非常赏识，极力主张不判死刑，改为无期，载沣也大度同意。

此时一直难产的政治改革终于迈出了实质性的一步。宣统三年四月初十，清政府颁布《新订内阁官制》，废除了军机处，开始实施责任内阁制，置外务、民政、度支、学、陆军、海军、农工商、邮传、法、理藩等十部。以庆亲王奕劻为总理大臣，徐世昌、那桐为协理大臣，善耆、载泽、载洵、荫昌、溥伦、寿耆、梁敦彦、唐景崇、盛宣怀、绍昌等为各部大臣，共计十三人，其中满族占七名，汉族四名，蒙古族一名，汉军旗一名，而满族中皇族又占五名、皇族远亲觉罗一名。汉人只占四名，而清朝中枢长期以来大体上都是满汉一比一配置的，现在这么一改，严重削弱了汉人比例。而且关键的部门都掌握在皇室贵族手中：载洵任海军大臣；载泽把持度支部，控制财政；荫昌为陆军大臣；总理还是庆亲王。所以这个内阁也被称为"皇族内阁"。摄政王载沣想从人事和体制上确保八旗权贵"有兵在"，以为这样就能保住江山。载沣早年出使德国时，从德国皇室那里学到最重要的一点就是，军队一定要放在皇室手里，不但要抓到皇室手里，而且还必须抓在自己家里。但他没有想到的是，"皇族内阁"名单一出，舆论哗然，清廷假改革、真保权的真实目的大白于天下，让所有人的幻想都彻底破灭了。连一贯拥护立宪的梁启超都跳起来大骂:"诚能并力以推翻此恶政府而改造一良政府,则一切可迎刃而解。"[1]但这些亲贵进入内阁,当真就能掌握军政大权吗?

武昌起义后,隆裕太后召开御前会议,商量镇压对策。太后认为载涛是军咨大臣,负责陆军的,就问陆军的情况。载涛一听,连忙趴下磕头说:"奴才练过兵,没打过仗,不知道。"[2]载涛只会纸上谈兵,遇事立马就尿了,连赵括都不如,赵括起码还敢上长平战场。这群载字辈的少壮派宗室亲贵心浮气躁,喜欢做表面花样文章,缺少实干精神,也抓不住事情的本质。

皇族内阁成立后的第二天,民众对皇族内阁极度失望之情未减,邮传部尚书盛宣怀就宣布了一项"铁路干线国有"政策,规定凡是在宣统三年前民间集股商办的铁路干线,一律由国家收回,一下子激起了全国士绅的强烈不满,并引发了保路运动。

晚清修铁路最初主要是依靠外国资本,效率比较高,铁路修建速度较快,比如京汉铁路、沪宁铁路等,但是铁路的控制权往往也落到外国人手里。所以到庚子年以后,国内民族主义情绪高涨,地方士绅就纷纷提出由本国商人自己集资商办,将路权、矿权收回,即所谓"不借洋债、自行筑路",各地成立

---

[1] 梁启超:《饮冰室文集》之二十六,《中国前途之希望与国民责任》。
[2] 参见爱新觉罗·溥仪:《我的前半生》,人民文学出版社2019年版。

第四章 晚清败局

了很多商办铁路公司，如川汉铁路有限公司等。但是光有民族主义情绪并不能解决实际问题。由于当时国内严重缺乏铁路建设技术和人才，资金短缺，更严重的是，贪污腐败无处不在，所以商办铁路往往口号喊得震天响，但真正修起来的少之又少。比如四川在光绪三十年成立了铁路公司，到宣统三年花了一千多万两银子，却仅仅修了三十里。

盛宣怀在操作上过于激进，在宣布政策不到半个月，就与英、法、德、美四国银行财团签订了巨额借款修路合同，完全不顾当时激烈的民族主义情绪。更要命的是，这些民间集资商办的铁路，前期已经投入了巨大的资金，现在国家把路权收回去，如果不给予合适的补偿，那地方士绅不是亏大了吗？按照当时邮传部的办法，四川铁路只退还剩下的七百余万两白银，而前几年花掉的一千多万两国家就不管了，只能股东们认倒霉。四川铁路的股东们当然坚决不同意，于是发起成立了"保路同志会"，要求邮传部将前期的股本全部发还。

盛宣怀非但不同意，反而派人强行接管了川汉铁路宜昌至万县段工程，四川民众的怒火瞬间被点燃，成都出现大规模的罢课、罢市。川汉铁路公司股东会议通告全川，发起抗粮抗捐运动，各地经征局、厘金局和巡警局等征税机关被冲击。抗粮抗税风波遍及全川。

于是，清廷紧急调派被称为"屠夫"的赵尔丰入川，要求赵尔丰将风潮迅速弹压下去。赵尔丰诱捕保路同志会和股东会首要人物蒲殿俊等人，关掉了铁路公司和保路同志会。成都数万群众聚集在总督衙门抗议，要求释放被捕人员。赵尔丰下令开枪，造成三十二名请愿群众当场死亡，酿成"成都血案"。随后，华阳、新津等成都周边城市的同盟会、哥老会发动"同志军起义"，围攻成都，并将赵尔丰困在城中十余天，迫使清廷紧急调派湖北、湖南、贵州、云南等地清军入川。

这就是著名的保路运动，也是武昌起义的导火索。大清摄政王将如何应对呢？

大结局：摄政王下台，宣统皇帝退位

1911年9月7日，四川成都兴起保路风潮，四川总督赵尔丰下令向抗议群众开枪，酿成了"成都血案"，进而激起了全省范围的抗粮抗捐骚乱，同盟会、哥老会随之起义并围攻成都。清廷紧急调派端方率领湖北新军入川平乱。湖广地区的革命党人见当地新军调走，防卫空虚，便决定在10月6日在湖北、湖南两省同时发动起义，这一天是农历八月十五日中秋节。但是消息走漏了，湖广总督瑞澂听到风声，就宣布中秋节这天全城戒严，事情就变得不好办了。同时，湖南方面又说6日来不及，所以就只能延期到10月16日。

可是，10月9日这天又发生了意外。孙武等人在俄租界

第四章 晚清败局

的指挥部里制备炸药的时候，湖北起义军总理刘仲文的弟弟刘同作为炸药的出资人，一边兴致勃勃地围观孙武做炸药，一边抽着烟，结果烟头点燃了火药，引起了爆炸，俄国巡捕房立刻赶来，搜出了起义名单、通告、旗帜等，并交给了湖广总督。湖广总督瑞澂随即按照名单开始抓人，并发出告示，要求所有新军官兵一律不得出营，按照名册捉拿，就地正法。湖北新军中有数千名革命党人，绝大多数人都不知道自己的名字有没有在名单上，瑞澂的告示一出，搞得人心惶惶。10月10日晚上7时许，陆军第八营哨长陶启胜巡夜，发现班长金兆龙和士兵程定国抱着枪睡觉，还带着一盒子弹，于是上前耍官威，训斥他们俩是不是要造反，于是双方扭打起来，陶启胜被打翻在地，程定国背后补了一枪，武昌起义第一枪就这么打响了。[1]

程定国随后连续击毙了三名前来查看的军官，共进会代表熊秉坤赶紧鸣笛集合，宣布正式起义，并带领大家占领了楚望台军械库，掌握了大批轻重武器；五个营三千多名新军参加了起义，随后开始进攻总督府和陆军司令部。此时清军还有十七个营的兵力，对起义军还是占绝对优势的，但湖广总督瑞澂此时听从了夫人廖克玉的哭诉，带着一家老小逃到了长江上楚豫号兵船上进行指挥，导致总督府群龙无首，指挥失灵，很快就

---

[1] 参见熊秉坤：《前清工兵八营革命实录》。

被起义军占领。而瑞澂的夫人廖克玉实际上是革命党人安排在瑞澂身边的线人。

第二天天亮时，武汉三镇都已经被起义军占领了，并成立了中华民国军政府鄂军都督府，黎元洪被推举为都督，以武昌起义为标志的辛亥革命就此全面爆发。

面对来势汹汹的南方革命，清廷先是派陆军大臣荫昌带兵南下镇压。荫昌跟袁世凯的关系很好，此前载沣要杀袁世凯的时候，荫昌也多次出面求情。这次带兵南下，他还专程跑到彰德（今河南省安阳市）洹上村见袁世凯，袁世凯叮嘱他不要认真打。之后荫昌就把指挥部设在距离武昌两百多公里的河南信阳，都不敢到前线去，加上荫昌也指挥不动北洋军，所以屡战屡败，其他南方省份也接连宣布独立。

在这种形势下，袁世凯的军师、内阁协理大臣徐世昌就动员内阁总理大臣奕劻和另一位协理大臣那桐一起向摄政王载沣保举袁世凯出山。载沣一看，居然还要保举他的死敌，非常生气，痛骂了奕劻他们一顿。奕劻和那桐都是老官油子，见载沣好赖不分，第二天就撂挑子不干了，都不来上班。前线的紧急军情电报就一封接一封送到了载沣面前。载沣自己又处理不了，还得乖乖地把奕劻和那桐用轿子请回来，并发了谕旨，授袁世凯为钦差大臣，节制各军，并任命袁世凯的亲信冯国璋、段祺瑞为两军统领。等回到府邸，他的一群载字辈的兄弟们围了上来，埋怨他引狼入室；被大家一说，载沣又后悔起来了，派人

第四章 晚清败局

到奕劻那准备撤回命令，结果任命的电报早就发出去了。就这样，载沣摇摆不定，两头得罪。

可见当时摄政王载沣并不能真正掌权，手下的总理大臣说不干就不干，不合他们的心意就公然给摄政王难堪。此前哪个大臣敢甩脸子给皇上看？可见当时皇权的威严已荡然无存。

虽然形势所迫，载沣不得不请袁世凯出山，但袁世凯手握军权，哪里是你载沣说来就来、说走就走的呢？袁世凯坐地起价，只给他一个钦差大臣、湖广总督是不够的，他要当内阁总理大臣，还要摄政王载沣下台，并且要水陆全军的指挥权和充足的军费。

载沣对袁世凯趁火打劫的行径暴跳如雷，痛骂袁世凯无耻。但形势所迫，到10月下旬，不仅南方各省独立，连北方的山西、陕西都陆续独立，甚至天子脚下的滦州都发生动乱了，载沣手里半点谈判的筹码都没有，只能忍痛答应了袁世凯的全部要求。他解散皇族内阁，推举袁世凯为内阁总理大臣，负责全权组阁，自己黯然下台。袁世凯成功利用了南方的武装起义，迫使满洲八旗让步，把大权都让给了他。

辞去摄政王职务的载沣以醇亲王的身份回到府邸，这对他来说未尝不是一件好事；以载沣的能力，实在不足以挽救风雨飘摇的清朝，退位让他感到如释重负。溥杰在自传中回忆他的父亲时说："我父亲虽然成了国家拥有最高权力的人，可是他是个老实人，也和我祖父一样，都是把权力看得较淡。""我的弟弟曾听母亲说过，辛亥那年父亲辞了摄政王位，从宫里一回来便对母亲说：'从今天起我可以回家抱孩子了！'母亲被他那副轻松神气气得痛哭了一场，后来告诫弟弟：'长大了万不可学阿玛（满族语父亲）那样！'"[1]

袁世凯重返政坛后，继续利用南北双方相互制衡博弈，为自己谋取最大利益。袁世凯一方面呼吁南北议和，另一方面又指挥北洋军进攻汉口。北洋军攻打汉口的打法是很妙的，既不能不打，又不能打得太彻底。如果不打的话，不仅没法跟北方皇族交代，南方革命党人也不会答应跟袁世凯和谈；而如果打得太狠，彻底把南方革命党平定了，那袁世凯对清廷就没有什么价值了，军权就可能被清廷收回，八成还要落得个"狡兔死，走狗烹"的下场。

袁世凯占领汉口后，南方革命党人见势不妙，就答应和谈。南方革命党提出的条件是，只要能让清帝退位，能赞成共和，中华民国大总统的位子就让袁世凯来坐。袁世凯很高兴，于是跑到紫禁城去威胁隆裕太后和宣统皇帝退位。

袁世凯在密奏中称："海军尽叛，天险已无，何能悉以六镇诸军，防卫京津？""虽效周室之播迁，已无相容之地。"意思是说，不仅南方叛乱，而且连拱卫京畿门户的海军也已叛变，现在靠北洋军也没法守卫京畿了；即使想效仿周成王东迁，但

---

[1] 参见爱新觉罗·溥杰：《如烟往事：溥杰自传》，中国文史出版社1994年版。

现在东北也不安全了。袁世凯还说："读法兰西革命之史，如能早顺舆情，何至路易之子孙，靡有孑遗也。"[1] 袁世凯的这个奏章杀气腾腾，威胁之意跃然纸上，隆裕太后看到这些后，被吓得完全没了主张。

武昌起义后，革命形势发展迅猛，两个月内，已有十五个省纷纷宣布独立，脱离清朝。1912年1月1日，中华民国临时政府在南京成立，孙中山就任临时大总统。

1912年1月26日，在袁世凯授意下，段祺瑞率北洋新军将领共四十七人联名致电内阁、军咨府、陆军部和各王公大臣，提出南方革命军已经答应对清朝皇室和王公贵族们的优待条件，而且革命军发展迅速，北洋军打不过，请清廷迅速降旨，宣布实行共和政体。到2月4日，段祺瑞等将领再次发出通电，要求立刻实行共和；否则的话，就"谨率全军将士入京，与王公剖陈利害"。

在北洋军的威胁下，宣统三年十二月二十五日，公元1912年2月12日，宣统皇帝颁布退位诏书，宣布退位。

> 奉旨朕钦奉隆裕皇太后懿旨：前因民军起事，各省响应，九夏沸腾，生灵涂炭，特命袁世凯遣员与民军代表讨论大局，议开国会，公决政体。两月以来，尚无确

---

[1] 参见爱新觉罗·溥仪：《我的前半生》，人民文学出版社2019年版。

当办法，南北暌隔，彼此相持，商辍于途，士露于野，徒以国体一日不决，故民生一日不安。今全国人民心理多倾向共和，南中各省既倡议于前，北方诸将亦主张于后，人心所向，天命可知。予亦何忍因一姓之尊荣，拂兆民之好恶？是用外观大势，内审舆情，特率皇帝将统治权公诸全国，定为共和立宪国体，近慰海内厌乱望治之心，远协古圣天下为公之义。袁世凯前经资政院选举为总理大臣，当兹新旧代谢之际，宜有南北统一之方。即由袁世凯以全权组织临时共和政府，与民军协商统一办法。总期人民安堵，海宇乂安，仍合满、汉、蒙、回、藏五族完全领土为一大中华民国。予与皇帝得以退处宽闲，优游岁月，长受国民之优礼，亲见郅治之告成，岂不懿欤！钦此。

宣统皇帝退位，标志着清帝国统治历史之终结，也同时标志着在中国实行了两千多年的帝制宣告结束。这份退位诏书意义非常重大，从法理上确保了新成立的中华民国继承了清朝两百多年开疆拓土的成果。

清朝灭亡了，但根据《关于大清皇帝辞位之后优待之条件》（简称《清室优待条件》），宣统皇帝仍然居住在紫禁城。

第四章　晚清败局

宣统复辟闹剧与被驱逐

现在故宫各个宫殿前的门匾题字体例是不太一样的，即在乾清门外三大殿的殿名只有汉字，而在乾清门内却有满汉双语。慈宁宫更是例外，有满、蒙、汉三语。这里因为慈宁宫是孝庄太后居住的，她是蒙古人。毫无疑问，清代紫禁城所有的殿名、门名原本都有满、汉双语，现在的三大殿门匾之所以只有汉语，那是因为后来换了新匾。

清朝发布了退位诏书，袁世凯成为中华民国大总统，辛亥革命以暴力革命开始，以政权和平交接结束。

1912年2月12日，隆裕太后接受《清室优待条件》，发布退位诏书，宣告清帝国的正式终结。《清室优待条件》的主要内容是：清帝退位后尊号不变，民国政府待以外国君主之礼；民国政府支付清帝岁用四百万两；清帝退位后暂居宫禁，日后移居颐和园，侍卫人等照常留用；王公世爵仍其旧。所以宣统皇帝退位后，帝制虽然被废除，但溥仪和皇室宗亲继续住在紫禁城，但优待条件中的"宫禁"并非指整个紫禁城，而只是乾清门以内的内廷，乾清门外的外朝，包括三大殿则为民国政府管理。因此，各殿与门的匾额全部去掉满文，只余汉字，包括皇城正门的"大清门"即明朝的"大明门"，也改为"中华门"。

在皇宫紫禁城内生活期间，宣统皇帝溥仪仍保留皇帝尊号，仍旧发布"上谕"，继续使用宣统年号纪年，遗老遗少仍行跪拜大礼。宫内依然保留内务府、宗人府和慎刑司等机构，民国政府以外国君主之礼对待溥仪，紫禁城成为"国中之国"。

摄政王载沣后来回到位于什刹海的醇亲王府（也叫摄政王府）。这个醇亲王府是宣统年间新建的，原来的醇亲王府（北府）因为出了宣统皇帝，成了潜龙邸，一般人不能住，所以兴建了第三座醇亲王府。前两座醇亲王府还在，但这座醇亲王府现在已经拆除了，因为20世纪70年代准备重修的时候发现建筑质量实在太差，没办法修，只好拆掉。皇朝末世，连王府的建筑质量都一塌糊涂。

载沣对清朝的结束看得比较淡。1912年9月10日，孙中山在北京时还专门去看望载沣；第二天载沣回访，孙中山把自己的照片签字后送给他，这是民国时期流行的习惯。载沣回答说："我拥护民国，大势所趋，感谢民国政府对我们的照顾。"载沣后来一直保留孙中山的照片。相比之下，很多宗室还对清朝的灭亡耿耿于怀，力图复辟。比如肃亲王善耆就曾发誓说"不恢复清室，永世不进北京城"，之后跑到天津租界，组织了一个宗社党开展复辟活动，他的女儿川岛芳子还成了日本的间谍。但载沣从不参与复辟活动，他当过三年的监国，深知大势已去，复辟毫无希望，甚至对袁世凯称帝和后来张勋复辟也只有两个字：胡闹。他退休后喜欢看看书、听听戏，晚年自号

"书癖",在读书中自娱自乐,还写了一副对联:"有书有富贵,无事小神仙。"

载沣这边过着悠闲的退休生活,北洋政府那边却闹得不可开交。1917年5月,中华民国大总统黎元洪与国务总理段祺瑞就是否参加第一次世界大战而发生激烈的冲突,称为"府院之争"。这本质上是双方在争夺北京的实际决策权。这个时候,大总统袁世凯已经死了,副总统黎元洪依法继任了大总统,但黎元洪是在武昌起义后被推举为鄂军都督的,不属于北洋系,而段祺瑞作为袁世凯的嫡系大将,这时候成了北洋系的老大。段祺瑞在日本的支持下主张宣战;日本当时站在协约国一方,他们打算向德国宣战,并乘机取代德国占领青岛胶州湾。黎元洪和国会大多数议员都反对参战。

5月23日,黎元洪免去段祺瑞的总理职务。段祺瑞跑到天津,发表声明控诉黎元洪以非法手段罢免他的职务,并说大总统令没有总理的副署,依法无效,末尾还是署名"国务总理段祺瑞",并策动各省督军独立。28日,黎元洪任命李经羲为国务总理,引起北洋系各省军阀强烈反弹。29日,倪嗣冲首先宣布安徽独立,并截断津浦铁路。张作霖也大骂黎元洪忘恩负义,宣布奉天独立,并派兵进驻山海关。之后北洋系控制下的山东、河南、山西、陕西、浙江、福建等省也纷纷响应,宣布独立。黎元洪虽然是大总统,但手里没有军队,面对北洋军阀的逼宫,也毫无办法。

这时，一直谋求为清朝复辟的张勋认为机会来了，公开表示愿意赴京调停时局。张勋是清朝的铁杆，早年曾参加中法战争，后来投靠袁世凯，跟袁世凯到山东镇压义和团，再后来调到北京，多次担任慈禧太后和光绪皇帝的贴身护卫。即使后来清帝逊位、袁世凯称帝，张勋依然忠于清朝，时刻不忘复辟。他自己不剪辫子，也不许他的军队剪辫子，因而他的军队被称为辫子军。这位"辫帅"因为德国支持他复辟，所以他站在黎元洪这边，反对参加一战打德国。张勋也属于北洋系，此前袁世凯派他驻扎在徐州，他在徐州多次召集北洋系各省督军会盟，并自封为"十三省督军大盟主"。

　　当时黎元洪正无计可施，听说张勋愿意来调停，自然很高兴，于6月1日发布总统令，请张勋进京"调停国事"，并派专车到徐州迎接张勋，殊不知自己正在引狼入室。6月8日，张勋率领辫子军步、马、炮兵共十营约五千人及随员抵达天津。张勋名为调停，实谋复辟，抵达天津后即露出爪牙，威胁黎元洪三天之内解散国会，否则拒绝调停，并派先头部队进抵北京天坛和先农坛。黎元洪被逼无奈，只好在6月12日签署命令，次日解散国会。6月14日下午，辫子军开进北京城。

　　6月30日晚上，张勋穿着黄马褂，戴上红顶花翎，领着王士珍、康有为、江朝宗等人进宫。凌晨3点左右，张勋等人来到养心殿，对着坐在龙椅上的十二岁的溥仪三跪九叩、山呼万岁。凌晨4时，张勋又派人带着宣统皇帝赐封黎元洪一等公的

第四章 晚清败局

诏书和康有为预先代写的"黎元洪奏请归还国政"奏折跑到黎元洪那儿逼他签字，遭到黎元洪的拒绝。

7月1日，张勋伙同康有为等三百余人穿上清代的朝服朝冠，在太和殿为溥仪举行了登基仪式，正式宣告复辟。同时，复辟的小朝廷宣布改民国六年为宣统九年，易五色旗为龙旗，并恢复宣统三年的官制，授张勋为政务总长兼议政大臣、直隶总督兼北洋大臣，徐世昌、康有为为弼德院正副院长。北京城的百姓一觉醒来发现又变了天，街上挂满了大清龙旗。

张勋复辟后，黎元洪立马跑到东交民巷日本公使馆避难，同时让他的秘书张国淦赶到天津见段祺瑞，并送上黎元洪的大总统令，恢复段祺瑞国务总理职务，让其发兵平叛。

7月3日上午，段祺瑞就组建了讨逆军司令部，并任讨逆军总司令，以驻扎在天津南部马厂的第八师李长泰部和驻扎在廊坊的第十六混成旅冯玉祥部为讨逆军主体。

7月12日，段祺瑞率领讨逆军进攻北京。张勋本来还打算把留守在徐州的几万军队拉过来，哪里料到留守徐州的军队被段祺瑞、冯国璋、倪嗣冲等人策反了，张勋在北京的五千名辫子军根本不是段祺瑞的对手。在府邸挨了一炮后，张勋仓皇逃入荷兰使馆，其他辫子军随即投降。溥仪再次宣布退位，复辟闹剧仅持续十二天就草草收场。

时间一晃来到七年以后，当年讨逆军十六混成旅旅长冯玉祥这时再次成为讨逆军；不过此时已不再是个旅长，而是讨逆军第三军总司令。在1924年第二次直奉战争中，冯玉祥突然率部返回北京，发动政变，包围了总统府，囚禁了大总统曹锟，控制了北京城。在冯玉祥的授意下，北京政府于1924年11月5日修正《清室优待条件》，废除了溥仪皇帝尊号，并派鹿钟麟在景山上架设大炮，将溥仪及皇室逐出了紫禁城。

  有人说冯玉祥这么做是违背了此前的优待协议，那么溥仪1917年复辟难道就遵守了协议吗？优待清朝皇室的前提是不能谋求复辟，张勋复辟，溥仪重新登基，实际上那会儿清朝皇室就主动撕毁了优待协议。清朝皇室毁约在前，民国政府却一直没有追究清朝皇室的责任，直到七年后才修改了协议，而且还保留了许多优待条件，包括每年提供给清室五十万元的补助，清室私产归清室完全享有，派兵保护宗庙陵寝等，完全没有对他们进行审判。

牧园 下篇

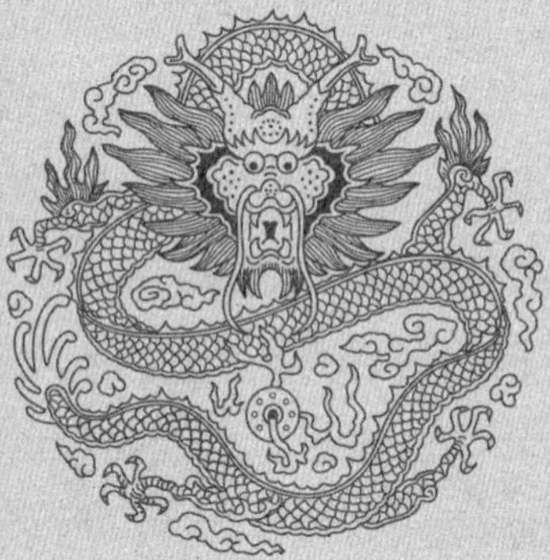

第五章 收拾人心

不惜厚赐：重用明朝能臣悍将

在清军入关攻灭明朝的过程中，一个常常令人疑惑的问题是：为什么人数不多的满洲八旗军，却能征服和控制整个广大的明朝版图呢？清朝是怎么做到的呢？

万历四十六年（公元1618年），努尔哈赤刚刚起兵不久，后金兵攻陷抚顺，明朝一个中等将官李永芳投降了努尔哈赤，这是第一个降清的明朝将领。李永芳得到努尔哈赤的厚待，不仅得授三等副将，而且还娶了努尔哈赤孙女为妻。李永芳投降后，也为努尔哈赤作了很大的贡献，萨尔浒战役中"凭尔几路来，我只一路去"的战略方针就是李永芳提出来的。他的儿子李率泰后来担任清朝的闽浙总督，是攻打郑成功的先锋；他的孙子李元亮、曾孙李侍尧后来都成了清朝的重臣。

天聪七年（公元1633年）六月，孔有德、耿仲明投降了清朝。这两个人以前都是毛文龙的部下，手中掌握着明朝当时最先进的装备——葡萄牙火炮的部队。毛文龙被杀后，他们投靠了登莱巡抚孙元化。崇祯四年（公元1631年）大凌河之战的时候，崇祯皇帝为了救祖大寿，下令孙元化派孔有德、耿仲明的火炮部队北上救援。但是没有想到，因后勤补给不足，孔

第五章　收拾人心

有德部队一路缺少食物，忍饥挨饿。行进到今天河北吴桥的时候，有个士兵抢了当地豪族王象春的一只鸡，于是双方闹将起来，矛盾不断激化，最终导致孔有德的士兵把王家灭了门，酿成了吴桥兵变，孔有德成了叛军。随后孔有德攻下了登州城，并投降了皇太极。

对于孔有德的投降，皇太极欣喜若狂，因为孔有德带来的可是当时最先进的、成建制的西洋火炮部队。皇太极亲率各贝勒，从沈阳德胜门出城十里，到浑河边去迎接他们，并且设宴接待。宴席上，皇太极亲自用金酒器给他们倒酒。宴后，孔有德被皇太极授予都元帅一职，还赏赐了大量的蟒袍、貂裘等。此外，皇太极还要对他们行抱见礼；抱见礼是满人的最高礼节。得知皇太极欲行抱见礼，贝勒们就说，以礼相待就可以了，行抱见礼恐怕太过了。皇太极说："昔张飞尊上而陵下，关公敬上而爱下。今以恩遇下，岂不善乎？"满洲人喜欢读《三国演义》，而且是当作兵书来读的，皇太极的意思是说他要学关羽，不能学张飞，而且孔有德他们在登州攻城略地，兵强马壮，这时候来归降于自己，真是功劳极大，因此一定要用最高礼节接待他们。

皇太极这个人特别重视人才，他看中的人才一定要很隆重地招揽到身边，为己所用；对孔有德、耿仲明这样，以后对祖大寿、吴三桂、洪承畴等也是这样。

之后，皇太极不仅对孔有德、耿仲明行了抱见礼，而且还将他们与八个最高等级的和硕贝勒同列对待。

天聪八年（公元1634年），毛文龙手下的另一员大将尚可喜降清，皇太极又出城十里迎接，行抱见礼。之后他们仨都被编入汉军八旗，孔有德属正红旗，耿仲明属正黄旗，尚可喜属镶蓝旗。

到了崇德元年（公元1636年）四月，皇太极改国号为"大清"，上尊号"宽温仁圣皇帝"，孔有德被封为恭顺王，耿仲明被封为怀顺王，尚可喜被封为智顺王，号称"三顺王"；后来到顺治六年（公元1649年），三人分别改封定南王、靖南王和平南王。三个明朝的中级将领，投降皇太极后居然都被封王了，这在明朝是绝无可能的。明朝除了开国的时候，极少数的开国功臣在死以后被追赠为王外，没有外姓封王的。

封王之后，他们仨就成了清军南下的先锋。崇德三年（公元1638年），清军进攻锦州，孔有德等以火炮攻下戚家堡、石家堡及锦州城西台，招降大福堡，又用火炮攻下大台一、五里河台。以前后金军要进攻关外的这些城池和堡垒是很困难的，都要围着打，但是现在有了孔有德的红衣大炮，那就直接炮击，很容易就摧毁了锦州边上这些明军堡垒。第二年攻打松山的时候，又用火炮攻城。到崇德七年（公元1642年），松山、锦州相继被清军攻陷。

这就是孔有德在整个辽西走廊干的事。原来这支明军炮队是用来对付清军的，没想到他们叛逃了。皇太极反过来用这支装备精良的炮兵部队，拔掉了明朝的一座座堡垒。之前我们讲过，论野战，明军远不是清军骑兵的对手，明军主要依靠坚固城池和城头的红衣大炮来守住辽西走廊，但现在清军也有了红衣大炮，明军的火力优势和城池优势就没有了，所以关外很快就都沦陷了。

顺治元年（公元1644年），多尔衮率清军入关，孔有德、耿仲明、尚可喜三人追击李自成到河北庆都。之后，孔有德和耿仲明跟着多铎从南路西讨李自成，尚可喜则跟着阿济格从北路西征李自成。多铎南路平定陕西后，移师江南，去攻打扬州、南京、江阴。清军一开始围了江阴城八十多天没打下来，后来孔有德等炮兵部队到了之后，就把城墙轰开了；史可法镇守的扬州也是被红衣大炮轰开城墙的。阿济格和尚可喜则一直追着李自成，打到郧阳、荆州、襄阳，直到李自成死在九宫山才班师回朝。

顺治三年（公元1646年）八月，孔有德被授予平南大将军；作为前敌总指挥，统率耿仲明、尚可喜以及续顺公沈志祥、右翼固山额真金砺、左翼梅勒额真屯泰等南征，从两湖地区经江西打到广东，主要的目标是当时在广东肇庆的南明永历皇帝、原来的桂王朱由榔。南明的军队主要还有湖广总督何腾蛟在湘阴的守军，以及李赤心、黄朝宣、刘承胤、袁宗第、王进才、马进忠等，大部分都是李自成和左良玉的旧部，号称"十三镇"。

孔有德在湖南转战一年多，基本消灭了南明在湖南的守军，俘虏了大量的南明宗室和将领，降伏明军六万八千人。到顺治五年（公元1648年）春，攻克了辰州，平定了湖南全境，之后又进攻贵州黎平府、广西全州等地，之后胜利班师回朝，受到顺治帝的嘉奖。

顺治六年五月，孔有德被改封为定南王，率军两万进攻广西，在湖南、广西等地和南明军鏖战。到顺治七年（公元1650年）冬，攻陷桂林、平乐等广大地区；顺治八年（公元1651年）春，孔有德就把王府搬到了桂林。永历皇帝朱由榔从桂林跑到南宁，之后清军又相继攻克梧州、柳州、南宁等地，几乎占领了广西全境，朱由榔又从南宁跑到广南。

这时候，南明的主将李定国率军收复了湖南，并南下进攻广西，在兴安县的严关击败了孔有德；孔有德逃回桂林，随后**被李定国包围**。孔有德走投无路，纵火焚烧王府后自杀，只有他的女儿孔四贞逃到京师，被孝庄太后收为养女。

在孔有德进攻广西的同时，耿仲明和尚可喜则率军攻打广东。耿仲明行进到江西吉安的时候，被刑部弹劾，说他部下私**藏逃犯**，耿仲明自缢而死。之后，他的儿子耿继茂和尚可喜继**续南下攻打广州城**。广州民众死守。城破之后，清军随即杀光了广州城内的壮丁。但他们饶恕了一些工匠，以保存必需的工艺，还挑选一些壮男，留下替他们搬运城内的战利品。

之后，耿继茂、尚可喜在广东击败明军李定国部，又灭了据守在福建沿海的郑经部，和施琅一起，攻克了厦门、金门。

清朝对这些明军降将确实非常器重。比如尚可喜的第七子

第五章　收拾人心

尚之隆，不仅娶了顺治皇帝哥哥的女儿，成了额驸，还当上了康熙皇帝的领侍卫内大臣。领侍卫内大臣负责保卫皇帝个人安全，统管皇帝最信任的贴身警卫部队。这一职务后来都是由正黄、镶黄、正白这上三旗的旗人担任的，而尚之隆是个特例，他是汉军出身。而耿继茂的三个儿子耿精忠、耿昭忠、耿聚忠都娶了清皇室女子，成为和硕额驸。可以说，清朝对明朝降将笼络的力度是非常大的。

与之形成鲜明对比的是，南明永历皇帝已经被打得四处逃亡了，还不愿意用爵位来笼络军心。他逃到缅甸后曾后悔地说，当初朕被奸臣所误，没有封白文选为亲王、马宝为郡王，导致这两位大将伤心而投降了清军。

此前，大西军的统帅孙可望原本向南明王朝提出"联合恢剿"，一起抗清，请朱由榔封他为"秦王"。永历朝廷一方面想利用孙可望的大西军，一方面又视他们为"流寇"，是李自成的残部，看不起人家，犹豫不决，打算封孙可望为景国公。但是，当时控制广西的权臣陈邦傅利用永历帝给他的空白诏书，伪诏封了孙可望为"秦王"。永历帝知道后不答应，孙可望大失所望，一气之下便借伪诏自称为"秦王"，并击杀了明朝众多大臣。

永历十一年（公元1657年），孙可望从贵州引兵入云南，攻李定国、刘文秀部；因部将倒戈，孙可望大败，于是率四百余家属和部卒降清，献上了"滇黔地图"。清朝对孙可望极为重视，封孙可望为义王。之后，孙可望又派人去招降原来的部将，说自己投降后被封为王，恩宠无比，叫大家一起投降。

比起以上四个汉人王，后来者居上的是"冲关一怒为红颜"的吴三桂。吴三桂献出了天下第一关的山海关，让清军得以从大路直攻北京，并且在决定性的石河大战中，率领明朝最后一支精锐，与清军并肩作战，击败了李自成的主力，为清朝定鼎燕京、夺得天下立下了大功。随后，吴三桂又追击李自成，攻占四川，越境攻入缅甸，俘获了永历皇帝，立下清朝开国平定天下的收官之功，因此被晋封为"平西亲王"。清廷还把皇太极的女儿建宁公主嫁给了吴三桂的儿子吴应熊。

清军入关后，弘光政权的左良玉、左梦庚所部十万人向英亲王阿济格投降，原江淮四镇二十多万人向豫亲王多铎投降。这些明朝降将降军成了清军南下的急先锋；以前打清军的时候弱得不行，现在打明军却战斗力爆表，比如李成栋占领苏南，随后又于顺治四年（公元1647年）正月，攻陷广东肇庆，迫使永历帝朱由榔逃奔桂林。李成栋等明朝降将，在南下征伐明军时都拥有相当强的战斗力，作用比满洲兵还大。

清朝对武将这样，对文臣也是如此。洪承畴是明朝的文臣统帅，在松锦大战被俘后，皇太极曾竭力劝降，后来他不仅成为大学士，还发挥特长，先镇守江南，后为清军攻打明朝的前线统帅，经略湖南、广东、广西、云南、贵州等地，总督军务兼理粮饷，全权指挥包括满洲兵在内的所有清军，可以说是得到了清朝的充分信任。

满洲八旗兵人数少，无法征服和占领幅员辽阔的明朝，尤其骑兵在江南水乡丘陵地带难以发挥优势。因此，清朝充分拉拢和利用了明朝的这些降将降兵，作为征服明朝的急先锋。为此，不惜高官厚禄、屈尊拉拢，五位汉人因此封王，吴三桂甚至晋为亲王，为皇帝以下最高爵位。为了笼络这些汉人降将，甚至将多位公主下嫁给他们的儿子，并让他们的儿子充当皇帝的内大臣、领侍卫内大臣，负责皇帝的警卫工作，这些待遇都是在明朝做梦也不可能得到的。在明军那里，"三顺王"孔有德、耿仲明、尚可喜只是中级军官，地位最高的吴三桂也只是因在北京城陷落之前，朝廷为了调动他的关宁军进京勤王，才封他为平西伯，爵位低于侯、公、郡王、亲王。

而在明朝已经退守西南一隅、日暮途穷的情况下，永历皇帝还舍不得封大将孙可望、白文、马宝等人为王，仍然按朱元璋的祖制，把自己所有未成年的儿子封为亲王，寒了将帅们的心。

笼络人心：我们是来为明朝报仇的

清军入关之初，收拾笼络人心，是其能战胜对手的重要原因之一。

崇德七年清军第六次入塞。临行前，皇太极召见他的弟弟、此次入塞的统帅阿巴泰，嘱咐入关后的注意事项。除了关照要小心谨慎、不要轻敌之类的话，皇太极还特别强调说，如果遇到起义军，也就是李自成他们，要跟他们说，他们是因为明朝政局紊乱被逼造反的，而清军来征讨明朝也是因为这个，大家是一条战线上的盟友，千万不可以发生冲突。这是皇太极第一次提到起义军问题，因为这个时候李自成已经打到了陕西，成为一股不可忽视的力量；皇太极的策略很明确，就是要联合起义军一起攻打明朝。皇太极战略眼光很好，可惜还没来得及带兵入关，就突然去世了。

顺治元年正月二十六日，已经归顺清朝的蒙古鄂尔多斯部向多尔衮报告说，李自成正在进攻陕西和长城边关；多尔衮立即给李自成写信，希望和他们建立同盟关系，携手攻打明朝，并取中原，富贵共之。多尔衮继承了皇太极的策略，也希望和李自成联合。

不过，这个联盟没有结成，因为李自成不需要跟清军联手，自己一路上顺风顺水地就包围北京城了。

这时候，范文程给多尔衮提了一个非常重要的建议，这个建议框定了清军入关后的大政方针。

他说，眼下正是摄政王建功立业的绝佳时机。为什么这么说呢？中原百姓饱受战乱，生灵涂炭，都希望有个明主出来平定天下，让百姓安居乐业。现在这个局面，明朝肯定是要灭亡

第五章　收拾人心

的，而李自成的势力则不断坐大；正所谓"秦失其鹿，楚汉逐之"，大清现在虽然看上去是在和明朝争天下，实际上已经是在和李自成争天下。

怎么争呢？很重要的一点是要收抚民心。大清不能再像以前那样，骑兵南下只为了杀人放火，掠夺财物，抢了东西就跑；这样的话，明朝的官员和百姓就会一直把清军当成强盗，不会真心归顺，而是投靠李自成去了。今后大军南下，一定要有主人的样子，有坐天下的样子，严明军纪，不要再抢劫老百姓的财物，也不要随便杀老百姓，而应该恢复和维持内地民众正常的生活秩序，这样老百姓才会归顺大清，黄河以北的广大地区才会平定，大清才能入主中原。

多尔衮又去问洪承畴的意见。洪承畴也说，清兵战斗力天下无敌，李自成的部队可一战而除，不成问题，问题是如何收拾民心。今后清兵入关，要做到不屠人民、不焚庐舍、不掠财物，秋毫无犯，同时告知各地官员，只要开门投降，不仅性命无忧，还可以加官晋爵。这样和李自成等争夺民心，内地官民才容易投靠大清。

四月二十二日，清军和李自成军在山海关大战，李自成败走，清军大胜并乘势追击。沿途明朝的官民都害怕清兵杀掠，纷纷逃走，因为之前清兵来了六次都是烧杀抢掠。范文程带病随军出征，立刻发出布告说："义兵之来，为尔等复君父仇，非杀百姓也，今所诛者惟闯贼。官来归者复其官，民来归者复其业。师律素严，必不汝害。"意思就是说，清兵来是替崇祯皇帝报仇的，所以只杀李自成，不杀百姓，大家不要跑，都回来吧；回来后，原来当官的继续当官，老百姓也继续过原来的日子。范文程的这个政策相当有效，一下子就收拢了很多明朝官员百姓的心。

清军攻占北京后，继续推行安抚政策。清军向各地发布檄文，只要投降归顺的地方官，立马官升一级。明朝中央各衙门的大小文武官员们，也官复原职；不论之前立场如何，有没有投降李自成，只要愿意，全部录用，使政权机关照常运转起来。对朱家的王室们，不仅仍保留其爵位，而且还由国家财政好生供养。

此外，清朝还做了一件非常能收拢民心的事。五月四日，多尔衮下令为崇祯皇帝服丧三天。他说，"流贼"李自成原本是明朝的百姓，但却纠集一群"不法之徒"，围攻京城，逼死皇帝，灭了明朝，对王公大臣动用酷刑，搜刮官员百姓的财产，真是人神共愤；大清虽然是敌国，但都看不下去，所以派兵来救大家，替大家报仇，现在所有人都为崇祯皇帝服丧三天。这消除了很多士人投降的心理障碍。

六月二十七日，多尔衮又派降清的大学士冯铨去祭拜明太祖的陵墓，声称："兹者流寇李自成，颠覆明室，国祚已终。予驱除逆寇，定鼎燕都。惟明乘一代之运，以有天下，历数转移，如四时递禅，非独有明为然，乃天地之定数也。"[1]这篇政治宣言就是想告诉天下人,明朝是被李自成所灭,清军入关是为了消灭李自成,为明朝报仇,明朝灭亡是天注定,并非清朝所灭,清朝定都北京是顺天意。

此外,清朝还采取了一系列的措施来收拢人心。

在顺治元年十月的登基诏书中,规定重开科举,并于顺治三年、四年、六年举行了三次会试,共取进士一千一百人。首科就出了四位大学士、八位尚书、十五位侍郎、三位督抚,还有都察院副都御史、通政司使、大理寺卿、内院学士等多位高官。正常应该是三年一科,但是为了收拢天下士子之心,等不及了,四年举行了三次会试,笼络了天下的读书人。

在赋税方面,清军入关刚一月,多尔衮便采纳汉官宋权的建议,宣布取消明末的加派,按万历年间的惯例征税,免除了天启、崇祯时期的摊派,减轻天下百姓的税收负担。

在经济上,清朝很注意保护官绅地主阶层的利益,规定田产一律归还本主,甚至规定明朝王公的封地也全部照旧不动。明朝世代受匠籍制度束缚的手工业工人也全部放免。这些政策虽然很多是暂时的,但这对于获取中原士绅官宦阶层以及百姓的支持仍是很重要的。

多尔衮给史可法的劝降信更是集中体现了清朝的宣传政

1《清世祖章皇帝实录》卷五,顺治元年六月癸未。

策。信中说，崇祯皇帝被李自成逼死，史可法这些人非但不给皇帝报仇，还跑到南方自立称帝，真是乱臣贼子。还说"国家之抚定燕都，乃得之于闯贼，非取之于明朝也"，即清朝的天下是从李自成手上拿来的，不是从明朝那取得的。李自成毁了明朝的宗庙，大清花了很大的力气替明朝报了仇，你们非但不感激，居然还想依靠长江天险割据一方，真是岂有此理。

当然，这些都是清朝的官方宣传，多少有点自欺欺人的意思，但这对于收服民心起到非常重要的作用，至少解除了很多明朝降将的心理障碍。有了这套说辞之后，明朝将领投降的时候就心安理得得多，因为崇祯皇帝确实是被李自成逼死的。因为明朝正统政权被李自成推翻了，所以后来明朝的这些降兵降将在向南方进军的时候，心里没有什么负担，作战非常勇猛。

除了以上这些政治手段，清朝能重用明朝的降将降兵，也是能夺取天下的法宝之一。

三藩之乱：消灭辽东汉人军事同盟

有一种流行已久的说法，清朝开国太易，捡了农民军的便宜。这个说法早在一百多年前赵烈文与曾国藩的私下谈话中就已经出现，但这是完全不符合事实的。即使在彻底消灭了明朝后，清朝也并未太平，新的、更危险的敌人又涌现了。

第五章　收拾人心

　　康熙即位一年后,清军在吴三桂的率领下俘获并杀害了逃往缅甸的明永历皇帝朱由榔,标志着前明势力被彻底消灭,而占据台湾、金门、厦门一带的郑成功也已病故。旧的敌人没了,但新的敌人又很快产生,他们正是充当清军入关急先锋的汉人四藩,即驻守云南的平西王吴三桂、广西的定南王孔有德、广东的平南王尚可喜、福建的靖南王耿仲明。四人均是明朝的降将,后三位早在清太宗皇太极时期就投降了清朝,而吴三桂则是后来者居上,为清朝立的战功最大,被封为亲王,**爵位最高**,势力也最大。孔有德早在顺治九年(公元1652年)被李定国兵围桂林,自杀身亡,全家仅有其女孔四贞出逃,孔有德的余部则由其女婿孙延龄率领,仍然驻守广西,所以汉人四藩只余三藩。

　　因为满洲八旗的兵员数只有六万左右,清朝不得不利用蒙古以及投降的汉人军队,尤其是以四藩为核心的辽东军事集团。为此不惜封王、联姻,但在骨子里并不信任,只是迫于无奈。清朝利用他们作为消灭明军、农民军的急先锋,为清朝攻下了福建、广西、广东、四川、云南、贵州等地,并派他们镇守这些遥远的南方地区。

　　三藩之中,以吴三桂权势最大。吴三桂长什么样呢?根据清代学者刘健所撰之《庭闻录》记载,说他大耳朵、高鼻梁,面庞洁净没有胡须,目光如炬,非常神气,是个美男子。鼻梁上有一道细细的伤疤,是他十几岁的时候在锦州战斗中留下的。当时他带领几十名家兵冲入八旗包围圈中救他的父亲，鼻子上被砍了一刀，血流满面，极为勇猛，惹得观战的皇太极和他舅舅祖大寿都交口称赞。吴三桂个性大方，轻视财物，又非常爱惜人才，只要有一技之长，都被他收入帐下；而且为人和气，跟别人讨论事情的时候，就像家人父子一样很亲切随和，即使有人出言不逊，他也不计较。他平时极少动怒，言语谦逊。刘健的父亲曾经是吴三桂的部下，吴三桂的这些情况都是刘健听他父亲讲的。吴三桂作为一员猛将，待人却很和善，所以很能笼络人心。

自从康熙元年（公元1662年）明朝势力被消灭后，汉人三藩就失去了作用，逐渐成了清廷的累赘，甚至是威胁。三藩掌握重兵，属下有八旗军和绿营兵，他们的部将遍布陕西、四川、贵州等地，身居要职，还拥有当地的行政、经济大权。吴三桂不仅可以节制云、贵督抚，还可以任命文武官员，号称"西选"，"西选"官员遍布全国；他还可以采矿铸钱，号称"西钱"。吴三桂与西藏政权也保有联络，常常经由西藏购买蒙古马匹，储存军械物资。尚可喜则掌握广州这一对外贸易口岸，每年获利高达数百万两白银。福建的耿精忠袭爵后，横征暴敛，并纵容属下侵夺民众的家业。三藩虽然掌握当地的政治、军事、经济大权，但每年仍然需要中央政府大量的补贴。顺治十七年（公元1660年），云南的俸饷有九百余万两白银，再加上闽、粤二藩的运饷，共两千余万两，占当时全国财政收入的一半。

第五章　收拾人心

三藩不仅是中央政府的沉重负担，更是严重的威胁。

面临着这种三藩近于独立状态的严峻形势，十四岁亲政的康熙皇帝将三藩、河务、漕运作为三件不得不处理的头等大事，并把这三件事写下来挂在宫中的柱子上，时刻不忘；但是因为三藩手握重兵，所以他不敢轻易撤藩。

到康熙十二年（公元1673年），机会终于来了。这年三月，平南王尚可喜上疏，称自己年过七十，精力已衰，希望率领属下的士兵、家属和孤寡老弱共四千三百九十四家、二万四千三百七十五人回辽东养老。对此，康熙非常高兴，要求议政王大臣与户、兵二部讨论此事。讨论后，朝廷要求除留两镇六千余名绿旗兵（又称"绿营"，汉人组成的军队）镇守广东外，尚可喜属下全部人员撤离广东。四个月后，平西王吴三桂、靖南王耿精忠也分别上疏请求撤藩，议政王大臣会议发生了分歧。以大学士索额图、图海为首的多数大臣反对撤藩，而刑部尚书莫洛、户部尚书米思翰、兵部尚书明珠等少数人主张撤藩，意见不一，争论不休。年仅十九岁的康熙皇帝最终拍板决定撤藩。康熙皇帝决意撤藩的原因并非是通常所认为的"三桂久蓄异志，撤亦反，不撤亦反"。《清史稿》的这一段记载来源于嘉庆年间礼亲王昭梿的笔记《啸亭杂录》，而嘉庆时期距离三藩之乱已经一百多年了，以上说法仅仅是个传闻而已。

康熙二十年（公元1681年），在三藩之乱被平定后，湖广道御史何嘉祜上疏，请求给康熙皇帝加尊号，但康熙皇帝拒绝了这个请求，理由是"前议撤三藩时，令议政王大臣等会议，言不可撤者甚多，言宜撤者甚少，朕决意撤回。乃吴三桂背叛，各处驿骚，兵民困苦。今蒙天地鸿庥，祖宗福庇，数年之内，幸得歼灭贼寇。若再延数年，兵损民困，则朕决意迁撤之举，何以自解耶？"[1] 如果说康熙皇帝在这段话中还没有透露自己当时的决策失误，那么随后的一段话就很明显了。当群臣再次要求给康熙皇帝上尊号时，他又一次拒绝。康熙皇帝撤藩是担心"三藩俱握兵柄，恐日久滋蔓，驯致不测，故决意撤回"，结果"不图吴三桂背恩反叛，天下骚动；伪檄一传，四方响应……忆尔时惟有莫洛、米思翰、明珠、苏拜塞克德等言应迁移，其余并未言迁移吴三桂必致反叛也。议事之人至今尚多，试问当日曾有言吴三桂必反者否？"[2] 显然，当时康熙皇帝以及所有大臣都没有预料到三藩会因撤藩而造反，因此"撤亦反，不撤亦反"只是后来为掩盖当时判断失误而人为编造的说辞。这些事实说明，以康熙皇帝为首的清朝中央政府严重低估了吴三桂的野心与胆略。

吴三桂是在明末清初残酷战争的血海中成长起来的一代枭雄。他的对手曾是康熙的祖父皇太极、叔公多尔衮等，而与吴三桂同辈的清朝开国功臣宿将，包括入关的八旗将士，此时早

1《清圣祖仁皇帝实录》卷九十九。
2 同前注。

已经全部凋零，这也是吴三桂悍然起兵造反的重要原因。康熙皇帝低估吴三桂，还有一个重要原因：撤藩的实质仅是将三藩所部调防至山海关至锦州一线的家乡，并分配田地、住宅，而非将他们撤职、罢爵，且吴三桂的独生子尚在京师充当人质。因此，康熙没有预料到吴三桂已有了世袭割据云贵的野心，并不想放弃自己的既得利益，而这是一个中央集权的政权绝对不能容忍的。撤藩导致反叛的事实也足以证明撤藩的正确性，三藩与中央政府之间存在着不可调和的根本性矛盾；撤藩只是时机选择的问题，这道关迟早要过。康熙皇帝犯的错误是没能预料到撤藩导致反叛，没有预先作好充分的两手准备。三藩问题迟早要解决，拖延并不是个好办法。虽然吴三桂当时已经六十多岁，不久于人世，但可以像福建的耿仲明一样，由儿孙袭爵，三藩与中央政府之间对立的关系仍然不可能化解。从这个意义上讲，早解决比晚解决要好，因为三藩问题一天不解决，太平盛世一天不会到来，三藩就是三颗随时可能爆炸的炸弹；更何况，当时谁也料不到康熙皇帝能在位六十二年之久，如果换一个软弱无能的皇帝，情况只会更加糟糕。

　　撤藩令下达后，吴三桂率先造反；他以反清复明为号，自称"总统天下水陆大元帅、兴明讨虏大将军"，兵锋直指湖南。从康熙十二年底至次年三月，吴军连陷沅州、常德、辰州、长沙、岳州、衡州等要地，而清军在军事上毫无准备，"五千里无只骑拦截"，所经之地，各地官员不是逃跑就是投降，湖南的绿旗兵更是纷纷投降。这些事实证明，中央政府并没有预料到吴三桂会造反，以致毫无准备，处处被动。随着湖南、四川落入吴三桂之手，四川提督郑蛟麟、广西将军孙延龄、提督马雄，福建的靖南王耿精忠，占据台湾的明朝延平王郑经（郑成功之子），陕西提督王辅臣，广东讨寇将军尚之信（尚可喜之子）、总督金光祖、提督严自明等相继反叛。他们或是吴三桂的旧部，或是前明降清旧臣，或是一直坚持的反清力量，在反清复明的大旗下联合起来，烽火燃遍大半个中国，半壁江山易主，清朝面临着入关以来最大的政治危机。

面对此情此景，惊慌失措的群臣怪罪赞成撤藩的明珠、米思翰等人，但康熙皇帝却承担起了撤藩导致叛乱的责任，不肯诿过臣下。此情此景，不禁让人想起一千八百年前汉景帝的削藩，但汉景帝的做法截然相反，将逼反吴楚七国的责任诿过晁错，并把晁错残酷腰斩，天真地幻想以此来平息七国的反叛；一千八百年后，年仅十九岁的康熙皇帝表现得远比三十四岁的汉景帝有担当得多。

康熙皇帝调兵遣将，命令顺承郡王勒尔锦为宁南靖寇大将军，统率八旗军驻守战略要地湖北荆州，阻止吴军渡江北上；命令安西将军都统赫业、驻防西安的副都统扩尔坤率八旗军分别出师四川、汉中，防止吴军从四川进攻陕西，包抄京师。就在吴军进展顺利之际，吴三桂犯了一个战略性的错误，他没有命令军队乘胜北渡长江，向京师进军，或东下占领江宁（今江苏省南京市），断绝南北漕运，或西上占领四川、关中，而是顿兵不前。他于康熙十三年（公元1674年）四月上奏，妄图与清朝划长江或黄河而治，这给了清军宝贵的喘息机会。康熙皇帝接到吴三桂的奏章后勃然大怒，将吴三桂的儿子、清太宗的额驸、自己的姑父吴应熊及其子吴世霖绞刑处死，以示绝不妥协。吴三桂闻讯，知道只有拼死一搏，随即派兵攻打江西和陕西。

朝鲜史料记录："北京将以八月大举击吴三桂，清兵十一万、蒙兵一万五千，皇帝将亲征云。"清朝已经使出了全力。朝鲜甚至认定清朝要灭亡："今者，吴三桂拥立崇祯之子，再造大明，我乃兴兵助伐，非但义理之所不忍为，虽以利害言之，清国之势，似难久保。大明兴复之后，若有问罪之举，则无辞自解。"[1]

这年年底，陕西提督王辅臣也杀了上司经略莫洛反叛，形势极为危急，康熙皇帝闻讯，甚至一度想要亲自坐镇荆州，指挥平叛。

与此同时，蒙古察哈尔部成吉思汗黄金家族的嫡系后裔、蒙古国最后一任大汗林丹汗的孙子布尔尼又发动叛乱。此时京城的所有军队都调走了，连皇宫门口的警卫都是些孩子。如果不能及时平乱，蒙古骑兵几天内就可以兵临京师城下，这时的情势可以说是万分危急。在这种情况下，康熙皇帝采纳了祖母

---

[1]《朝鲜王朝实录·肃宗实录》。

孝庄太后的建议,任用图海平叛。图海无军可领,奏请选八旗家奴中的健勇者数万人,由他率领这支临时拼凑的军队,星夜疾驰,突袭察哈尔。布尔尼叛军猝不及防,被迅速平定,他本人被杀,清朝度过了最危急的关头。

吴三桂企图进军陕西,与王辅臣联手进攻京师。康熙十五年(公元1676年),康熙皇帝任命图海率军进攻陕西,击败并迫降了王辅臣,平定了陕、甘,吴三桂丧失了取胜的最后机会。康熙十六年(公元1677年),尚之信、耿精忠、王辅臣已经投降清军,吴三桂失去广东、福建以及陕西、江西。康熙十七年(公元1678年)三月,吴三桂为了振奋军心,在湖南衡阳登基称帝,国号为周,建元昭武,立妻子张氏为皇后,同年八月在长沙病逝。可以说此时三藩之乱被平定只是时间问题,但这个时间拖得很长。由于清军统帅的无能怯战,战争一直拖到康熙二十年方告结束。长达八年的三藩之乱最终被平定,清朝消灭了原来的同盟者——辽东汉人军事集团,最终确立了对全中国的统治,长时期的稳定和平终于来临。

吴三桂起兵之所以失败,不仅有各路盟友同床异梦的原因,还有一个非常重要的原因——他行事太绝,杀死了明永历帝。当年为了向清朝表忠心,竟然不依不饶出兵境外,在缅甸俘获了明朝的最后一任皇帝永历帝朱由榔,并在昆明将其绞死,这就大大降低了"反清复明"这一最能激起广大汉人反清的口号的作用,丧失了绝大多数汉人的支持。

第六章 巩固皇权

"首崇满洲"：清朝的基本国策

现在讲讲贯穿整个清朝的一项重要的基本国策："首崇满洲"。

清太祖努尔哈赤对被征服的汉人采取的是屠杀或俘获为奴的政策。皇太极即位后，改变了其父的政策，全力调整满汉关系。他宣布："满汉之人，均属一体，凡审拟罪犯、差徭公务，毋致异同。"[1] 开始推行满汉平等政策。

顺治皇帝入主中原后表示："满汉官民，俱为一家"[2]，"不分满汉，一体眷遇"[3]。因为这时候清朝皇帝已经视自己为整个中国的皇帝，不仅是满族人的皇帝，也是汉族人的皇帝；而且汉人的数量是满人的很多倍，如果再不调整政策，就很难成为天下共主了。

康熙皇帝更是直接宣称："寰中皆赤子，域外尽苍生"，"朕为八旗生计，虑及久远，与为天下万民谋生计者，中外一体，爱养无殊"。[4] 即普天之下，都是自己的子民，都一视同仁。

---

[1]《清太宗文皇帝实录》卷一。
[2]《清世祖章皇帝实录》卷十五。
[3]《清世祖章皇帝实录》卷七十二。
[4]《八旗通志》（初集）卷六十六。

第六章 巩固皇权

雍正皇帝也同样高唱满汉一体,"朕视天下臣民,皆吾赤子","满汉蒙古,并无歧视,此心久为臣民所共晓"。[1]乾隆皇帝也说:"盖满汉均为朕之臣工,则均为朕之股肱耳目,本属一体、休戚相关。至于用人之际,量能授职,惟酌其人地之相宜,更不宜存满汉之成见。"[2]意思是说不论满人还是汉人,都一样是自己的臣子,只看个人能力,不存在满汉之间的成见。

虽然宣传上说满汉平等,但实际上还是满人优先。

清初核心机构是内三院,其中内阁大学士满族是一品、汉族是五品,明显不平等。到顺治亲政后,虽然表面上大学士满汉平等,但实际上汉族大学士只是陪衬,如谈迁所形容:"京堂俱一满一汉,印归满官。"满人掌握官印,即掌握实权。清初来华传教士汤若望指出,清廷中较高的官缺都由一个满人和一个汉人掌握,但是"满人自然不能不略占优势,而主要工作则皆汉人担任了"[3]。

雍正五年(公元1727年),雍正皇帝以上谕的形式,确定了满洲大学士居首的制度:"满洲居首之大学士,在前行走外,其余大学士行走班次,应按其补授之日,前后行走,不必分别满、汉。"[4]在此所谓的"不必分别满、汉"的前提,是以满洲大

1《八旗通志》(初集)卷六十七。
2《清高宗纯皇帝实录》卷八。
3 [英] 魏特:《汤若望传》,商务印书馆1949年版。
4《清世宗宪皇帝实录》卷六十一。

学士居首。乾隆十三年（公元1748年）上谕规定，满汉大学士各二员，"侍班汉大学士位在满大学士下"，而且"内阁系满洲大学士领班"，所以三朝元老张廷玉虽然位高权重，但也只能屈居满洲新贵、年仅三十来岁的讷亲之下。

旗人福格谈清朝用人制度时说，旗人不论是文官还是武官，都可以晋升到宰辅，跟夏商周三代一样，是择贤而立，不像明朝那样文武分明。而且旗人当官仕途更宽，除了科举、武功，还可以通过当侍卫进而入仕。比如大学士鄂尔泰在雍正元年（公元1723年）时，还只是一个普通的笔帖式[1]，八年后就升到广东巡抚，这对汉人官员来说，是绝无可能的。相反，汉人要想入阁当大学士，则必须是进士、翰林出身，仕途明显窄得多。因此，光绪朝的盛昱就说："八旗之人不及汉人什百分之一，八旗之京官乃多于汉人数倍。"[2]

康熙皇帝在批阅殿试考卷之时，曾对大学士马齐感叹说："朕试八旗举人骑射，仅八十余人，即取中进士十余人，似乎太过。汉人举人万余，仅取中一二百名进士。"[3] 从这里可以看出，汉人和旗人考取进士的难度，完全不在一个量级上。八旗子弟

---

[1] 满语，清军入关前称有学问的人为"巴克什"，后改称为"笔帖式"，意为办理文件、文书的人。清代各部院、内行衙署均有设置，主要掌管翻译满汉奏章文书、记录档案文书等事宜。
[2]《清朝续文献通考》卷九十五，浙江古籍出版社2000年版。
[3]《康熙起居注》，康熙五十四年三月二十二日，中华书局1984年版。

第六章　巩固皇权

不仅入仕的渠道更多，在科举中也有更多的录取名额，而八旗的人数却远不如汉人。

清朝中央仿照明朝设置了吏户礼兵刑工六部，每一部都有满、汉两名尚书，四位侍郎，但各部的事务一般都是满尚书说了算，汉尚书和侍郎一般都不会提出异议。

清初，汉族官员拜见八旗满洲王大臣、呈奏政事之时均要长跪不起；康熙皇帝认为，汉大臣在八旗王爷面前长跪，不合礼数，于是下令，以后大臣与诸王会见，都不得引身长跪。

中央如此，地方上也不例外。对于重要省份的总督、巡抚、将军、提督等，一般都是旗人担任。乾隆皇帝曾解释说，边疆地区之所以重用旗人，是因为旗人骑射能力比汉人强，并不是有意歧视汉人，但这种说法其实很牵强。

乾隆年间，杭世骏在时务策中对"首崇满洲"政策进行批判，"天下巡抚，尚满汉参半，总督则汉人无一焉！"巡抚的权力相当于现在的省长，偏向于民政治理，而总督则近似于军区司令，偏向于执掌军权，内地各省，巡抚满汉对半，但总督则都是满人。清朝时期，各地直接掌管军队、指挥作战的大将军中，只有一个汉人大将军岳钟琪，其他的汉人都不能担任军事统帅。部院以下各司的中层官员也是如此，旗人担任的官缺明显比汉人多。

整个清朝近三百年，八旗，尤其是满洲八旗是绝对的统治核心，除了在太平天国运动之后有短暂的松动，不论军权还是政权全部牢牢掌控在满洲人手中。

八旗改革：从八旗共治转向皇权独大

清朝的统治方式在入关后，尤其是康熙、雍正年间有一个重大的转变，即满洲八旗贵族的权力被严重削弱，而皇帝的权力越来越大。

在今天沈阳故宫大政殿前广场的东西两侧，依序排列着十座亭子，其中最靠近大政殿、向前略为突出的两座亭子，为左右翼王亭，其余八亭则按八旗旗序呈雁翅状排开。东侧为左翼王和镶黄、正白、镶白、正蓝四旗王亭，西侧为右翼王和正黄、正红、镶红、镶蓝四旗王亭，合计十亭，人称"十王亭"或"八旗亭"。这些亭子与大政殿构成东路一组院落，是努尔哈赤时期殿宇建筑的重要组成部分。八旗亭在排列的顺序上是以汉族阴阳五行学说为依据，两黄在北，两蓝在南，两红在西，两白在东。

左右翼王是分别掌管军事和民事的两大机构，八旗亭是八旗的最高衙署，旗内的族人遇有人口出生、婚丧嫁娶等，都要有牛录或甲喇章京来进行登记，八旗的旗主可以在自己本旗的旗亭内议政。遇有皇帝朝会时，固山额真[1]在自己的旗亭前站立；遇有

---

[1] 固山额真，官名。清代八旗组织最大编制单位称"固山"，汉译为"旗"，其长官称为"固山额真"，管理一旗户口、生产、教养、训练等事。顺治十七年定汉名为"都统"，雍正元年又改满名为"固山昂邦"。

第六章 巩固皇权

战利品，则摆在自己的旗亭前请皇帝过目。后金的军国大事，都由诸贝勒等人共议裁决。诸贝勒大都是努尔哈赤的子侄等宗室贵族，都是一家人，有着浓厚的贵族军事民主的习俗。

努尔哈赤起初与弟弟舒尔哈齐共治，后来逐步垄断权力，除掉了弟弟。

天命七年（公元1622年），努尔哈赤年纪已经很大了，他对八旗旗主交代自己的身后事时说，以后不要选一个强势的人作为他君位的继承人，一个强势的人当国君，很容易自以为是，刚愎自用，得罪天下，而且一个人的见识怎么比得过众人的智慧呢？所以要选一个比较宽容、能听得进大家意见的人。八旗旗主，可以当八固山王，齐心协力，共同治国，这样才可保证万无一失。八固山王当中，谁德才兼备又善于纳谏，可以继承汗位，否则就另选有德之人继位。

当时的八旗旗主分别是四大贝勒和四小贝勒，四大贝勒分别是：代善，努尔哈赤第二子，四大贝勒之首（努尔哈赤的嫡长子是褚英，战功赫赫，曾一度成为汗位的继承人，但是后来被废了，所以第二子代善成了四大贝勒之首）；皇太极，努尔哈赤第八子，即后来的清太宗；莽古尔泰，努尔哈赤第五子；阿敏，努尔哈赤弟弟舒尔哈齐的第二子。四小贝勒分别是：阿济格，努尔哈赤第十二子；多尔衮，努尔哈赤第十四子；多铎，努尔哈赤第十五子；剩下的一位小贝勒，人选没定。

努尔哈赤死后，皇太极因为人比较宽厚，善于纳谏，大家拥立他当大汗，但实际上是由四大贝勒共同掌权，平起平坐，集体领导。

天聪四年，在与明军作战时，镶蓝旗主、四大贝勒之一的阿敏弃城逃跑。皇太极以此为罪状，将其终身幽禁，让他的弟弟济尔哈朗当旗主，但此后平起平坐的四大贝勒就少了一人。之后，皇太极在大贝勒当中的地位越来越突出。天聪六年元旦，皇太极正位南面而坐，而另外两个大贝勒代善和莽古尔泰则站在两边伺候，已不再是之前四人共治时平起平坐的局面了。这是皇太极走向君主专制的第一步。这年，莽古尔泰死了，三年后他的弟弟德格类也死了。于是，皇太极就把莽古尔泰兄弟所领的正蓝旗收到自己帐下。正黄、镶黄两旗本来就由皇太极兼领，现在又将正蓝旗并入，皇太极独领三旗，而其他的贝勒各分领一旗，势力远不及皇太极了。仅剩的一个大贝勒代善见势不妙，主动提议废除大贝勒并坐的旧制，四大贝勒共主国政的体制就此终结，皇太极南面独坐的局面得以确立。这是皇太极走向君主专制的第二步，原来的部落民主制度逐渐被废除了。

皇太极去世后，多尔衮几乎完全继承了他哥哥皇太极的地位，成为后金的实际掌权者。他入关后到了武英殿，其他贝勒出去打仗回来，对他行三跪九叩礼，多尔衮几乎就是真皇帝。

顺治七年（公元1650年），多尔衮去世，顺治帝开始亲政。为了加强皇权，顺治帝亲自统领了原属多尔衮的正白旗，由皇

第六章 巩固皇权

帝控制镶黄、正黄、正白三旗,称"上三旗"。皇帝的亲兵侍卫都是从上三旗中选拔,皇帝的户籍也登记在镶黄旗内,称"镶黄旗第一参领第一佐领上御名",所以镶黄旗为头旗。由诸王公、贝勒掌控的正红、镶白、镶红、正蓝、镶蓝五旗则被称作"下五旗"。因八旗顺序有别,所以旗人由于战功或与皇室恩赐等原因从下五旗改隶上三旗者,称为"抬旗";而在同一旗色或旗分之间的户口转换则称为"改旗"。

虽然皇太极作为八旗共主的君王地位日益强化,但是在清朝前期,中央政府的最高决策机构还是议政王大臣会议,是满洲部落民主制的残留,满族上层贵族通过这个途径参与军国大事,又称为"国议"。议政王大臣会议最初创建于皇太极崇德二年(公元1637年),撤销于乾隆五十六年(公元1791年),共存在过一百五十五年。

顺治以后,议政王大臣会议的成员有所增加,除亲王、郡王、贝勒外,还有贝子及公一级;参与的大臣除满洲大臣外,还增加了八旗蒙古以及八旗汉军的大臣。这样一来,有效地稀释、削减了宗室诸王的权力。皇帝是最高的裁决者,他可以修改或否决议政王大臣会议的决定。

到了康熙年间,为了皇权独尊,康熙皇帝有意裁抑皇族诸王的权力。自康熙三十三年(公元1694年)起,诸王失去了议政权,议政王大臣会议变成了议政大臣会议,去掉了皇族的"王",王爷不要参加了,只有大学士才能参加,进一步削弱了皇族参政的权力。

八旗是清朝的统治基础与权力核心，皇帝亲自掌握上三旗事务，而另外下五旗则直属各自的王公，并不直接属于皇帝。雍正皇帝即位之初就认为，下五旗诸王对所属旗民生杀予夺，权力太大，把旗人当作自己的奴隶，任意责罚，实在不合规矩。于是，雍正皇帝着手整顿旗务，削弱了王公对下五旗的控制，由皇帝直接任命的都统管理，从而将下五旗的管辖集中于皇帝本人。八旗亲贵经过雍正皇帝的刻意打压，尤其是几个最显赫家族的重要首脑被清除后，失去了往日的气势与权力，变成了皇帝忠实的奴仆。

雍正年间军机处设立后，议政王大臣会议更是失去了重要性，内阁只能处理一般例行的行政事务，雍正皇帝通过军机处这个机要秘书班子处理一切重要的军国政务，权力高度集中于皇帝一人之手。

此外，雍正还进一步完善了奏折制度。此时奏折已经完全取代了原来的题本（明清两朝呈送皇帝的正式公文），成为官员向皇帝汇报政务的最重要文书；朱批谕旨也成为官员决策、行政的重要依据。从此朱批奏折与廷寄成为清朝行政的两种最重要的公文，全由皇帝一人批答，或口述后由军机大臣拟写，因此在体制上确保了皇帝的乾纲独断。此时议政王大臣会议虽然还存在，但已逐渐沦为摆设，最终至乾隆五十六年十月二十四日被乾隆皇帝废除，八旗共治的最后一丝痕迹也不复存在。

第六章　巩固皇权

八旗亲贵的地位从皇太极开始一路下降；在皇太极那会儿，四大贝勒还能坐在一起共同商议国事；到了康熙的时候，满洲王爷就逐渐不被允许参加议政王大臣会议了；到雍正年间，更是消灭了一批王爷，而且把下五旗的权力都集中到皇帝手中。整个八旗集团一路被打压，权力越来越小，相应地皇权则越来越高，所有的权力集中到皇帝一人手中。

议政王大臣会议是军事民主的原始氏族遗风在政权机构中的反映，它作为一种过渡性的参与国政的制度，肇始于清政权创设之初，体现了满洲统治者"国家政务，唯宗室协理"的排他性。它伴随着清朝入主中原的政治变迁而发展变化。随着国家的逐步统一和君主专政集权体制的加强，集体议政、权力分散的议政王大臣会议必然走向衰亡。一起一落间，议政王大臣会议逐步从强势走向式微，也预示了清王朝鼎盛之时，便是议政制消亡、君主一人独裁之日。

权力基本盘：八旗军的征伐与驻防

清朝以武功定天下。满洲人这么少，能夺得明朝的天下，击败李自成、张献忠以及整个明朝的残余力量，它的基本盘是什么？就是满洲人组成的八旗军。

起初的时候八旗军人数很少，顺治五年（公元1648年）

曾有过一次有关八旗壮丁的人口调查，整个满洲壮丁大概只有五六万人。满洲举国皆兵，青壮年男子都要当兵。而清军统帅几乎全部是努尔哈赤、皇太极的子侄或弟弟，都是他们爱新觉罗这一家子，可谓打仗亲兄弟、上阵父子兵。清军高层忠诚度很高，非常团结。

清军出征的最高统帅称为大将军，不叫元帅。多尔衮是清朝第一个大将军。崇德三年（公元1638年）八月，皇太极任命和硕睿亲王多尔衮为奉命大将军，统率左翼军；封多罗贝勒岳托为扬武大将军，统率右翼军，两路大军出征明朝。这一年，多尔衮二十七岁。皇太极非常信任他这个弟弟，虽然他们不是同一母亲生的，但是皇太极认为多尔衮非常聪明，文武双全，所以在改国号"大清"之后，就提拔多尔衮为贝勒，之后封为亲王，睿亲王的意思就是聪明睿智的亲王。

皇太极去世后，六岁的福临继位，多尔衮为摄政王。顺治元年（公元1644年）四月，多尔衮再次被封为奉命大将军，率领全部清军入关。多尔衮这次入关，一路上纳降了吴三桂，打败了李自成，攻下了北京城，为清朝定鼎中原立下了赫赫战功。

攻下北京后，阿济格、多铎分率两路大军向西追击李自成。顺治元年十月，多尔衮以顺治皇帝的名义，任命阿济格为靖远大将军继续追击李自成残部，多铎为定国大将军南下征讨南明弘光政权。阿济格、多铎和多尔衮三人是同母亲兄弟，都是努尔哈赤第四任大妃阿巴亥所生。

第六章　巩固皇权

多铎攻下南京城后，就班师回北京了，清朝改派多罗贝勒勒克德浑为平南大将军，接替定国大将军多铎，继续南征。多铎回到北京后不久，蒙古腾机思反清，多铎被任命为扬威大将军，率军征讨腾机思。

顺治三年（公元1646年）正月，和硕肃亲王豪格接替阿济格任靖远大将军，带兵攻打四川。

从这里我们可以看到，清朝的大将军不是一个固定的职务，而是根据实际战争的需要临时设定，由王公贵族或亲信大臣担任，战争结束后就撤销了。一个大将军头衔可以多人担任，比如靖远大将军先是阿济格，后由豪格接替；一个人也可以担任多个大将军，比如多铎在征南明时任定国大将军，征蒙古时又担任扬威大将军。

整个清朝设置大将军至少有六十一次，其中由亲王担任十五人次、郡王六人次，贝勒、贝子九人次，世子一人次，半数以上都是皇室宗亲，其余绝大多数都是满人，孔有德、吴三桂、尚之孝、尚之信、年羹尧等虽然是汉人，但他们属于八旗汉军，也是旗人。真正意义上的汉人担任大将军的只有一人，就是雍正年间的传奇人物岳钟琪。蒙古人则无一人出任大将军。清朝最后一位奉命大将军是咸丰皇帝的叔父惠亲王绵愉。咸丰三年（公元1853年），太平天国军队北伐快打到北京了，九月咸丰皇帝任命绵愉为奉命大将军。到太平天国运动以后，八旗军就已经完全没有战斗力了，这是后期的重大变化。

大将军在清朝的地位是很崇高的。顺治十三年（公元1656年），清廷正式确立大将军出征仪礼。凡是大将军出征，所有随军出征的王公大臣在出师前一日，在午门前接受皇帝赏赐的衣服、马匹、弓刀，皇帝还要给相关的军官面授作战方略，并赏赐宴席。出师当天，所有出征将官都着军装列队等在午门外，所有不出征王公大臣都要身着朝服，在太和殿丹陛上集合，文武百官也着盛服站在丹墀内列队。皇帝亲自在太和殿举行送行仪式，颁发大将军敕印，由大将军带着出征将官对皇帝行三跪九叩礼。之后，皇帝赐茶为他们送行。如果大将军打了胜仗归来，皇帝要亲自到郊外迎接，行郊劳礼，王公大臣也要身穿朝服去郊外迎接。比如顺治三年，定国大将军多铎消灭弘光政权后班师回京，顺治帝就是出正阳门（现在的大前门），到南苑去迎接多铎。

到乾隆年间的时候，八旗兵大概有二十多万人，其中一半集中于北京城及附近，其核心力量是保卫皇帝安全的禁卫兵。禁卫兵分两类：一类是郎卫，是皇帝的贴身警卫；另一类叫兵卫，负责守卫紫禁城。郎卫统领有六人，从镶黄、正黄、正白旗中各选两人，也称为领侍卫内大臣。领侍卫内大臣在官衔级别上非常高，属于正一品，是武官常设最高职位之一，仅次于内阁大学士，高于协办大学士和六部尚书。

戍卫京师的八旗称驻京八旗，俗称京旗，是清军的主力部队。除了北京畿辅之地，抽调一部分八旗兵驻守全国主要城市和军事要地，称为驻防八旗。

八旗驻防制度开始于顺治朝，拓展于康熙、雍正两朝，至乾隆朝形成定制。顺治年间，各地八旗驻防仅一万五千余人，康熙、雍正年间渐增至九万余人，清中叶达十万余人，大体就是一半驻北京，一半驻各地。而驻防地增加最多的地方就是东北，康熙、乾隆年间，八旗在满洲的驻防地由十五处增至四十四处，在其他各省驻防地由九处增至二十处。乾隆年间平定大小和卓后，在新疆新设驻防地八处。这样形成的八旗驻防格局是，在北京及周边的驻京八旗兵占全部八旗兵的一半，而在他们老家东北的驻防八旗又占了驻防八旗的半数以上。剩下的一半才驻扎在其他地方，平均一个省不过一至三处，其中又以长江以北较多，湖南、江西、广西、贵州等处未设驻防，这种格局一直持续到清末。

各省驻防的最高长官称为驻防将军，清初为正一品，乾隆三十三年（公元1768年）改为从一品。乾隆以后，全国共设驻防将军十四人，分别驻守盛京、吉林、黑龙江、绥远、江宁、福州、杭州、荆州、西安、宁夏、伊犁、乌里雅苏台、成都、广州，分别冠以所在地名，如盛京将军、伊犁将军、福州将军、杭州将军等，比如年羹尧就是被雍正从抚远大将军位子上贬为杭州将军。驻防将军的实权虽然不及地方总督，但品阶高于总督，将军多是从一品，而总督一般是正二品，所以和总督同驻一省的驻防将军，在座次上要优先于总督。

雍正皇帝曾说，北京城是八旗的故乡，所以外派的八旗兵都属于公派出差的性质，他们的户籍仍隶属驻北京的旗和佐领，所有旗人如果死在驻防地，尸身都要送回北京去安葬。

八旗驻防制度把满族人分散到全国各地，南至广州，北抵瑷珲，西迄伊犁，全都驻扎了八旗兵，控制关键城市和军事要地。

由于八旗兵人数毕竟有限，且集中于北京附近，因此全国各地的军事力量主要还是依靠汉人的绿营兵。入关以后，大批的明军投降了，清朝就把这些人改成绿营兵，全国的绿营兵兵额有六十多万人，由各地总督、巡抚、提督、总兵率领。

八旗驻防军监督、指挥和控制这些绿营兵。这样，八旗兵丁屯驻在全国七十余处重要城镇和水陆冲要，设驻防将军、都统、副都统、城守尉、防守尉作为统领，指挥各地的绿营兵，成了清朝控制各地的主要力量。

清朝在除了东北地区的八旗驻防地实施旗民分治政策，在八旗驻防地专门修建满城给旗人住，和汉人严格分开，目的是尽可能地不让旗人被当地汉人同化。比如说，现在杭州西湖的湖滨涌金门、清波门这一块，就是当时驻防八旗居住的地方，成都的宽窄巷子也是八旗兵住的地方，所以建筑形态看起来就像北京的四合院。

总而言之，清朝的权力核心是八旗军，尤其是满洲八旗，始终牢牢掌握在满洲八旗皇族权贵手中，他们一半集中于北京及附近，另一半驻防在全国战略要点，监督六十多万汉人绿营兵统治全国，但凡遇到大型战事，几乎全由八旗亲贵统帅。这个格局一直维持到咸丰年间太平天国运动兴起。

御门听政：乾纲独断体制的建立

紫禁城中的乾清门并不如太和门那样壮丽雄伟，但在清朝，乾清门却扮演着远比太和门甚至太和殿更为重要的角色，因为它是御门听政的场所，即皇帝处理日常政务的地方。乾清门内就是皇帝日常生活、工作的"内廷"，门外就是朝臣们活动与举行礼仪的"外朝"。与明朝不同，清朝的内廷是政治活动的中心，而外朝越来越成为举办各种典礼的礼仪场所。

清朝中央政府日常的行政性事务由内阁承担。顺治十五年（公元1658年），清朝仿照明朝的制度改内三院为内阁，由大学士、协办大学士、学士、侍读学士等组成，大学士有殿阁头衔（中和殿、保和殿、文华殿、武英殿、文渊阁、东阁，乾隆时除去中和殿，增补体仁阁，以三殿三阁为大学士衔），还可兼任六部的尚书。内阁的工作内容与程序大体上仿照明朝，主要任务是协助皇帝处理题本。各地方政府的题本需要经过通政使司转呈内阁，称为"通本"；在京中央各部门直接呈送内阁，称为"部本"。内阁接到题本后，首先要"票拟"，即根据有关法规和典章律例为皇帝代拟、起草处理意见，具体工作由票签处代拟，草签上呈大学士总校，再由满、汉票签处缮写满汉合璧的正签，夹入本题本中送批本处；次日晨送内奏事处，呈送皇帝阅览。皇帝阅览题本并核定票签，或照原签所拟，或于原签内朱笔改定，或命令改签，再发下内奏事处。内奏事处将皇帝批下的朱签（批示意见）送内阁批本处；接到下发的朱签后，由中书分满、汉文分别批写在原题本满、汉文部分的页面上。批写用红笔，故称"批红"，批红的题本又称为"红本"，送收发红本处。每日六科派值日给事中一人，赴收发红本处领出红本，抄送各相关衙门查照办理，至此整个题本处理流程方告结束。

由于清初重要军国、机密大事皆由八旗亲贵组成的议政王大臣会议决定，因此清代的内阁权力已经大大缩小。根据实际的办事流程，大臣们已经可以直接将题本先呈送康熙皇帝本人，然后再发内阁票拟处理，这样即使在一些日常政务方面，内阁的权力也很小。

康熙十七年（公元1678年），召翰林院掌院学士陈廷敬、侍读学士叶方蔼入直南书房，参与机要政务；重要的谕旨直接由南书房拟写，南书房成为皇帝的机要秘书处与智囊。内阁原来也是皇帝的秘书处，也是内朝机构，只是后来逐渐开始外朝化，有了自己的部门利益，因此皇帝为了提高决策、行政效率，便于独揽大权，就又组建了一个只服务于自己个人的内朝机构。汉武帝始建的内朝，一直延续到了近两千年后的清朝。

第六章 巩固皇权

康熙皇帝宣称他的一生"亲握乾纲，一切政务，不徇偏私，不谋群小，事无久稽，悉由独断"。从体制上看，人数很少的八旗是清朝的统治集团，国家的军政大权均掌握在旗人手中。皇帝是八旗共主，全体旗人是他的奴才，因此可以令行禁止，行政效率很高。

在宋朝、明朝，皇帝与经过科举入仕的士大夫集团共治天下。由于有一定的经济与思想独立性，士大夫集团并不完全依附于皇权，因此在政治上也拥有一定的独立性。由于士大夫集团人数众多，出身地域广泛，科场年资多样，很容易形成不同的门派和利益集团，互相倾轧内斗，形成党争。宋朝的新旧党争，明朝的东林、楚、浙、阉党争都很有影响力，甚至危及了政权的生存。皇帝本人也无法有效控制党争的烈度与进程，甚至在一定程度上还被士大夫集团挟制、左右，结果导致政局失控甚至崩溃。

而清朝的汉族士大夫集团在政治上已经被完全边缘化，只是政治上的点缀，他们的党争并不能影响政局，而八旗内部的党争也能被他们的共主皇帝有效操控，例如康熙时期的索额图与明珠的党争。因此，清朝最高统治集团的效率、组织性极强，并在此基础上形成了君主的一人独裁制，即所谓的"乾纲独断"，即使最高的决策机构议政王大臣会议形成的决定也能被皇帝一票否决。

因此，清朝的政治体制不同于以往任何一个朝代。以往朝代的皇帝一人独裁并非常态，比如西汉时期，因为汉武帝、汉宣帝个人的能力与个性都极强，可以达到一人独裁，而在其他时期和其他朝代，皇帝都或多或少受到其他政治集团的制衡。

乾纲独断的康熙皇帝极为勤政。康熙六年（公元1667年）七月七日，他登临太和殿宣诏天下开始亲政，"是日，上御乾清门听政，嗣后日以为常"，此即康熙皇帝创立的"御门听政"制度。清代的朝会分三种：一是大朝会，每年元旦、冬至、皇帝生日这三个大节日以及国家的大型庆典的时候，皇帝到太和殿举行朝会，这仅是礼仪性质的朝会，没有实际的政务功能；二是常朝，每月逢五在太和殿举行（一月三次），内容一般只是文武百官升迁后来谢恩，或者是接见藩属使臣等仪式；三就是御门听政。乾清门是皇帝正寝乾清宫的正门，是紫禁城外朝与内廷的分界，门外即为可以容纳较多人的乾清门广场。乾清门是清朝真正的政务核心所在。

自创立御门听政制度后，康熙皇帝基本上每天天不亮就上朝披览奏章，日理万机，非常勤政。早朝的官员们每天三更天就得起来赶到午门外集合，也就是半夜十一点到一点左右，其辛苦程度，我们现在都难以想象。满族官员住在北城还近一点，汉族官员住在南城就很远。后来有大臣实在受不了，就多次跟皇帝反映说早朝时间太早了，能不能稍微晚一点，康熙一开始都还不同意，后来看到确实早了点，精力消耗太大，影响白天上班，便在康熙二十一年（公元1682年）九月后，将听

第六章　巩固皇权

政时间推迟到春夏早晨七点，秋冬早晨八点举行。大臣们还多次提出，每天听政太过频繁、辛苦，建议每五天或二三天举行一次，至少在大雨、大雪、大寒、大暑天停止。因为御门听政时群臣是在乾清门前的露天广场上，表示上达天意的意思，所以一旦碰到雨雪天，或者是酷暑，就很难受。但是这些提议都被康熙拒绝了，他认为"致治之道，务在精勤"，要励精图治，不能偷懒。终康熙皇帝的一生，除去重病、国家大丧等，御门听政从未停止，地点并不局限于乾清门，时间也不局限于早晨，而是随着他居住地点、活动时间而变化。

每天听政对于皇帝、大臣来说都很辛苦，因此康熙皇帝下令六十岁以上的大臣量力而行，每二三日来一次即可，但他自己"不日日御门，即觉不安"，仍然坚持天天听政，甚至在生病期间也不中止，"朕每日听政，从无间断。闲坐宫中，反觉怀抱不适。尔诸大臣面奏政事，朕意甚快"。[1]

每天听政需要处理多则三四百本、少则几十本的奏章；虽然有内阁的票拟意见，但康熙皇帝仍然一本本全部看过，甚至连错别字和满汉文翻译不通畅的地方都改过来。平日一天，披阅四五十本奏章；遇到战事，一天三四百本，都不在话下。即使出巡期间，康熙也命令内阁将奏章送过来，甚至奏章深夜到

---

[1]〔美〕史景迁：《康熙：重构一位中国皇帝的内心世界》，广西师范大学出版社2011年版。

达，他随即起床披阅。

晚年的康熙皇帝身体状况非常不好，曾一次大病两个多月，全身浮肿，右手无法执笔，但他仍坚持用左手批阅奏章。此时，他也未免悲从中来，向臣下自述其一生的辛劳，说自从亲政以来，一切机务必皆躬亲，从不敢怠慢；年轻的时候精力旺盛，还不觉得劳累，现在年纪大了，气血渐衰，精神渐减，连写字都手抖了；若仍像当年那样事事精详，精力已经不允许了，若是草率办理，又不安心……今天下大小事务，都是他一人亲自打理，无可旁贷；若要将事情分担给别人，又是断不可行的。

"无可旁贷"这四个字准确地揭示了康熙皇帝勤政的源动力；身为皇帝，祖先留下的江山、事业就落在他的肩上，他对这个政权负有最终的无限责任。他在晚年的时候用"鞠躬尽瘁，死而后已"形容自己，因为他的责任"无可旁诿"，无法像臣下一样，年纪大了还可以退休，回家含饴弄孙、颐养天年。他作为君王，勤勉一生，没有可以休息的一天。他甚至觉得自己就像驾车之马，即使已经背疮足瘸，无法再拉车了，还要不断鞭策，直到累死，终究也没有休息的可能。不像明朝的皇帝几十年不上朝国家也能正常运作，康熙这会儿一天不上朝，政务就没法运转了。这是他晚年的非常悲苦的一种状况，但是这个乾纲独断的体制又是他自己亲自创立的，能怎么办呢？

第六章　巩固皇权

奏折的诞生与军机处设立

在众多的影视剧、小说，甚至一些历史专业学者的论著中，经常提到唐、宋、明等朝代的人物写"奏折"给皇帝，但其实这是完全不可能的，因为奏折产生于清朝康熙年间，是清朝特有文书。奏折的出现反映的是整个中国帝制时代统治方式的一个巨大转变。

由于呈送皇帝题本的过程复杂，手续很多，且在到达皇帝案头前已经有多人预先知道其内容，很容易泄密，因此臣下有时候不敢大胆直书，不敢讲真话，特别是涉及一些敏感的案件或者权贵的时候，忌讳尤多，造成皇帝有时候就难以了解事情的真相。这对于统治者来说是个很大的问题。

有鉴于此，康熙帝特地指定一些亲信大臣可以直接给他本人送汇报，内容只有他本人与汇报者知道；因为报告写在给皇帝的请安折内，所以又称为"奏折"。现存最早的奏折是中国第一历史档案馆保存的康熙二十八年（公元1689年）二月二十七日大学士伊桑阿的《奏谢温谕赐问平安折》。奏折由臣下直接递送皇帝本人，康熙帝承诺保密，并将原奏折发还本人保管，其他人都不知道他们两人之间究竟谈了什么，因此大臣可以知无不言、言无不尽，实质就是点对点的秘密报告。

打个比方，题本的程序就像是将文档先上传至服务器（内阁），然后皇帝下载处理后再上传至服务器，最后相关官员再下载执行；而奏折则是点到点的短信，除发送者（官员）与接收者（皇帝）外，无人知悉其中内容，保密性更强。如康熙帝所言："凡奏事者，皆有朕手书证据在彼处，不在朕所也。"他还声称："尔等果能凡事据实密陈，则大贪大奸之辈，不知谁人所奏，自知畏惧；或有宵小逛主，窃卖恩威者，亦自此顾忌收敛矣。"[1]点对点单线联系的秘密报告可以互相牵制、揭发，臣下难以隐瞒真相，这是题本无法达到的效果，因此被雍正皇帝继承和发扬光大。

康熙皇帝在他的发小、江宁织造曹寅的奏折上批示："风闻库帑亏空者甚多，却不知尔等作何法补完？留心，留心，留心，留心，留心！""两淮情弊多端，亏空甚多，必要设法补完，任内无事方好，不可疏忽。千万小心，小心，小心，小心！"[2]这样的内容是绝无可能出现在题本上的。连写五个"留心"和四个"小心"，让曹寅赶紧把亏空补上，否则康熙即使作为皇帝，尽管和他关系这么密切，都没法替他担待。这就等于皇帝提前把底牌交给曹寅了。这种奏折和朱批内容，绝对不可能让第三人知道的，否则让朝廷的大臣们怎么想？明摆着包庇自己人。康熙本人作为皇帝，其实也会干这种秘密的、徇私舞弊的事情。

康熙皇帝为了行政效率与保密，在内阁之外，又设立了南

---

[1]《清圣祖仁皇帝实录》卷二四九，康熙五十一年正月壬子。
[2]《关于江宁织造曹家档案史料》，中华书局1975年版。

书房，位于乾清宫院落西南角平房。南书房挑选一批文采、才能和品行兼优，而且跟皇帝关系特别密切的官员入值，称"南书房行走"。他们平时陪皇帝赋诗撰文，写字作画，起草圣旨和各类公函，是皇帝最亲近的贴身秘书。皇帝住在乾清宫，而他们就在乾清宫四合院里面，一般的王公大臣平时是进不来的。

雍正七年（公元1729年），因与准噶尔部的战争，雍正帝下令军需一应事宜都交给怡亲王胤祥、大学士张廷玉和大学士蒋廷锡三人秘密办理，三人组成了一个临时办公机构，叫军需房。雍正八年（公元1730年），改称为军机处，以张廷玉、蒋廷锡、马尔赛入值办理一切事务，成为定制。雍正十年（公元1732年）三月，正式定名为"办理军机处"，简称"军机处"，并由礼部铸造印信，用"办理军机印信"字样。

起初军机处只是一个处理紧急军国事务的临时机构，办公地点是一个临时搭建的木板房，开始设置于乾清门内外，后移到隆宗门外。隆宗门也是在乾清门广场上，后改建成瓦房，靠近皇帝的寝宫养心殿，是一个典型的内朝机构。后来具体地点跟随皇帝行踪驻地而定，如移往圆明园、颐和园或避暑山庄等地。

军机处主要成员为军机大臣及军机章京。军机大臣员额无定，最少三人，最多不超过十人，通常是五六人，由亲王、大学士、尚书、侍郎或京堂充任，通称"大军机"；设首席军机大臣，或称领班军机大臣，一般由满族亲王或大学士担任。军机大臣须每天值班，随时等候皇帝召见。另外，挑选内阁中书等官充当军机章京，通称"小军机"，给军机大臣当秘书，满汉各半，负责缮写谕旨、记载档案、查核奏议等。

军机处设立后，皇帝可以自由地选择亲信大臣充当军机大臣，协助皇帝处理一切军国大事，但军机大臣只有建议权，决策权由皇帝一人掌握，因此他们只是皇帝的机要秘书，军机处也只是皇帝的机要秘书处。军机处并不是中央的最高行政机关，充其量只能说是皇帝权力的执行机关。

从此之后，议政王大臣会议逐渐失去了重要性，内阁只能处理一般例行的行政事务，而权力高度集中于皇帝一人之手；皇帝通过军机处这个机要秘书班子处理一切重要的军国政务，达到了他心目中的理想状态："惟以一人治天下。"军机处没有专官，军机大臣、军机章京都是以原官兼职，皇帝可以随时令其离开军机处，回本衙门。军机大臣既无品级，也无俸禄。军机大臣之任命，并无制度上的规定可供遵循，完全出于皇帝的自由意志。

与军机处相配合，雍正帝更进一步完善了奏折制度。他刚即位就将上奏密折的范围扩大到了所有的总督、巡抚，后来又扩大到了布政使、提督、总兵等一级官员，奏折制度成为正式的制度；他还特批一些中低级官员也有此权力。奏折由官员秘密上奏皇帝本人，皇帝则在奏折上用朱笔亲笔批示，称为"朱批谕旨"，经朱批后的奏折称为"朱批奏折"。

此时奏折已经完全取代了原来的题本，成为官员向皇帝汇报政务的最重要文书；朱批谕旨也成为官员决策、行政的重要依据。从此，朱批奏折与廷寄谕旨成为清朝行政的两种最重要的公文，它们全由皇帝一人批答，或口述后由军机大臣拟写，因此在体制上确保了皇帝的乾纲独断。

任何个人和机构组织都倾向于扩大自身的权力，清朝皇帝一直遵循这个思路，最终雍正帝通过建立"军机处—奏折体制"得以完成。军机处—奏折体制将一切权力集中于皇帝一人手中，这就要求皇帝必须极为勤政，每天必须不间断地处理各地奏折，否则国家军政要务就得停摆，这是彻底的人治——皇帝一人的绝对独裁。独裁统治对皇帝本人的能力与责任心要求极高，而相应地，大臣们也就丧失了积极性。

清朝实行皇帝乾纲独断体制，而奏折制度是实现这一体制的重要一环。奏折绝不仅仅是一种单纯的官方文书名称，它更是传统中国从皇帝与官僚共治转向皇帝一人独裁统治的见证。

皇位继承制的冲突：嫡长还是择优？

家天下的最核心、最严重的问题就是继承问题，这个问题解决不好，政权会因此颠覆。兄终弟及是一种不稳定的血亲继承方式；尽管相较于幼子，一个经验丰富的成年继承者更有利于应对危机，游猎原始部落也因此常采取这种继承方式，但兄终弟及有违基本人伦，父子之情远过于兄弟，君主位子传到最小的弟弟后，就会产生一个问题，是传给老大的儿子，还是自己的儿子？这是一个人性的根本问题，在兄弟相传的过程中，总有人忍不住要传给自己的儿子，这样兄终弟及制度就玩不下去了，政权就变得极不稳定。

早在商朝，就因兄弟轮流上位问题导致出现了长达数百年的"九世之乱"；后来到了春秋时期，商的后代宋国复古，再次采取兄终弟及，结果又导致了"五世之乱"。北宋初年，宋太祖赵匡胤也采用兄终弟及的方式，把皇位传给了他的弟弟宋太宗赵光义，并约定以后要把皇位再还给宋太祖的儿子。这是他们的母亲杜太后的如意算盘，但是最终结果是赵光义没有把皇位还给他哥哥的儿子，而是传给了自己的儿子。

周朝在牧野之战前，就确立了中国传统的父子间嫡长子继承制度，顺应人伦，有利于稳定。这一制度的集大成者周公，成为儒家的元圣（创始人）以及商王族后代孔子最大的崇拜对象。有一种说法认为，周公本人已经称王，而并非摄政；他亲自率师东征，消灭商朝主力与商纣王之子武庚，商非亡于牧野，而亡于周公东征。但等周成王长大后，周公却以身作则，交还王位，尊重嫡长子继承制。周朝统治长达八百余年，并不是仅仅因为幸运。此后，中国君主嫡长子继承制除在五代乱世及随后的宋初一度中断外，始终是中国帝制的继承主流。

由于清朝的最高统治集团是满洲人，因此在入关前还有浓厚的部落民主制色彩，不仅在国家大政上奉行八旗共治，民主讨

第六章 巩固皇权

论,在皇位(汗位)继承上也奉行推举制,择贤而立。清朝(后金)第一次的皇位继承发生在太祖努尔哈赤去世后,他本人要求诸贝勒共治,集体领导,并没有指定继承人,于是贝勒们就推选了第八子皇太极为汗,主要是考虑皇太极德才兼备,是"立贤"。

后来皇太极突然去世,生前并未立太子,也没有指定继承人,引发豪格和多尔衮之间的汗位争夺。其中正黄、镶黄、正蓝旗拥立皇太极的长子豪格,而正白、镶白两旗以及多铎支持皇太极的弟弟多尔衮,双方争执不下,最后达成妥协,立皇太极年仅六岁的儿子福临为帝,就是顺治帝。福临的母亲不是皇后,所以立他既非嫡长,也非择贤——这么小的孩子没人知道贤愚和才能大小,所以福临只是妥协的产物。和硕礼亲王代善召集诸王、贝勒、贝子、文武群臣一起商定立福临为帝,并由多尔衮辅政。这其实还是八旗权贵共同推举的结果。

顺治帝福临二十三岁(《清史稿》说是二十四岁)时因天花去世,当时他已经有了几个幼年的儿子。顺治帝性格有点问题,他居然想把皇位传给比他大十多岁的堂兄安亲王岳乐。顺治的母亲孝庄太后不同意顺治的这个想法,于是听从了德国传教士汤若望的建议,选择了生过天花、已经具有免疫力的皇三子玄烨为太子。玄烨非嫡非长,勉强也算是一种择贤而立。

深受汉族制度文化影响的康熙皇帝恢复了中国传统的嫡长子继承制,于康熙十四年(公元1675年)立原配皇后赫舍里氏所生的嫡长子(实际为嫡次子,嫡长承祜夭折了),也是他的唯一嫡子胤礽为皇太子，胤礽当时年仅两周岁。没想到这位唯一的嫡子、合法性不容置疑的继承人胤礽却因当了太久的太子，与父皇发生了激烈的冲突，于康熙四十七年（公元1708年）被废，随后又被复立，旋即又废。

由于担心形成第二个权力中心以及继承人变成众矢之的，康熙晚年皇太子位一直空缺。

康熙皇帝仿效汉人太子制度的努力彻底失败。从深层次讲，这是汉族制度与满洲旧制之间的文化冲突导致的。清朝一直没有预立皇位继承人的传统，而是在皇帝去世后由王公贵族推选，择贤而立，有竞争性，并且按照传统，皇家子弟均参与军国大事，这个传统并非是预立太子就能废除的。因此，太子成为众矢之的并被众兄弟拉下马也不奇怪。经过两次废太子的挫折，一向乾纲独断的康熙皇帝既不愿意恢复满洲的传统，将立储大事交给王公贵族决定，也不可能再次仿效汉制立太子，因此他别无选择，只好在事实上选择了秘密立储，即在自己去世前才会宣布继承人选。因此，清朝第一位因秘密立储而即位的皇帝是雍正皇帝，并非坊间所认为的乾隆皇帝。

雍正皇帝亲身经历了兄弟之间残酷的皇位争夺，目睹了他父亲悲催的晚年，因此即位后，立即改进和完善了秘密立储制度，在即位当年就将立储遗诏放在了乾清宫"正大光明"匾后。

雍正皇帝去世后，皇太子弘历尊奉载有他遗体的黄舆从圆明园回到紫禁城乾清宫，内侍将雍正元年就藏于乾清宫"正大

第六章 巩固皇权

光明"匾后的封函取下，捧到弘历面前；弘历令庄亲王胤禄，果亲王胤礼，大学士张廷玉、鄂尔泰等一齐入宫，打开封函，宣读雍正皇帝在十三年前的亲笔手书：

> 宝亲王皇四子弘历，秉性仁慈，居心孝友，圣祖皇考于诸孙之中，最为钟爱，抚养宫中，恩逾常格。雍正元年八月间，朕于乾清宫召诸王、满汉大臣入见，面谕以建储一事，亲书谕旨，加以密封，收藏于乾清宫最高处，即立弘历为皇太子之旨也。其仍封亲王者，盖令备位藩封，谙习政事，以增广识见。今既遭大事，著继朕登基，即皇帝位。

皇太子弘历随即按照雍正皇帝的遗命，任命庄亲王胤禄，果亲王胤礼，大学士鄂尔泰、张廷玉辅政，为总理事务王大臣。这道秘密立储的诏书也证明，雍正皇帝遵照了父亲临终前的嘱咐，必封弘历为太子。

清朝的秘密立储彻底改变了中国长期流行的嫡长子继承制。它有一个最基本的假设：皇帝肯定会从有利于政权长远利益的角度，择优选择继承人，这样就可以有效避免因官僚支持不同的继承人而导致的党争、内斗。皇帝与政权的利益一致，而官僚显然并非如此：索额图因是康熙皇帝太子的舅公而选择支持不成器的太子，甚至站在了皇帝的对立面；他的政敌又为了自己的利益选择了相对弱势的皇八子，形成了康熙晚年激烈的党争。嫡长子继承制虽然相对稳定，但有很大的风险，如果嫡长子本人能力弱，会激起其他人夺嫡、篡位的野心，最典型的莫如发动"玄武门之变"的唐太宗李世民和发动"靖难之役"的明成祖朱棣。即使没有内乱、夺嫡事件发生，一个缺乏能力的人，只因嫡长子的身份继位，也是拿国家利益当儿戏——极端事例就是说出"何不食肉糜"的晋惠帝。在乾纲独断、大权集于皇帝一身的清代，这一方法更是不可行。除汉景帝外，西汉盛世、康乾盛世的诸位皇帝——西汉的文帝、武帝、昭帝、宣帝和清朝的康熙皇帝、雍正皇帝、乾隆皇帝，没有一人是因嫡长继位，都是择优选择的结果；唐朝盛世中的两个著名皇帝太宗、玄宗同样也是如此。相反，执行嫡长子继承制最为严格的明朝却是平庸皇帝辈出，除了明太祖，最为杰出的皇帝恰恰是夺嫡篡位的明成祖。

秘密立储制度将立储的选择权集中于皇帝一人，择优选择继承人，其他任何人都不能参与，可以有效避免嫡长子继承制的诸多弊端。皇帝在自己儿子中选一个继承人，这是他一生中最重大的决定，他绝不会拿江山和自己家族的身家性命开玩笑，而其他的任何人都没有这个责任，也负不起这个责任，所以立储才要秘密，要杜绝其他任何人的干扰。嫡长子继承制的实质是用天生的身份来杜绝一切人为的干扰，不让包括皇帝本人在内的任何人参与，但它的天然缺陷就是不能择优，排除了继承人能力的因素，这样反而会带来夺嫡的风险，这是强势的皇帝所不甘心、不能容忍的。所以中国历史上的夺嫡事件比比皆是，不可避免会引发内乱。

秘密立储制度还有一个很大的优势：在理论上，所有皇子都有可能继承皇位，因此他们之间存在着竞争。正因如此，所有的皇子都要为未来继承皇位而接受特殊教育。清朝的皇子教育和培养制度是历代最为严格、最为成功的，它不仅吸取了明代皇子教育失败的教训，也为秘密立储奠定了基础。

清朝的秘密立储制度可能借鉴了古波斯。据《旧唐书·波斯传》记载："其王初嗣位，便密选子才堪承统者，书其名字，封而藏之。王死后，大臣与王之群子共发封而视之，奉所书名者为主焉。"康熙帝曾说"二十一史，朕皆披阅"，这一段记载应该对他晚年拟订秘密建储计划有所启发。嫡长子继承制的明立储君与汗位推选制的不预立储君，本是互为对立的两种形式，秘密建储制度对它们进行取舍、改进，将两者结合起来，发挥了互补的作用。

秘密立储是清朝的独创制度，一直实行到了咸丰皇帝即位，后来因只有独子，甚至没有儿子，这一制度在事实上被废除了。

皇权独大：本朝无名臣，亦无奸臣

清朝的一个重要特点就是皇权独大。乾隆皇帝曾经说过一句名言："本朝无名臣，亦无奸臣。"这句话是非常自大的，也是对清朝的整个统治方式的一个非常好的总结。清朝在康熙以后，从议政王大臣会议到内阁，从内阁到南书房，从南书房到军机处，都是皇帝个人的咨询机构兼秘书处，并非最高层的决策机构，因此清朝皇权独大，没有任何机构与个人可以制约皇权。

自乾隆十三年起，年轻的领班军机大臣、大学士傅恒成为乾隆皇帝最信赖、最重要的大臣，而雍正朝的老臣已经全部退出了政治核心，仅剩的张廷玉，如乾隆皇帝所说，也只是一尊摆设而已。但即使是最受信任的傅恒，也不过只是承旨办事，转述皇帝的命令，而不能对决策有任何的干预，所有的权力都掌握在皇帝一人手中。无论是康熙时期的内阁、议政王大臣会议，还是雍乾时期的军机处，最多只能为皇帝的决策起到咨询作用，军机处甚至连咨询的作用也被削弱，只是皇帝的机要秘书处。

乾隆皇帝将他父亲的"惟以一人治天下"的皇权至上推到了极致。乾隆四十六年（公元1781年），因尹嘉铨在著作中称大学士、协办大学士为相国，被乾隆皇帝发现后严厉驳斥，说宰相之名从前明洪武年间就被废了，后来设置了大学士，清朝延续下来，但是大学士的职责仅仅是票拟、承旨，绝非古代秉钧执政的宰相！乾隆皇帝的这段话非常直白。在他看来，大学士只是承担文件起草任务的秘书，甚至不需要出谋划策，所有的权力、所有的决策均由皇帝一人掌握，大学士怎么配称为"宰相"？皇帝不仅要掌握最高的决策权，还要"亲揽庶务"，掌握日常的行政权；乾隆认为他祖父、父亲与自己祖孙三代对于国家大小事情都是一把抓的。

第六章　巩固皇权

清朝皇帝的勤政可称中国历朝之最，一年中除了仅有几天例外，从康熙皇帝开始的"御门听政"每天都要举行；所有的题本、奏折都要求皇帝亲自审读、批示，而其中涉及的事情包罗万象，五花八门，大到战略布署、军队调动、高官人事，小到家庭命案、各地仓储、雨水粮价……

当时在军机处任章京的赵翼亲身感受了乾隆皇帝的作息：每天早上卯刻（五至七点）起床……从养心殿出来后，每过一扇门就要放一声爆竹，赵翼他们在军机处，听到一声声的爆竹声由远及近，就知道圣驾已经到乾清宫了。军机处的官员们五六天轮一次早班，就已经觉得很辛苦了，可是乾隆天天这么早；这还是平时天下太平的时候，而遇到边疆用兵打仗有军报送来时，即使是半夜也要起来看奏章，把军机处的人叫过来指示机宜。

皇帝将这些大大小小的日常行政工作全部包揽到自己一个人身上，勤则勤矣，但效果却未必好。一个人的精力、时间总是有限的，而且随着年龄增大，精力衰减，政务必然随之懈怠，这在高龄的康熙皇帝与乾隆皇帝两人身上表现得最为明显。

与此同时，因为皇帝独揽大小所有权力，大臣沦为单纯的执行工具，缺乏主观积极性和随机应变的能力，一切都要等待皇帝的指示，一旦发生紧急情况常常应对不及，雍正年间对准噶尔的战争很大程度上就是因此而败。

康雍乾三帝都有过人的精力与责任心，以及超越常人的政治能力，他们可以几十年如一日高强度地处理政务，乾纲独断体制适合他们，但并不适合他们的子孙；而清朝皇帝最重祖制，墨守成规，他们的后代皇帝在这个体制中就勉为其难了。当然从另一角度看，在决策英明的前提下，乾纲独断体制也有其效率高、执行力强的长处，康熙皇帝、乾隆皇帝数次重大征伐均出自于本人的独断，并对中国历史产生了深远影响；汉武帝的独断专行同样也深刻地改变了中国的历史。但像这样雄才大略的君主毕竟是极少数，更多的平庸或昏聩君主的独断专行却带来了灾难。

晚年的乾隆皇帝志得意满，极度自我膨胀，在贬低大臣的作用之余还认为"本朝纪纲整肃，无名臣，亦无奸臣。何则？乾纲在上，不致朝廷有名臣、奸臣，亦社稷之福耳"。这意味着大臣仅是工具，只要执行皇帝的英明决策即可；在英明皇帝洞察一切的监督下，大臣没有丝毫的权力与邪念，因此既不会建立功勋成为名臣，也没有机会成为祸国殃民的奸臣，他们只不过是帝国巨大机器上的一个个零件，甚至螺丝钉。可以说，皇权的至高至尊，在乾隆朝达到了顶峰。

清代皇权独大，没有任何个人或集团能与之抗衡。中国历史上的外戚、权臣、宦官等侵夺皇权的专权现象在清代都不复存在。在乾隆皇帝看来，这种无名臣、无奸臣的状态是社稷之福。乾隆皇帝因此宣扬："前代所以亡国者，曰强藩，曰外患，曰权臣，曰外戚，曰女谒，曰宦寺，曰奸臣，曰佞幸，今皆无一仿佛者。"[1]

---

[1]《古稀天子之宝记》，又名《古稀说》。

第六章 巩固皇权

清朝吸取了历代的经验教训，实质上是集中国历代帝王统治术之大成。

然而，绝对皇权存在一个巨大的风险，与皇帝本人有无足够的能力与精力密切相关。如果是康雍乾三帝以及汉武帝、宣帝这样政治能力、精力、责任心超强的皇帝，官僚的权力就会被大为压缩，同时政治运转极为高效，对权贵、官僚阶层的打击力度、对中底层的保护力度——两者未必同时存在，但各有侧重：康熙皇帝侧重于保护中底层，汉武帝侧重于打击、抑制高层，雍正皇帝、乾隆皇帝与汉宣帝则两者并重——也会相应增强；反之，皇帝的能力与精力不济，官僚的权力就会相应扩张，但即使是中智之主，也可以从中平衡、调控，维持政权的稳定，仍然可以保持中央权力的平衡，典型的例子就是明朝中后期，皇权逐渐削弱，官僚与宦官的权力开始增长，但还可以维持政权的有效运转。

如果遇上平庸之主，如汉元帝、成帝，明万历帝、天启帝、崇祯帝，官僚集团内部就会出现激烈的朋党之争，因为他们仅是职业经理人，可以重新换个新东家投靠，为了自己的利益可以不顾政权的安危而内斗不止，皇权在内斗中逐渐削弱，直至政权崩溃。最典型的莫过于明朝末年，国家财政崩溃，在关内李自成等起义军与关外满洲集团的双重打击下，明朝政权命悬一线，但官僚集团（含宦官集团）却仍然内斗不止，将国事、战事当成打击政敌的工具，完全不顾政权的安危。在最后关头，崇祯帝要求官僚捐银招募军队抵抗，但官僚集团却阳奉阴违抵制，结果政权灭亡了，千万家财也被李自成一网打尽。

清朝皇帝对明朝政局的混乱印象最为深刻，因此他们全力集中皇权，建立了绝对皇权的乾纲独断体制，不让任何一个利益集团有独大、专权的机会，让他们全部处于皇权的绝对控制之下，就是为了避免重蹈明朝的覆辙。即使是皇权与士大夫官僚集团共治较为平衡、稳定的宋朝，当辽军南下至澶州（今河南省濮阳县）时，也出现了官僚集团为了各自的利益，纷纷要求放弃都城开封南迁至成都或金陵（今江苏省南京市）的情况，幸而被宰相寇准制止；靖康年间，金兵南下，在最需要当机立断的时刻，官僚集团又为了和战争论不休，内斗不止，朝议未决，金兵已经渡河围城。乾隆皇帝自豪地宣称"我朝自定鼎以来，综理政务，乾纲独揽，从未有用兵大事，臣下得以专主者"[1]，即国家重要的军事全部由皇帝一人决定。掌握的权力大，就意味着承担的责任重，也就要求皇帝本人的政治素质与能力要强。虽然康熙皇帝创建了秘密立储的制度，但如何确保皇位继承人素质的问题仍然是乾纲独断体制的最大隐患，因此这个体制的继承人风险要远高于皇帝与官僚共治体制。

---

[1]《钦定四库全书·平定金川方略》卷十二。

第七章 内政民生

更名田：三百年前的土地改革

明万历九年（公元1581年）十二月四日，王皇后生下公主，这一年明神宗十七岁，王皇后十六岁。公主是神宗第一个子女、嫡长女，名叫朱轩媖。此后王皇后再也没有生过孩子，神宗也没有再立新的皇后，所以朱轩媖就成了神宗唯一的嫡出子女。万历二十四年（公元1596年）十一月二十八日，朱轩媖被册封为荣昌公主，并和南城兵马司副指挥杨继的儿子杨春元成婚。

在明朝有个传统，就是公主一般都是嫁给平民百姓，而不许配给文武大臣的孩子，这是为了避免形成外戚干政。朱轩媖嫁给杨春元是破例的，因为不仅杨春元的父亲是军官，他爷爷杨维璁也是高官，是正德年间的状元，担任过太仆卿，所以杨家可以算是官宦世家。

天启皇帝登基后，晋封他的大姑妈荣昌公主为荣昌大长公主。荣昌公主活了六十五岁，经历了甲申国变，一直活到了清朝初年。

《荣昌大长公主揭帖》记录了这位公主的遭遇。她在直隶的顺天、保定、河间三府所属州县，共拥有赐田及自置地三千七百余顷，相当于几十万亩的土地，是个大地主。李自成

第七章　内政民生

的农民军来了之后，她家的遭遇非常悲惨，五个儿子中，三个被杀，一个小儿子也病死了，只剩下一个儿子和十三个孙子。

多尔衮刚刚进抵北京的时候，出于笼络人心的需要，宣布厚待投降的朱姓藩王，不仅保留王爵，还由清廷供养他们，保留他们的田产家业，不允许侵占。

荣昌公主得悉了多尔衮优待明朝宗亲的政策后，写信给清廷，请求清军帮忙把被没收的土地要回来。但是就在荣昌公主写信前不久，清朝已经修改了有关优待故明宗室的令旨。顺治元年（公元1644年）底，清廷就下令圈地，因为这么多旗人需要住房，需要土地；令旨其中就有一条规定，凡是明朝的皇亲国戚、王公大臣、驸马太监等如果已死于战乱，那么他们的"无主土地"就可以拿来分掉。这样一来，清兵非但没有怎么优待她，反而把她在京城的十余处房产给占用了。她在武清等地几十万亩的田产，有的被清兵圈地圈走，有的被分发给百姓。她差遣家人往武清等县催收赡银和佃租，可是佃户们说明朝已经灭亡了还交什么租，不但不给，而且还把荣昌公主告到清朝的户部和道台衙门。荣昌公主不得不拖家带口地迁出北京城，流落到丈夫杨春元的老家河北固安的荒村中。昔日的金枝玉叶，最终在穷困潦倒中死去，享年六十五岁。

清军击垮李自成农民军主力后，开始向南方进军，把福王等南明政权作为重要的打击目标，对朱姓宗亲的政策，也有某些新的变化。顺治二年（公元1645年）闰六月，清廷下令，对于明朝宗室的田产，按照级别，"酌给赡田"，即适当地给一些土地，同时将他们编入民册中。"酌给赡田"是一句很笼统的说法，各地在执行时，也不完全一致。顺治二年十二月，陕甘巡按魏琯在给朝廷的一份揭帖中提到，山东将田产中的十分之二留给藩王，其余十分之八收归官府，山西的做法是亲王每年给五百两银子，二字王四百两，各地的执行标准并不一样。

到了顺治三年（公元1646年），清朝对明朝宗室的优待政策又缩紧。四月，清廷给户部下了一道旨令，要求各地前明宗室的田地钱粮和民田同等纳税，并登记造册；同时，革除明朝宗室的各种头衔，如有犯法，跟老百姓一样治罪。四月初九，有人向摄政王多尔衮打报告，称在京居住的故明衡王、荆王密谋起兵反清。这个应该是诬告，他们哪里有条件反清，估计也就是发发牢骚。但是到了五月份，弘光皇帝和秦王朱存极、晋王朱审烜、潞王朱常淓、荆王朱慈煃、德王朱由栎、衡王朱由棷，还有"太子"王之明等十七人被斩首于菜市口。这标志着清朝对明朝宗室优待政策的终结。

到了康熙初年，推出了一项重要的举措，叫"更名田"。明朝有几十个分封于全国各地的藩王，这些藩王以及皇族宗亲占有大片土地，由佃户耕种，佃户向藩王交租，但是藩王是不纳税的，这就损害了国家财政。清军入关后，就把这些藩王的封地分发给原来的佃户耕种，将土地产权人的名字从藩王更改为佃户，即把土地产权从藩王转让给佃户，而这个过程不需要进行土地的交割，这就叫更名田。佃户获得土地所有权后，被纳入赋役体系，直接向国家纳税。康熙八年（公元1669年）清政府正式下令，将明朝藩王的土地无偿交给原来耕种的农民，并且按普通民田的额赋纳税；而对那些无人耕种、抛荒的废藩田产，则招揽民众开垦，谁来种这地就归谁。因为承种者"止更姓名，无庸过割"，所以这些田地被称作"更名地"，分布于直隶、山东、山西、河南、湖北、湖南、陕西、甘肃等地，总数约二十万顷。第二年康熙又下令对更名田减免赋税，以减轻民众负担，尽快恢复生产。

更名田政策总的来说有利于底层民众。将明朝皇族贵族的土地，现产权归于清政府的土地，免费赠予实际耕种者，归其所有，不需要再像康熙九年（公元1670年）之前那样还要向清朝政府交纳易价银购买产权，等于这些更名田的拥有者经历了一次"打土豪、分田地"，坐享了农民军、清军推翻明朝的果实。

丁酉科场案：严厉打击士绅集团

明朝，特别是明朝中后期，士大夫集团已经成为政权的主要力量；利用科举，士大夫形成了多个政治集团，并发生了激烈的"党争"，连皇帝也驾驭不了。清初，由于士大夫具有较强的华夷之别观念，而且拥有雄厚的财产，很容易形成独立的政治势力，进而威胁到清朝政权的统治。

清朝入关后，为了笼络天下人心，特别是为了获取士大夫群体的支持，很快就于顺治三年进行了第一次会试，随后又于次年加试，主要录取江南士子。顺治朝十八年间，共举行过八科会试，录取了二千五百多名进士。清朝一方面大力笼络天下士子，另一方面也在找机会打击具有较强民族意识的士大夫，科场案就是很好的时机。

顺治十四年（公元1657年）十月十六日，有个叫任克溥的人，上疏举报说顺天府乡试舞弊严重，百姓怨言很大，比如有个叫陆其贤的，贿赂考官李振邺、张我朴等人三千两白银，得以考中举人，而且这类事情还很多。顺治帝接举报后勃然大怒，下令严惩。

吏部都察院动作迅速，不到十天就上报了调查结果。调查发现，丁酉年顺天府乡试的时候，从中央各部委选了十四名有才名的年轻干部参加阅卷工作，本案的案首李振邺、张我朴的身份是大理寺的左右评事，是从七品的低阶官员，平时主要负责文书整理工作。李振邺等年少轻狂，胆子很大，私下联系并许诺了二十五个考生，这其中，有些是图人家的钱财，有些是想借此攀关系，结交权贵。

在阅卷的时候，由李振邺等年轻的阅卷官先看，挑出比较好的卷子再给主考官。因为有十四个阅卷官，所以李振邺联系的那二十五个考生的卷子不可能全部都分到李振邺手上。于是，李振邺就随手用批卷专用的蓝笔写了一张名单，让身边的

第七章　内政民生

小童拿着这个名单去其他阅卷官那里找。小童很机灵，很快把二十五人的卷子全给找到了。卷子拿过来后，因为名额有限，李振邺就从中挑选了五个人的卷子推荐了上去，而其他二十人的卷子则落选。大家想想，这落选的二十人当然就要起来闹的。李振邺收了人家的钱财又不给人家办事，这就埋下了隐患。而且，李振邺偷吃也不抹嘴，他手写的那张蓝色名单，事后居然忘了销毁，反而被小童带走，拿给一个叫冯元的人看。冯元平时就很痛恨李振邺，于是就把这纸条藏起来，准备去告发李振邺。

由于行贿舞弊的人太多，乡试放榜后，舆论大哗，就有了任克溥的举报以及吏部都察院的调查。顺治帝下令严惩相关的人员，将涉案的李振邺、张我朴、蔡元曦、陆贻吉、项绍芳，举人田耜和邬作霖等斩立决，没收家产，并把他们的父母、兄弟、妻儿子女流放到东北尚阳堡。

当时满洲人还不知道科举考试当中的这些舞弊套路，大学士王永吉就绘声绘色地向他们讲解起来。王永吉本人就是崇祯年间的进士，一路科举考试过来，其中的舞弊套路再熟悉不过了。经过王永吉的一番解说，图海、科尔坤等大臣对这些人的狡黠深感痛恨。这个王永吉为了拍满洲大臣的马屁，还特地把冯元叫来，言语蛊惑他，让他将罪证拿出来给大家瞧瞧。冯元就从兜里把李振邺用蓝笔写的那张名单拿出来摊开，大家围上来一看，名单上赫然写着"王树德"，而这个王树德正是王永吉的亲侄子！这下可真是搬起石头砸自己的脚，吓得王永吉屁滚尿流，慌忙上书自我检讨。

顺治十五年（公元1658年）正月十五日，这些举人被重新召集起来，在太和门再考一次。顺治皇帝担心考生再次作弊，给每个考生派一个满洲兵全程盯着，考试题目也是顺治皇帝亲自出。最后考试结果出来，居然有八个人是文盲！这次考试除了这八个文盲被开除，其他人都被准许参加会试。

四月二十二日，顺治皇帝命令，将李振邺名单中的二十五人，加上相关的涉案考官和工作人员共四十人全部押送到太和门，顺治皇帝要亲自审讯。按照惯例，朝廷在要执行死刑的时候，会让刑部准备绑索、刽子手等，并让工部肃清街道。这天早晨，刑部准备了绑索四十副、刽子手四十名，还有行刑刀等，看这架势是要斩四十名犯人。这些舞弊的士子和官员被这场面吓得面无人色。王树德等都不用审，就将考试舞弊的情节一五一十地全招了。过了很久，顺治皇帝说：朝廷平时待大家不薄，大家怎么这么不自爱，做出这等辜负朝廷的事来？本来按律都要掉脑袋的，但自己实在于心不忍，这次就免他们一死，各打四十大板，流放到关外尚阳堡吧。最后仅涉案考官李振邺、张我朴、蔡元曦等三人被处死。

顺天府乡试舞弊案揭发后，其他地方纷纷有人出来弹劾科场舞弊，比如河南、陕西、山西、山东等地科考舞弊等，其中以江南科考舞弊案的规模和影响最大。

顺治十四年十一月，阴应节上奏称，江南乡试问题很大，

第七章　内政民生

其中主考官方猷、钱开宗等人徇私舞弊的嫌疑很大，比如被录取的方章钺，是少詹事方拱乾的儿子，方拱乾和主考官方猷是亲家，所以乘机徇私舞弊。

顺治皇帝一看，大怒，因为江南科举考试非常重要，方猷和钱开宗两人南下主持考试前，顺治皇帝还特地当面提醒他俩，要严肃对待，结果还是出了幺蛾子，实在可恶。于是下旨将方猷、钱开宗及相关考官全部革职，将方章钺押到京城审讯，并派人迅速南下调查。

在南京的江南贡院这边，乡试放榜之后，果然是群情激奋，许多落榜士子大呼不公，整个江宁城大街小巷都议论纷纷。考官方猷和钱开宗在出考场时甚至遭到士子们的咒骂，另一名考官龚勋在考场外遭到考生的羞辱。民间甚至出现了一本讽刺剧本《万金记传奇》，说两名江南才子沈白、杨云进京赶考，却名落孙山，而三个纨绔子弟贾斯文、程不识、魏无知却通过作弊金榜题名，其中"万"即"方"字少一点，"金"即繁体"钱"字左半边，暗指方猷和钱开宗二人，荒唐的剧情直指这次江南科考。

江南贡院舞弊显而易见，第二年三月，和顺天府乡试一样，顺治皇帝命令将江南的举人一百一十三人集中到中南海瀛台，由他亲自主持复试；为了防止舞弊，同样派满洲兵手持武器，一对一盯着。

复试结果，有个叫吴珂鸣的人表现优异，三次考试都很好，被顺治皇帝列为乡试第一，即"解元"，还有七十四人考试合格，另外二十四人不太行，还有十四人根本就是文盲，被革去举人身份，这些人肯定都是通过贿赂考官或舞弊才中举的。

处理完考生后，顺治皇帝就动手处置徇私枉法的官员。到年底，刑部判主考官方猷斩首，副主考官钱开宗绞刑，考官叶楚槐等流放尚阳堡，方章钺等革去举人功名。

因为前面顺天府科考案中，顺治皇帝对王树德等人做了宽大处理，对涉案人员判得比较轻。然而，刑部低估了顺治对江南舞弊案的愤怒。顺治皇帝大为不满，下令将两名主考官方猷、钱开宗就地正法，没收家产，叶楚槐等其他十七名考官立即处以绞刑（另有一名考官卢铸鼎当时已死），并没收家产，而参与作弊的考生方章钺等人罚四十大板，没收家产，并且和父母兄弟妻子等流放到比尚阳堡更远的宁古塔。

丁酉科考舞弊案遍及全国，其中又以顺天和江南两省的乡试案情最重。顺治皇帝对江南科考案的打击力度远远大于顺天府科考案。顺天府科考案最后被处死的仅仅是李振邺等三名考官，还对涉案考生网开一面；但对于江南科考案，则将两名主考官和十七名考官全部处死，而且妻子家产全部没收充公，涉案考生全家被流放宁古塔。在当时，流放宁古塔是仅次于死刑的重刑，那个地方冰天雪地，去了就是九死一生。

清初的时候，江南地区满汉对立情绪严重，很多士大夫内心对满洲人的统治非常抵触，多少都想着反清复明，所以后来郑成功率舰队打到南京城下时，江南士绅欢呼雀跃。南方的汉族士大夫集团心怀故明，有浓厚的反清情绪，所以清朝借着科场案严厉打击江南士绅。

奏销案：江南士绅的灭顶之灾

"奏销"是古代的一个财税概念，一部分跟今天的"报销"有些相似，同时还包括田赋钱粮的征收，而后者既是奏销的大头，也是地方官的主要责任。

根据清廷的规定，地方衙门每年都要向朝廷逐级奏报田赋钱粮征收情况，而填报的"奏销清册"，有较为固定的体例，分为"旧管""新收""开除""实在"等"四柱"格式，分别记录仓库既有、新近征收、花销折损和实际收入等四个方面的数据。

在奏报的过程中，各省布政使司起到了重要的枢纽作用。布政使司，简称"藩司"，"掌一省之政，司钱谷之出纳"，其功能相当于今天的省财政厅。省里的府州县必须先把当地钱粮出纳册报送到布政使司，接受审核。一切无误后，这些分散的出纳册由布政使司合编为统一格式的全省年度钱粮奏销册，然后上交给户部的十四个清吏司。每个清吏司对接一个或者两个省份，收取对口省份的奏销册后，经过汇总整理和审核，由户部以题本或奏折形式呈报皇帝，这就是奏销的全部流程。

这里所述的奏销案，对象是各省对顺治十七年（庚子年，公元1660年）所属钱粮的征收、起运、存留以及通欠的情况向朝廷所作的报告，性质相当于现代财政中的"决算"。

顺治庚子年的奏销案经常被后人称为"江南奏销案"，但这是一个错误。

首先要解释一下"江南"这个词。"江南"在清朝初年是一个地方上的一级（最高等级）政区，正式名称是"江南布政使司"，又简称为"江南省"，大致范围包括了今天的江苏、上海、安徽。

但此案波及的范围远不止江南一个省（布政使司），只是因为江南是当时全国赋税的主要来源地，以及此案打击江南士绅最狠，涉案人数最多，因而后人误以为只是江南一地的"奏销案"。最先研究此案的专家孟森就是这么认为的："奏销案者，辛丑江南奏销案也。"顺治辛丑年为顺治十八年，即公元1661年，而奏销案实际上是从顺治十七年开始的。

奏销案正式名称应该是"顺治十七年各省奏销案"，也可以叫作"庚子奏销案"。奏销案并不限于"江南"一处，其他省份也有，所奏销的是顺治十七年（庚子）钱粮，而不是顺治十八年（辛丑）钱粮。康熙六年（公元1667年），兵部尚书龚鼎孳请求宽免的题本中就明确指出"乃顺治十八年内各省奏销十七年绅衿欠粮等案"，起码波及了山东、浙江、福建、广东、江西、陕西、江南等七省。奏销案认真实施的是江南的苏州、松江、常州、镇江四府以及江宁府溧阳县。因为江南地区赋税占天下之半，而苏松常镇四府又占江南赋税的一半，所以特别重要。

江南的士绅们从明末就已经开始拖欠赋税钱粮，明末的财政困难跟江南地区税收收不上来是有密切关系的。清初，江南士绅们仍然继续拖欠钱粮，地方官催征无效，到顺治后期的时候，江南地区历年拖欠的赋税钱粮，已经是"负债累累"。

对于奏销案，确如孟森所说，清朝官方记录"不著一字"，不但《清实录》《东华录》中没有记载，就是现存的顺治、康熙两朝档案中也没有相应案卷。好在当时江南的私人记录非常丰富，留下了大量一手记录。

松江府的一个士绅曾羽王在他的日记《乙酉笔记》中写道，松江的钱粮历年都是拖欠的，大家都习以为常了，乡绅拖欠的最多，县官也没办法。顺治十六年（公元1659年），清廷规定，凡是乡绅拖欠钱粮达到八九成以上的，革去功名，戴枷两个月，打四十大板，并补齐所欠赋税钱粮；拖欠三四成以上的，革去功名，打二十大板。虽然出台了新规定，但是大家心里都不愿意交。到顺治十七年冬，就开始严格执行了，嘉定乡绅拖欠钱粮很久，清军派兵抓了十几个人，锁在尊经阁里；看到动真格，大家一下子都慌了。到顺治十八年初，大家正以为大难临头的时候，突然顺治死了，大家又松了一口气，以为逃过一劫。没想到康熙刚登基一个月不到，就严令催缴顺治十七年拖欠的赋税钱粮，大家又慌了，有些怕死的人立马就补交了，但是仍有百分之八十的人拖欠。

到了七月中，清廷发文下来，规定凡是在当年二月还没交齐赋税的，统统革去功名，并押送到北京问罪。结果，仅苏松常镇四府，就革去进士、举人、贡生、监员等一万三千人，"一时人皆胆落"。但是，这么多人一下子全部押送到北京也不容易，过了几天，又降旨宽恕，说只要把那些七月之后补交税款的人押送到北京，其他人就算了，于是，四府中还有八百多人被押往北京问罪。之后，又要追缴顺治十二年（公元1655年）到顺治十六年赦免的钱粮，康熙元年（公元1662年）的钱粮又要限期在当年六月之前交清，这一下子大家都愁眉苦脸，家里田地多的人更是倒了大霉。

江南地区拖欠钱粮的"传统"是怎么来的呢？曾羽王说，在明隆庆、万历年间，江南地区物阜民丰，是太平盛世，但是到明崇祯年间，赋税越来越重，正粮之外，有练饷，有加派，还有提前征收来年的钱粮的，老百姓都受不了了，就开始拖欠，而地方官也没法全力催征，对拖欠行为渐渐就默许了。当时对地方官的考核，以征到八成的税收就可以了，老百姓缴纳八成赋税的，就可以成为良户，就是合格的纳税人了，而缴纳六七成的，也说得过去，官方也不会把他们视为抗税分子。官方和百姓之间讨价还价，你提高税额，我就拖欠一点，相当于打个折扣，双方逐渐形成一种默契。

到了顺治二年，清朝规定江南的赋税按照明朝税额的一半征收，大家都很高兴，但是自从江宁巡抚朱国治来了以后，财政困难，于是要求士绅按照崇祯旧税额百分之百征收，结果导致上万人被革掉功名。最极端的案例是昆山的叶方蔼，他本是探花，因为欠银一厘，仅相当于一文铜钱，最后被免职，以至于当时民间有"探花不值一文钱"的歌谣。

朱国治严厉催征当然不是他自己的主意，而是顺治十八年正月二十九日清廷给吏部和户部下的一道命令，要求各级官员必须缴清地方积欠的赋税钱粮。以前的官员之所以不认真催征钱粮，一个重要原因是自己升官或者调任后，欠账就甩给了继任者，自己不用承担责任；现在不行了，调走或者提拔之前，必须先把税赋欠账算清楚，否则不让调走，甚至要降级处分。这道命令下达后，各地的官员就开始严厉催征积欠税款。

既然奏销案是面向全国，且面向全社会的，那么为什么只重点打击江南士绅阶级呢？孟森的分析非常有道理。他说，朱国治刚上任江宁巡抚的时候，正好赶上郑成功率领水师从长江口打到南京城下，而当时一路上的江南士绅们，都欢欣鼓舞，以为反清复明有望；清廷因江南人心不服，所以找了个税收的由头来收拾这些口服心不服的江南士绅们。孟森的意思很清楚，就是拿经济问题解决政治问题，用奏销案打击明里暗里支持郑成功反清复明、家国情怀和民族感情强烈的江南士绅，所以不太波及普通民众和其他地区。

清朝入关后已经大大削减每县的生员录取名额，由明朝的六七十人减为十来人，奏销案后不仅停止六年科考，又进一步削减到几名，从而沉重打击了江南士绅集团——原来的都已经削除功名，新的名额又停止科考兼削减名额。

朱国治是八旗汉军，他在江宁巡抚任上不仅严格执行了奏销案，还炮制了哭庙案。

哭庙案：用血腥震慑江南士绅

哭庙案对江南士绅的打压比奏销案更为惨烈，这两起大案基本上是同时发生的。哭庙案的直接起因是苏州士绅抗议官府催缴钱粮。

前文"奏销案"讲，顺治后期因为兵饷紧缺，在江南地区催缴积欠钱粮。江南地区在明末的时候因为官方不断加税，已经形成拖欠赋税钱粮的习惯，官方也是默许的，而顺治年间要按照明朝账面上的旧税额足额缴纳，士绅和老百姓就无法承受；加上此时苏州一带遭遇多年未见的灾荒，农作物大面积歉收，要老百姓足额缴纳钱粮就更加困难。然而，当时的江宁巡抚朱国治为取悦清廷，不顾百姓死活，强行催逼钱粮；苏州老百姓都极痛恨他，私底下骂他"朱白地"，即朱国治所到之处，万物灭绝，落了片白茫茫大地真干净。

顺治十八年初，朱国治的手下任维初出任吴县（今江苏省苏州市吴中区和相城区）知县。吴县是苏州府的首县，在今天的苏

第七章 内政民生

州老城。任维初作为朱国治的爪牙，催征钱粮更加不择手段，酷刑逼税。拖欠钱粮要打二十到四十大板，任维初就叫人用江南的大毛竹削成竹板，浸泡过人尿后拿来施刑，这样伤口很容易溃烂。而且打得特别狠，许多人被打得鲜血淋漓，站不起来；有个人被打得嗷嗷叫，任维初大怒，叫衙役死死按住那人的脖子，让他发不出声来。江南地区原有出钱找人代刑的习惯，富人如果犯罪要受刑，就会花钱找些泼皮无赖来代替受刑，但是任维初下手毒辣，甚至有个人被活活打死，以至于没有人敢来代刑。

正在催缴钱粮的时候，顺治皇帝突然死了。苏州府署的大堂里搭建了灵堂，巡抚朱国治、巡按张凤起以及各级官僚都来哭灵三天，相当于开了三天的追悼会。二月初四这天，生员倪用宾等一百多人跑到苏州文庙去哭诉。任维初在催征钱粮过程中滥用刑罚，打死一人，而且贪污钱粮，将国库的粮食拿去倒卖，搞得民怨沸腾。在文庙跟孔圣人哭诉完了之后，一群人又敲锣打鼓地拥向了苏州府署抗议请愿，沿途吸引了民众一千多人跟着游行，高喊口号，要求罢免县令任维初。朱国治和其他大小官员正在灵堂上哭灵，听说一千多人堵在了府署门口，大吃一惊，随即下令抓捕。听说要抓人了，游行群众便一哄而散。最后倪用宾等十一人被捕受审。

第二天，又有一群生员跑到文庙去哭诉，官府抓了一批人回来，其中就有金人瑞，即金圣叹。他的文笔很好，写了一封状纸，极言县令任维初倒卖公粮的腐败行径。于是官方开始调查，吴县的总书（相当于粮仓的总管和会计）名叫吴行之，他供认说，总共卖了四百石的粮食，得银三百二十两。粮仓总管招供后，任维初没法抵赖，只好招供说，自己上任才两个月，根本没有银子，只怪抚台（朱国治）"索馈急"（索要贿赂太急迫），实在不得已才倒卖官米的。

朱国治听说任维初把自己给供了出来，大惊失色，连忙派人偷偷去道台衙门篡改口供，同时还把这批粮食的档案记录改掉，伪造粮库进出记录。这时候朱国治已经起了杀心，因为倒卖公粮的事情要是被上面知道，朱国治自己就得掉脑袋。

于是，朱国治上纲上线地给清廷上疏，说兵饷之所以收不上来，全赖苏州抗税，而其中吴县最顽固，坚决不交；新任县令任维初严格执行政策，催缴拖欠钱粮，却即刻遭到当地民众的诬陷和诽谤；劣生倪用宾等人竟然肆无忌惮地在为先帝开追悼会的时候游行集会，聚众示威，实在是罪大恶极；而且，县令等级虽低，但怎么说也是朝廷命官，怎么可以由这些士子们肆意诬陷呢？他们眼里还有朝廷吗？他们这是想要造反！

除了污蔑士子，朱国治还在奏章中掩饰倒卖公粮的贪污行为，说只有吴行之一个人的口供，并没有实质性的证据。最后朱国治请求严厉镇压这些闹事士子。

收到朱国治的报告后，清廷下旨，派侍郎叶尼等四人组成专案组，下来调查这件事。本来是打算在苏州审理，但是朱国治担心苏州民众到时候又闹事，于是换到江宁他的抚台衙门审

第七章 内政民生

理。倪用宾等秀才十一人戴着枷锁，被押送到江宁，而任维初是骑着马过去的，谁是犯人一目了然。

四月初八这天开庭会审，被告任维初没有出庭，只是严刑拷打倪用宾等人。倪用宾等控诉任维初倒卖公粮的贪污行为，钦差叶尼大怒，说他问的是谋反的事情，扯什么卖粮的事？于是动刑，又是夹手指，又是打三十棍，秀才们被打得惨叫连连，痛不欲生。

过了几天，专案组又紧急传令押送吏部员外郎顾予咸，参与哭庙的秀才薛尔张、姚刚、王仲儒、唐尧治、冯郅、杨世俊以及富室朱嘉遇、朱真等到江宁。顾予咸被抓是因为他曾说任维初不适合当县令，而朱嘉遇则是因为曾给狱中的倪用宾等送过酒食。开审之后，朱国治、叶尼等人给薛尔张用刑上夹棍，夹了四五次，薛尔张始终不招供。叶尼等人又改审顾予咸，顾予咸也不认罪。二十七日，又把金圣叹和丁澜抓来审，两人各挨了三十棍后下狱。

审了半天，也没有人认罪，于是叶尼就和朱国治商量，给上面写了份报告，说秀才倪用宾等人非法集会，聚众闹事，图谋造反，建议：倪用宾、金圣叹等十八人立即斩首；仓库主官吴行之做假口供，应免职，并打三十棍；任维初没有过错，应免除对他的调查。

这个报告递上去之后，清廷基本批准了这个处理方案，任维初官复原职，倪用宾、沈琅、顾伟业、王仲儒、薛尔张、姚刚、丁澜、金圣叹、张韩、来献琪、丁观生、朱时若、朱章培、周江、徐玠、叶琪、唐尧治、冯郅等十八人于当年七月十三日立秋那天在江宁三山街处斩。

这事虽然被压下去了，但民心尽失，江南士人怨气太大，所以任维初很快也被革职，第二年朱国治也被罢免，韩世琦继任。韩世琦上任后，将任维初斩于三山街，重新开始安抚民心。

朱国治后来调任云南巡抚，期间吴三桂发动兵变，朱国治被吴三桂的女婿胡国柱带兵包围了巡抚衙门后抓住，并被碎尸杀掉。

朱国治死后，苏州有民谣唱道："天呀天，圣叹杀头真是冤。今年圣叹国治杀，他年国治定被国贼歼。"

苏州哭庙案与江南奏销案的操盘人都是江宁巡抚朱国治。他是汉军旗人，深知清朝最高统治阶层的用心，又加上公报私仇，将江南士绅的经济抗争这一群体性事件上纲上线，定成叛逆的政治问题。

此时，清朝统治集团对江南士绅明里暗里拥护郑成功反攻、反清复明的心思已经了然于胸，而且天下已经大定，在故明版图上的明朝残余势力已经全部覆灭，不需要像以前那样笼络收买人心了，因此借机严酷迫害打击江南士绅集团，震慑对清朝统治心怀不满的人。明朝的旧官僚与旧功名获取者不得成为清朝的士绅，又通过奏销案基本清除了清朝授予的功名，哭庙案更以秀才们的人头宣示汉族士绅阶层从此丧失了以前的特权地位。

第七章　内政民生

康熙皇帝为何总是减税？

明清之际的战乱造成了大量的抛荒地，为了鼓励开垦，清初规定垦荒三年不起科（不纳税），但执行了二十多年，成效甚微。这是因为开垦荒地前期需要投入大量的物力、人力成本，而三年后就得纳税，垦荒者无利可图；另外清初人口大量减少，地多人稀，民众开垦荒地的积极性不高。因此，康熙七年（公元1668年），云南道御史徐旭龄建议"必新荒者三年起科，积荒者五年起科，极荒者永不起科"，就是根据抛荒的程度来决定免税年限：对于开垦刚抛荒的土地免税三年，开垦抛荒程度极深的土地永久免税，以此鼓励民众垦荒。这条建议原则上被接受，所以自康熙十年（公元1671年）后，清廷将起科的年数延长到了四年、六年，但仅三年后，康熙皇帝认为老百姓开荒本来就很难，还要担心征税的事情，于心不忍，于是下旨规定，从今往后，各省开垦荒地，一律免税十年。同时还下令，荒地垦熟后，产权就归垦荒的人，原来的田主不许再来要地，以鼓励垦荒者的积极性。对一些在战乱中受害较深的地区，如受害最深、人口损失最大的四川，甚至几十年不起科。四川招揽大量移民开垦荒地，经过清初几十年的恢复，逐渐再现天府之国的风光。如果真的按田起科，四川一年应交的赋税就有三十余万两，康熙皇帝对此心知肚明，但他认为"国用已足，不事加征"。此外，针对贫困农民在垦荒和兴修水利时缺资金、缺耕牛的问题，康熙皇帝下令地方政府给予财政资助。

虽然开垦了大量荒地，但康熙皇帝对丈量田地、交纳钱粮的态度十分消极，甚至反对。他曾劝诫四川巡抚年羹尧不要丈量田地。他说："为巡抚者，若一到任即欲清丈地亩，增加钱粮，即不得民心矣。湖南因丈量地亩，反致生事扰民。当年四川巡抚噶尔图曾奏请清丈，亦未曾清楚。尔须使百姓相安，钱粮以渐次清查可也。"[1]因为一旦丈量、清查田地钱粮，地方官与胥吏就免不了骚扰甚至敲诈、勒索以中饱私囊。比如说你家原本有十亩地，胥吏来丈量土地的时候就会来索贿和敲诈，让你给他一笔钱。给的话，他就帮你把十亩地登记成五亩，让你少交税；不给的话，就登记成十五亩或者更多，让你以后多交税。胥吏敲诈勒索的伎俩，凡此种种，不一而足。如此一来，清丈土地的收益，更多地流入了各级官吏的口袋，加剧政府与民众之间的对立。与其如此，一向信奉"国用已足，不事加征""施政以不扰民为先"的康熙皇帝选择让利于民、藏富于民，这是一项深谋远虑、体现政治大智慧的政策。

康熙皇帝不仅反对增加赋税，而且多次减免赋税。清代的赋税主要是地税与人丁税，前者是土地税，后者是人头税，它们合称地丁银或地丁钱粮。清初规定，遇灾则蠲免额赋，并按

---

[1]《清圣祖仁皇帝实录》卷二三九。

灾情的等级确定蠲免的比例。顺治十年（公元1653年）规定："被灾八、九、十分者，免十分之三；五、六、七分者，免十分之二；四分者，免十分之一。"康熙十七年（公元1678年）重新规定："歉收地方除五分以下不成灾外，六分者，免十分之一；七、八分者，免十分之二；九分、十分者，免十分之三。"但是康熙皇帝并没有按照这个规定，而是偶尔遇到水旱灾害就全免了当地的赋税，有时候甚至没有灾害，也给天下轮流免税。

康熙七年，保定等地水灾，户部按照规定，减免一成的赋税，而康熙皇帝则认为当地受灾严重，实在可怜，提出要减免四成赋税，对于其中受灾特别严重的，应征钱粮全免，并且按同样的标准蠲免了高邮、兴化等十四个州县的赋税。蠲免赋税，土地所有者得益最大，无地者只能免除人丁税，因此康熙九年规定在蠲免时，按照免税的比例，减免佃户的田租，也就是说如果蠲免十分之五，佃户同样也减租十分之五，后改成蠲免钱粮部分，七分给田主，三分给佃户。

大规模、频繁蠲免赋税是在平定三藩之乱后。康熙二十一年（公元1682年），战乱刚刚结束，康熙皇帝就说，自己以前多次说过，等平定天下，就要宽免钱粮，陕西在战争期间提供的赋税钱粮尤多，更要减免。随后，他将陕西、甘肃两个布政使司（大致相当今天陕西、甘肃、宁夏等地）康熙二十三年（公元1684年）应征的各项钱粮赋税免了三分之一；又因河南、湖北民众也承担了较重的负担，于是将这两省康熙二十五年（公元1686年）应征各项钱粮赋税免去一半,上一年度没交完的地丁钱粮也全部豁免。

康熙三十二年(公元1693年),康熙皇帝念及广西、四川、贵州、云南等四个边疆省份土壤贫瘠,民生艰苦,因此将广西康熙十六年(公元1677年)的通省钱粮,康熙十七年、康熙十八年(公元1679年)民欠钱粮(此时正是三藩之乱,无法征收),贵州康熙二十二年(公元1683年)秋冬及康熙二十三年春夏地丁钱粮,贵州、四川二省康熙二十五年未交及康熙二十六年(公元1687年)应征钱粮,云南康熙二十七年(公元1688年)以前积欠钱粮等全部蠲免;又将下一年四省应征的所有地丁银粮全部蠲免,并且命令督抚遍加晓谕,如有私自征收,要从重治罪。这次大规模的蠲免也考虑到了三藩之乱给这四个省带来的灾难,因此才不仅免除了以往各年的积欠,还免除了下一年的赋税。十年后,康熙皇帝以"蠲赋为爱民要务,征取钱粮原为国用不足。国用若足,多取奚为"的理念,又将这四个省康熙四十三年(公元1704年)的钱粮全部蠲免。

不仅蠲免经济落后的边远地区的赋税,康熙皇帝对经济发达但赋税沉重的地区也频频蠲免赋税,如免去江苏康熙二十七年、安徽康熙二十八年(公元1689年)的地丁各项钱粮,免江苏、安徽所属二十州县及各卫所地丁银米及漕粮,免江南通省(江苏、安徽)康熙四十七年(公元1708年)丁银、康熙四十八年(公元1709年)的地丁银四百七十五万两。在康熙皇帝统治期间,省级规模的蠲免多达四十多个省次。

第七章　内政民生

漕粮因为是供应京师官兵食用，按惯例是不能蠲免的，但康熙皇帝打破常规，也频频免除。早在亲政之初，因桃源县（今江苏省泗阳县）连年水灾，康熙皇帝就破例蠲免了该县的待征漕米一万六千六百四十石；虽然规定"后不为例"，但日后却还是频频破例，甚至还经常截留漕米，就地赈灾。比如康熙十八年，康熙皇帝命令山东巡抚赵祥星"发漕米五万八百七十石，银二万二千六百余两赈沂州等十三州县饥民"。康熙四十四年（公元1705年），康熙皇帝南巡到了山东境内，山东民众数十万人执香跪迎于道旁，感谢皇帝多次截留漕粮来赈济山东受灾百姓。

康熙皇帝宣称："朕惟治安天下，惟期民生得所。而欲民生得所，必以敷恩宽赋为要。朕于一切事务，少有动用民力之处。即廑怀殷切，刻不能忘。"[1]他多次出京巡视，尽量做到避免征发当地民力，规定随从如果生事扰民，以军法处置，甚至为了避免地方官趁机修缮行宫，第五次南巡时他只住船而不上岸。同时，他广敷恩泽，经常性地蠲免巡幸之地的赋税。

截至康熙四十九年（公元1710年），全国总共蠲免的赋税已经超过一亿两白银，但康熙皇帝却仍然意犹未尽，决定趁登基五十年之际给全国民众一个更大的恩典——普免天下赋税。他谕告户部说，这数十年以来，除水旱灾害照例豁免赋税之外，还经常蠲免一省整年的钱粮，甚至还有一年蠲免数省，或一省连续蠲

---

[1]《钦定四库全书·圣祖仁皇帝御制文集》第二集卷十五。

免数年的情况。前后蠲免的总数，据户部奏称，已经超过一亿两，对此自己一点都不心疼。百姓富足，自己作为君王也就富足了，朝廷的恩泽，不施加给百姓，那要给谁呢？明年就是自己登基五十年了，思量着给子民们"再沛大恩"，"将天下钱粮，一概蠲免！"但大臣们担心突然在一年内全国普免赋税，财政紧张，无法及时拨解各地的兵饷，于是，决定在三年内全国轮流免税，总共蠲免天下各类钱粮三千二百零六万余两白银。

此次普免全国赋税后，康熙皇帝仍然继续推行蠲免赋税政策，仅省级规模的蠲免就多达十几次。康熙皇帝在位的六十二年间，他不同程度地蠲免天下钱粮共计五百四十五次，总计折合白银超过了一亿五千万两。康熙年间，全国财政收入每年不过三千多万两白银，而其时全国人口已经超过一亿，即人均每年承担的赋税不到半两白银，以当时的价格计算，约合三十公斤米，百姓负担可以说已经很轻了。

普免全国赋税没两年，减税减上瘾的康熙皇帝再接再厉，决定了一项力度更大的减免赋税的措施——"盛世滋生人丁，永不加赋"。

什么是"盛世滋生人丁，永不加赋"？

清朝延续了历代征收人头税的政策，号称"编审人丁"。

第七章 内政民生

顺治四年（公元1647年）规定"编审人丁，凡年老残疾，并外亡故绝者，悉行豁免"。顺治五年（公元1648年），又责成州县印官，察照旧历造册，"年六十以上开除，十六以上添注"，明确编审每三年一次，对象是十六岁至六十岁（传统虚岁年龄，含十六岁和六十岁）的男子。可见，清朝编审人丁的对象范围非常明确，即十六岁至六十岁，且无残疾的男子。

顺治十一年（公元1654年）规定"每三年编审之期，逐里逐甲，审察均平，详载原额、开除、新收、实在，每名征银若干，造册报部"，可见编审人丁的目的是征收丁税，并以白银为计量单位。编审册中仍沿用明代的四柱法，即以"旧管（原额）、新收、开除、实在"记录人丁的动态变化。编审册一式两份：一为青（清）册，送交部科；一为黄册，黄色封皮，送交皇帝审阅。顺治十三年（公元1656年），将每三年编审一次改为每五年一次。在江西、福建、广东、浙江四个省，妇女也要承担人头税。顺治十五年规定："各省编审人丁，五年一次，造册具题，令于编审，次年八月内到部，如不照限题报者，经管各官，俱照违限例议处，府州县官编审年分，借名造册科派小民者，从重处分，督抚不行究恭者，一并议处。"至此，清朝编审人丁制度最终确立完备。

编审人丁需要耗费大量的人力、物力，每逢编审时按规定要逐户逐人核查，但查土地、房屋容易，查活人难；为了逃税，民众也常常隐瞒人丁。因此全国在册人丁数增长缓慢，经过五十年才从一千九百多万增长到二千四百多万，这显然不能反映实际的人丁增长。有鉴于编审人丁政策执行成本太高且无效，康熙皇帝经过自己的亲身观察与思考，决定彻底改变这一政策。康熙五十一年（公元1712年），他遍谕群臣："朕览各省督抚奏编审人丁数目，并未将加增之数尽行开报。今海宇承平已久，户口日繁，若按见在人丁加征钱粮，实有不可。人丁虽增，地亩并未加广，应令直省督抚，将见今钱粮册内有名丁数勿增勿减，永为定额。其自后所生人丁，不必征收钱粮。编审时，止将增出实数察明，另造清册题报。"[1]康熙皇帝完全清楚编审的人丁数隐瞒严重，因为他每到一个地方，都会询问当地民众，结果"一户或有五六丁，止一人交纳钱粮；或有九十丁，亦止二三人交纳钱粮"；其他人则蒙"皇上弘恩，并无差徭，共享安乐，优游闲居而已"；自三藩平定以来，"人民渐增，开垦无遗；或沙石堆积、难于耕种者，亦间有之；而山谷崎岖之地，已无弃土，尽皆耕种矣。由此观之，民之生齿实繁。朕故欲知人丁之实数，不在加征钱粮也"；更何况"今国帑充裕，屡岁蠲免，辄至千万，而国用所需，并无遗误不足之虞"。[2]

康熙皇帝此番话情理兼备，全国人丁税总计不过白银三百多万两，而他动辄蠲免就达上千万两；他只想知道人丁的实际数目，并不在乎区区的人丁税。因此，他提出了将人丁税额度永远

1《清圣祖仁皇帝实录》卷二四九。
2《清圣祖仁皇帝实录》卷二四九。

第七章　内政民生

冻结，之后增加的人丁不许加赋的方案，以消除民众的担心，借此得知真实的人丁数目。次年，康熙皇帝下达恩诏："嗣后编审增益人丁，止将滋生实数奏闻。其征收办粮，但据五十年丁册，定为常额。续生人丁，永不加赋。"此即为"盛世滋生人丁，永不加赋"政策，以后各地上报的编审人丁册中均多了一项"盛世滋生增益人丁"的统计。至此，中国历代实行的人头税在事实上已经被冻结、废止；后来在雍正年间，在全国普遍推行"摊丁入地"（又称"摊丁入亩"）后，连形式也不复存在。

或许现代人已经很难理解康熙皇帝为何如此热衷于减税而不是加税，实际上他的政治理念并非凭空产生。早在先秦时代，儒家代表荀子就很深刻地阐述了政府与民众的关系："成侯、嗣公，聚敛计数之君也，未及取民也；子产，取民者也，未及为政也；管仲，为政者也，未及修礼也。故修礼者王，为政者强，取民者安，聚敛者亡。故王者富民，霸者富士，仅存之国富大夫，亡国富筐箧，实府库。筐箧已富，府库已实，而百姓贫，夫是之谓上溢而下漏；入不可以守，出不可以战，则倾覆灭亡可立而待也。故我聚之以亡，敌得之以强。聚敛者，召寇、肥敌、亡国、危身之道也，故明君不蹈也。"[1]荀子将政治家分为四类：第一类是卫国的两位君主成侯、嗣公，他们只知搜刮、算计民众的财产；第二类是郑国的著名政治家子产，他获取了民

---

[1]《荀子·王制》。

心，但政绩一般；第三类是霸者，如齐国的管仲，他的政绩突出，但没有达到遵循礼义的境地，凝聚民心；第四类是伟大的政治家，即王者。王者的目标是让全民富裕，霸者是让士（先秦的等级，类似于中产阶级）富裕，那些苟延残喘的国家则只是让官僚富裕，而行将灭亡的国家更是只关心极少数最高统治者自己的钱包和小金库，如此百姓就会贫穷，这就是上面富得流油，而下面穷得底掉。这样的国家对内不能稳定，对外不敢强硬，其灭亡指日可待。对内搜刮、聚敛百姓钱财是自取灭亡，而入侵的外敌却可以抢到这些钱财而变得强大。聚敛的国家只会招来入侵者，喂饱外敌，这是一条自取灭亡的道路，贤明的统治者绝对不会做这种蠢事。

儒家一向提倡王道与仁政，勤俭爱民、轻徭薄赋的汉文帝是儒家心目中王者的典范，也是康熙皇帝本人景仰的楷模。康熙皇帝从小就饱读儒家经典，"惟愿天下乂安，生民乐业，共享太平之福"，立志要做一名明君仁主。他对荀子阐述的王制之道了然于胸，所以才一次次强调"国用已足"而蠲免赋税。藏富于民的益处首先在于政权可以获得民众的拥护，增强民众对政权的认同感以及政权的合法性，有利于团结起来对外御敌；其次可以减少官僚们利用公权力中饱私囊，但因此导致的后果却要皇帝承担；最起码也可以避免民众因贫穷或贫富悬殊铤而走险，引起内乱或内战。

蠲免赋税的更深层原因在于，中国传统的帝制时代，国家属于皇帝私有，所有权分明，即所谓的"家天下"，皇帝对国家负有最终的、无限的责任，没有任何后路可退；而官僚只是皇帝雇佣的职业经理人，不是世袭制，且任期有限，责任有限，他们与皇帝的利益并非完全一致。官僚寻租、谋利的主要手段就在于征收赋税，利用征收过程中的"耗羡"（损耗）中饱私囊，"耗羡"甚至可以与赋税相当，他们有增收赋税的天然冲动，因此免除赋税的最大利益受损者是各级官僚。皇帝为了自己、祖宗、子孙的社稷计，制定的政策要立足于长远，而不是一时；但作为被雇佣的职业经理人官僚更注重于其在位的一时，这是皇帝与官僚天然的利益分歧。作为"王者"政治家的康熙皇帝采取减免赋税、藏富于民的政策，正是出于这种长远的考虑。

损富益贫的"摊丁入地"

中国历史上与财税相关的改革，常常是富人阶层受益，而底层老百姓承受更大的损失，但雍正年间的"摊丁入地"则是一个少有的"损富益贫"的改革，总体上对富人不利，而对中下层贫苦百姓有利。

中国历代的赋税主要分为土地税与人头税（差徭）两大类，在清代人头税就是人丁税，征税对象是十六至六十岁（均为虚岁）的成年男子。康熙五十二年（公元1713年），康熙皇帝下达了"续生人丁，永不加赋"的恩诏，将人丁税的总额冻结在康熙五十年（公元1711年）的水平，后续超过这个总额的新增人丁就不用缴纳人头税了。这是一个德政，因为康熙五十年的人丁登记数目远远小于实际成年男子数，可能都不到实际人数的三分之一，人口遗漏非常严重，所以康熙五十年登记固定的人丁数是个很低的总额，更何况在这之后新增的人丁还不用交税。

然而，人丁税并没有废除，对无田产的贫穷民众来说，人丁税仍是一项沉重的负担，因为他们没有稳定的收入来源，本来就在温饱线上挣扎，他拿什么交税呢？而对于富人来说，人头税是很轻的，因为富人的人头税标准和贫民的差别实际上并不大。

另外，在封建时代，要弄清楚到底有多少人，然后按人头收税是很困难的；别说古代，就是现代人口普查也还存在很多不足，因为随着生老病死，人口呈现动态变化，对人口的调查是一项烦琐而浩大的工程。明清时期的县级政府是个小政府，一个县衙在编的公职人员也就十来个人，要管全县根本管不过来，只能依靠地方乡绅和保甲，那么地方乡绅为了乡里少交税，就有很大的隐匿人口的动机和操作空间。另外，有些县令为了增加政绩，讨好上级，就会夸大人丁新增量，而有些县令为了在当地百姓中博得好名声，明明增加了人丁，也不会上报，所以各种虚报、浮夸、隐瞒、漏报都是同时存在的。中国幅员辽阔，两千多个县，每个地方的执行情况千差万别，没有办法用"一言以蔽之"的方式进行简单的总结。

所以康熙初年的直隶灵寿县知县陆陇其就说，人丁编审

第七章 内政民生

的惯例，是五年一编，每隔五年就要把人口变动情况登记一遍，把新生人口加入，把死亡人口剔除；但实际上，各级官员在操作的时候，并没有认真地去查人口变动情况，而只是在原有人丁数的基础上，随便加一点，应付了事。最典型的就是明末的黄册（户籍册），由户部官员闭门造车，定期在原来户籍册的基础上增补，后来大概嫌麻烦，干脆提前把以后若干年的黄册也一次性编好，所以当清军攻下南京后，翻出明朝的人丁黄册，发现已经编到崇祯二十七年了，而崇祯朝只有十七年。

事实上，早在明朝后期，在某些地区已经实行了将人丁税按田地分摊，与土地税合并一起交纳的方法，与实际的人丁（成年男子）已经脱钩，比如将整个县的人头税平摊到县里所有的土地上，此即所谓的"摊丁入地"。这意味着拥有土地越多、交土地税越多的人相应地就要承担更多的人丁税，这项政策显然不利于富裕阶层，而有利于贫穷阶层。

雍正元年（公元1723年）九月，直隶巡抚李维钧奏请将丁银摊入地税征收，他知道这一建议必将遭到富裕官僚阶层以及只会按陈规行事的户部反对，因此他要求雍正皇帝乾纲独断，批准这一方案。但雍正皇帝还是将李维钧的建议发给九卿会议，让大臣们讨论讨论，果然众大臣都敷衍了事，彼此推诿，要么不咸不淡地说几句，要么一言不发，很多人甚至不来参加会议。对于这一方案，大家都不想承担责任，就这么日复一日地拖着。

眼见九卿会议也讨论不出什么结果,雍正皇帝决定乾纲独断,下令从雍正二年(公元1724年)开始在直隶推行"摊丁入地"。直隶平均每地银一两摊入丁银二钱二厘,直隶无地的民众不用再交纳人丁税,并向全国推广。

在推广过程中,果然出事了,浙江为此发生了群体性事件。浙江有地的富人反对"摊丁入地"政策,聚集到巡抚衙门抗议,巡抚佟佳·法海(佟国纲的儿子)惊慌失措,答应暂缓推行,结果导致无地的穷人(赤脚光丁)又集体聚集请愿要求推行。这时候富人和穷人的利益正好是相反的,"摊丁入地"就是要有地的富人多交丁税,所以他们不愿意;而如果不执行,丁税又要回到无地穷人头上,所以他们坚决要求执行这个政策;巡抚法海两头不是人,很快被调回京城。

雍正四年(公元1726年)七月,正值乡试,浙江乡绅千余人聚集至钱塘县衙(在今浙江省杭州市区)反对实行"摊丁入地",并举行罢市,被巡抚李卫强行制服,"摊丁入地"政策得以在全省推行。

在雍正时期,除了少数几个地区,全国普遍实行"摊丁入地",在实质上废止实行了几千年的人头税,减轻了中下层民众的经济负担和人身束缚,缓和了贫富差距,是利国利民(绝大多数的中下层民众)的一大德政。

雍正皇帝推行的损富益贫的政策不止"摊丁入地"一项。清朝继承了明朝的政策,有功名和官位(包括在职和退休)的人享有一定的经济特权，按照品级大小优免每户一定数量的人丁（优免人丁），有功名的士人则免除本身的差役和一切杂办。官员和士人的户被称为"宦户""儒户"，也就是享有经济特权的户。这些特权阶层本来就享有税收优惠政策了，可还经常与地方官员勾结，将亲族、关系户的田产也寄挂在自己名下，抗拒、逃避赋税。雍正二年，雍正皇帝下令革除"宦户""儒户"名目，禁止他们寄挂田产与抗拒、逃避赋税，只免除本身一丁的差徭，否则"即行重处"。

雍正皇帝继承了康熙皇帝的蠲免政策，他信奉"（赋税钱粮）丝毫颗粒，皆百姓之脂膏。增一分，则民受一分之累；减一分，则民沾一分之泽"的理念，在位期间共蠲免了两三千万两的赋税，并大力提倡垦荒，给新开荒地很长的免税期。

"摊丁入地"结束了地、户、丁等赋役混乱的现象，完成了人头税并入财产税的过程，彻底废除了自西汉以来的人头税。有种说法认为，因为没有了人头税的束缚，"摊丁入地"政策导致中国人口快速增长，但事实是不是如此呢？清朝真的经历了人口大爆炸吗？

"人口爆炸"源于极为低级的错误

清朝人口爆炸，这是一种非常流行的说法，甚至包括一些科班历史学者也这样认为。清朝的人口在中国历史上第一次突破了两亿，第一次突破了三亿，第一次突破了四亿，这是一个惊人的数字；以前各个朝代如果仅从官方户籍统计上看，没有一个朝代人口超过一亿的。但是，官方的户口统计数据存在诸多遗漏和其他问题，并不能直接反映真实人口状况。比较可信的是，在北宋徽宗时期，全国人口规模已经超过一亿了，明朝后期人口总量有可能超过两亿。因为清朝的人口总量居然超过了四亿，这无论如何都是一个惊人的数字，所以大家就用"爆炸"一词来形容清朝人口急剧而快速的膨胀。但是，清朝真的存在人口爆炸这一现象吗？并不是。认为清朝人口爆炸实际上是完全错误的，而且是个极为低级的错误。

这个观点的始作俑者是谁呢？正是乾隆皇帝本人。这是个非常滑稽的故事，而且非常真实，我们可以从《清高宗纯皇帝实录》中看到这个记载。

乾隆五十八年（公元1793年），乾隆帝阅读了他祖父康熙皇帝的《清圣祖仁皇帝实录》，看到上面记载康熙四十九年全国民数"二千三百三十一万二千二百"余名口，他随即查阅了乾隆五十七年（公元1792年）各省奏报的民数，为"三万七百四十六万七千二百余名口"，发现在八十二年间，全国"民数"居然从两千三百多万增加到三亿多。如果人口增长速度真的如此之快，而且持续了八十二年之久，那确实是一个"人口奇迹"，甚至是"人口爆炸"。乾隆皇帝为自己的这个发

第七章　内政民生

现感到十分震惊，并为此忧心忡忡，担心人口增长了这么多，耕地却没有同步增长，粮食供应怎么能跟得上呢？国计民生怎么办呢？

而实际上，乾隆皇帝的这个惊天大发现是他误读了《清圣祖仁皇帝实录》中的人口统计数字导致的。《清圣祖仁皇帝实录》中的原文是这样记载的："是岁（康熙四十九年）人丁、户、口二千三百三十一万二千二百三十六。"这个统计对象本是"人丁、户、口"三项，而不是"民数"。这涉及清朝人口统计制度和方法等方面的问题。按照清朝的制度：这里的"人丁"指的是十六岁至六十岁且无残疾的男子，这部分人要承担以白银计量的"丁税"（人头税）；而这里的"户"是指承担人头税的"边民"（边疆居民），纳税单位以"户"计；"口"是指部分地区承担"食盐钞银"（人头税的一种）的女性。很显然，这三项合计数并不等于人口数，因为绝大部分的女性和所有十六岁以下、六十岁以上的男子都没有统计在内。此外，为了征税，朝廷规定每五年"编审人丁"，而民众则想方设法地逃税，因此"人丁、户、口"数字也存在着大量的隐漏。康熙皇帝对此就有非常清醒的认识。他说："朕凡巡幸地方所至，询问一户或有五六丁，止一人交纳钱粮。或有九十丁，亦止二三人交纳钱粮。"当时，人丁统计本来就不是全体人口，再加上严重的隐漏，与实际人口数相差就更大。

乾隆皇帝年轻的时候也很清楚人丁并非全体人口，他在乾隆五年（公元1740年）就曾下旨要求各省督抚，每年年底的时候把省内各府、州、县的户口增减、仓库存粮等一一上报。户部根据他的上谕，制定了民数汇报的方案，要求各省督抚在完成辛酉年（乾隆六年，公元1741年）的人丁编审后，再按户清查人口，不管男女老少都要登记，并在每年十一月将人口数上报朝廷。乾隆和户部提出的这个民数汇报制度，目的是清查全体人口。但是，这个设想遭到了御史苏霖渤的反对。苏霖渤认为，此方案很难施行。因为老百姓居住分散，要是要求百姓都集中到衙门来清点，则百姓受不了这折腾；如果让县令自己下乡去清点人口，则官员自己也受不了；再加上商旅、流民等流动人口住所不固定，边疆地区的少数民族也不便清查，全国这么大、人这么多，每年都要查一遍，实在难以执行。苏霖渤提出了自己的方案，建议等乾隆六年人丁编审后，有了户口的总数，各省督抚再据此减掉流动人口和少数民族，得到的户口总数上报就行了，不用再挨家挨户地查一遍人口。乾隆皇帝采纳了苏霖渤的建议。随后户部便根据苏霖渤的建议重新拟定了方案，要求各省、州、县设立保甲门牌，统计户口数，番疆苗界不必统计。清前期民数汇报制度就此建立。

所以我们可以看到，民数汇报的统计对象为全体人口（除了边疆少数民族），乾隆六年即上报"各省通共大小男妇一万四千三百四十一万一千五百五十九名口"，这种统计口径一直持续到清末。前文乾隆皇帝查阅的乾隆五十七年"各省通共大小男妇"就是这个数字,这与康熙年间的"人丁、户、口"完全不同,统计口径差别很大,因此这两个数字根本没有可比性。

也许是因为乾隆皇帝在位时间太长,或是年纪大了,到乾隆五十八年的时候,他已经八十多岁,当了五十多年的皇帝了,他已经忘了自己五十三年前本来非常清楚的事情,而误将这两项统计口径完全不同的数据进行了比较,从而产生了误解。由于乾隆皇帝本人的误读,后代人也跟着捕风捉影,逐渐形成了人口大爆炸的说法。

自康熙五十二年施行"盛世滋生人丁,永不加赋"的政策后,全国丁税总额冻结,朝廷上下早已知道编审人丁不仅严重失实,甚至对征税的意义也消失了。自乾隆六年起已经有新的统计"民数大小男妇"的民数汇报制度,但编审人丁制度却仍然沿用到乾隆三十七年(公元1772年)才被废除,因循苟且的力量于此可见。

旧制度不行,新制度又如何?乾隆五年建立的统计"民数大小男妇"的民数汇报制度规定,每年年底督抚将各省户口的增减情况详细编成统计册上奏给皇帝,并送交户部审阅。照例乾隆皇帝在民数奏折上朱批"册留览",但对统计并不敏感的乾隆皇帝会认真审阅吗?

此项制度执行六年之后,乾隆十二年(公元1747年),山东沂州府兰山县发生灾荒,这时候问题就暴露了,官方救济灾民的时候必须逐一清点所有人口，结果发现该县需要救济的户口居然比上一年度上报的民数多，随后发现东平、济宁、临清卫、郯城、蒙阴、齐河、肥城、即墨、济宁卫等地均存在着同样的问题。地方官对受灾的人数一般不敢造假，不敢多报，也不敢少报，比如灾民如果是十万人，地方官上报说有十五万，那就属于冒领救济粮，皇帝肯定怀疑他是不是有贪污，所以受灾人数是比较可靠的，那么问题就出在上一年度奏报的民数存在严重的漏报。

山东巡抚阿里衮向皇帝奏报称，每年的民数很难挨家挨户地查，一般都是各州县按照保甲册上登记的数目进行编造，而各州县的保甲册记载并不全，每户只选择性地登记一些人，并不是每个人都登记在内，因此他请求进行全面复查。乾隆皇帝对此却不以为意，他传令给阿里衮，说已经查了的州县就查了，其他没查的就算了，不必认真查。显然，乾隆帝对于民数的确切数目并不太介意，他顾虑的是认真清查会骚扰民众。

到了乾隆四十年（公元1775年），民数汇报制度已经执行了三十四年，这时候又因为赈灾出事了。这一年，湖北巡抚陈辉祖奏报在赈灾时发现民数登记有重大纰漏：比如应城县（今湖北省应城市）每年只上报新生人口八人，应山、枣阳只报十几二十人，而且每年新增人口的数目完全雷同。这说明民数汇报册完全是编造的。赈灾需要编造灾民册，必须逐一登记以申请赈灾物资，因此容易发现原有户籍册的漏报情况。乾隆皇帝

第七章　内政民生

再也无法忍受，于是下了道上谕：民数汇报制度推行日久，有些部门竟把它当作"具文"，报上来的人数竟然不及实数的两三成，这怎么行？令各省督抚严查，再重新上报。

更为荒谬的是，广东省在这三十四年里上报的人口数竟然是有小数的。此前的编审人丁制度是为了征税，由于各地区每个人丁交纳固定的税额，人丁逐渐异化成了纳税单位，再加上税收额度的增减，所以才出现了小数，而后来的民数汇报制度明确地以人为单位，怎么可能出现小数呢？广东省上报的人口数显然是照抄了以前的人丁数，所以才闹出了人口居然也有小数的笑话，而这个笑话居然延续了三十四年，从不更正，直到后来广东巡抚自己都看不下去了，主动提出要求删除这些小数。在这三十四年里，乾隆皇帝本人真的浏览过这些民数奏折和统计册吗？同样，督抚们真的审阅过以他们的名义上报给皇帝的奏折和统计册吗？皇帝、各级地方官以及他们的属吏连这个非常明显的错误也发现不了，也许是懒得改动，只是编造照抄，这个制度在执行的时候敷衍了事的程度就可想而知了。

乾隆皇帝统治着极盛时期的清朝，幅员一千三百多万平方公里，人口超过三亿，以当时的技术条件和管理水平，不可能每年精确统计全国人口，因此不能进行黄仁宇讲的"数目字管理"。但是现存的大量清代奏折、统计册却详细记录了当时全国各地的人口数，精确到了个位，甚至精确到了小数，这真是一个绝妙的讽刺：各级官吏们都煞有介事地编造出了一大堆自己也从不审阅、从不相信的统计数字,甚至连皇帝也未必清楚它们的统计含义,但各级官员包括皇帝本人却不惜耗费大量的人力、物力,将这个已经成为形式的制度继续敷衍下去,这是真正值得深思的问题。

清朝是否有严重的人口压力?

康雍时期的"滋生人丁,永不加赋"、"摊丁入地"以及其他各种的赋税减免、赈灾救济肯定会促进人口的增长,但也不能过高估计;决定人口增长的最重要因素仍然是经济,特别是粮食产量。乾隆朝蠲免数额之所以是康熙朝的两倍,最主要的原因是国家整体经济实力的提高,它首先体现在耕地数量的增长上。乾隆二十四年(公元1759年),清朝征服了准噶尔部、平定大小和卓叛乱后,全国版图面积超过了一千三百万平方公里,达到了极盛。

此时内地的耕地已经开垦殆尽,官方有意识地招徕民众到新疆屯垦。乾隆三十八年(公元1773年),乾隆皇帝说,现在人口已经很多,内地已经没有荒地可以开垦,现在要说垦荒,大概只有新疆乌鲁木齐等地土壤肥沃,还可以招徕民众开垦,内地的督抚们以后也不要再胡扯自己新开垦了什么土地了。到了乾隆中期,全国耕地数量已经达到了空前的最高峰,据估计达到了十亿亩。

由于农业技术的提高,作物的改良,复种技术的普及,水利建设等原因,粮食亩产量不断提高,平均亩产达到了三百一十斤(原粮),全国粮食总产量约一亿五千万吨,在乾隆中期达到了空前的高峰。因此随着耕地面积、粮食亩产量、粮食总产量三项经济指标全部达到了中国历史上空前的高峰,乾隆中期的全国人口数也超过了两亿,较清初翻了一番,这同样也是中国历史上的高峰。

在传统农业时代,人口数量与粮食产量高度正相关,即粮食产量越高,人口数量越多,反之亦然。空前多的人口,必须伴随着空前高的粮食产量,而乾隆中期人均粮食(原粮)占有量达到了约七百五十公斤,即使按照较低的估计标准,也超过了五百公斤,这在此前是绝无仅有的。雄厚的经济基础是清代达到极盛的重要标志,也是乾隆时期在不断征伐、对外扩张的同时,却并不需要对内增加赋税、劳役的原因;而与此对比,汉武帝时期的扩张给民众带来了沉重负担,甚至几乎导致全国经济的崩溃,最根本的差异就在于清朝乾隆中期的经济实力(以粮食产量计)至少是汉武帝时期的五倍以上,清朝与准噶尔的实力差距远远大于西汉与匈奴的差距。

乾隆初年的人口从一个巨大的基数(超过一亿)开始了持续一百多年的稳定增长,在乾隆中期超过了两亿,乾隆末期超过了三亿,这是中国历史上人口增长最快的时期之一;之后三十年内中国人口超过了四亿,二十世纪上半期中国最为流行的一个词语"四万万同胞"即源于此。

决定人口增长速度以及人口总数的因素还有死亡率，只有较低的死亡率才能带来人口的高增长率。清代的人口总数达到了中国历史空前的高峰，不仅有长时间持续和平、稳定的因素，也有人口死亡率相对较低的因素。

随着人口总数的不断增长，从十八世纪中叶起，清朝的人口压力已经越来越大。早在二十世纪五十年代，何炳棣就认为十八世纪的"最后二十五年时，深思熟虑的一代中国人已开始为从该世纪最初数十年来已习以为常的生活水准明显的下降所震惊"。中国的粮仓湖南与江西在丰年时也仅有少数的余粮，粮食价格自十八世纪中叶起开始了持续稳定的增长，当时的地方官员以及中央政府均认为人口增长是最根本的原因，认识到了人口压力的存在。

康熙皇帝对人口压力有清楚的认识。康熙四十八年，康熙皇帝在祈谷的祭文中称："承平日久，生齿既繁。纵当大获之岁，犹虑民食不充"；"本朝自统一区宇以来六十七八年矣，百姓俱享太平，生育日以繁庶，户口虽增，而土田并无所增，分一人之产供数家之用，其谋生焉能给足？"[1]之后又多次发出类似的感慨，说天下太平的日子久了，人口繁多，而土地和粮食增产有限，自然粮食供应不足，粮价持续上涨，老百姓的生计也大不如前。

康熙皇帝没有理由夸大治下严峻的人口压力。随着承平局

1《清圣祖仁皇帝实录》卷二三六、二四〇。

第七章　内政民生

面的持续，人口不断增长，人口压力只会越来越大，而除封禁的东北地区外，中国的可耕地已开垦殆尽了。雍正十三年（公元1735年），御史曹一士上疏："我朝承平日久，生齿浩繁，苟属可耕之土，必无不毛之乡。"乾隆三十八年，乾隆皇帝认为中国内地已经开垦完毕，只有新疆还有可开垦的土地，但是新疆虽大，可耕地却有限，难以缓解巨大的人口压力。

从明朝初年到乾隆中期，中国粮食总产量的提高要归功于耕地面积的扩大与单产量的提高，这两者的作用大致相等，一半对一半。但在十八世纪后半期，中国内地的可耕地已经开垦殆尽之时，由于边际报酬递减规律的作用，粮食单产量的提高越发困难，全国性的人口危机随时都会到来。当时学者汪士铎为此惊叹："人多之害，山顶已植黍稷，江中已有洲田，川中已辟老林，苗洞已开深菁，犹不足养，天地之力穷矣。"[1]

乾隆中期以后，全国粮食总产量的增长开始低于人口增长的速度，甚至粮食单产量随着气候变冷、灾害增加、水利设施的败坏、地力的消耗开始下降，而民众的生活水平随着人均粮食产量的持续下降而下降。

现代学者通过微观计量研究，证明十八世纪后半期确实是中国人口的一个重大转折：中国台湾学者刘翠溶利用四十九种族谱发现"在时间上，未婚率的提高、生育率的降低和死亡率

---

[1]［清］汪士铎：《汪悔翁乙丙日记》。

的提高大致都出现于清代由盛转衰的十八世纪末叶，这是值得注意的人口现象"。

我利用江南曹氏与范氏族谱进行历史人口学的研究时，也发现从十八世纪后半期开始，曹氏与范氏的夫妻年龄差达到了最大，生育间隔最长，生育数最少，曹氏男子的初育年龄最大，两个家族的男子二十岁时的平均预期寿命开始持续下降，意味着死亡率开始上升。历史学家、社会学家李中清等对清皇族人口的研究也发现了相同的趋势。婚龄上升，生育间隔变长，生育数减少，死亡率上升……这些人口学指标是经济恶化、生活水平下降最直接有力的证明。这表明当时的中国已经面临着全面性的人口压力，社会、自然环境全面恶化。在这个大背景下，传统经济已经难以维持数亿民众原有的生活水平；如果经济没有全面转型和产业革命，生产力没有发生质的飞跃，则必然会出现全社会的经济危机以及随之而来的政治危机。

面对人口压力带来的社会危机，康熙皇帝选择加大力度和频次减免赋税、赈灾、治河、兴修水利、改良农业技术、提高复种指数来应对；在继承上述措施的同时，乾隆皇帝与各级地方政府开始推广种植美洲作物，玉米、番薯是主要的品种。乾隆五十年（公元1785年），乾隆皇帝意识到"番薯既可充食，兼能耐旱……使民间共知其利，广为栽种，接济民食，亦属备荒之一法"[1]。

---

[1]《清高宗纯皇帝实录》卷一三二六。

第七章　内政民生

那么，是不是如一些流行的说法所言，番薯、玉米等美洲作物是清朝人口增长的主要原因，甚至称清朝盛世为"番薯盛世"？

康乾盛世真的是"番薯盛世"？

中国属于农耕文明，农业的兴旺与人口的增加是经济的基础。番薯、玉米、马铃薯等美洲作物的传入，使得很多原本不适合粮食生产，不适合养活大量人口的地区，生产条件得以改善，清朝拥有了养活更多人口的农业基础。番薯、玉米、马铃薯等美洲作物的传入，一定程度上促进了清朝人口的增长，保证了清朝统治的安定与经济的繁荣，所以有一种流行的观点认为，如果没有番薯，就不会有康乾盛世，清朝人口达到如此空前的高峰，主要就是依赖以番薯为代表的美洲作物，与清朝本身的治理体制以及皇帝本人的业绩毫无关系，康乾盛世被戏称为"番薯盛世"。那么真实的情况是怎么样的呢？

番薯，又名地瓜、甘薯、红薯、红苕、白薯等，各地的叫法不一，我国农业部门一般称之为甘薯，而食品工业通常称之为红薯。番薯原生长于美洲，生命力顽强，抗病虫害强，对土壤和水热要求较低，栽培容易，而且产量还很大。明朝弘治六年（公元1493年），哥伦布把番薯从美洲大陆带回到西班牙，之后西班牙水手又将番薯带到殖民地吕宋（今菲律宾）和摩鹿加群岛，再传至亚洲各地。甘薯通过多条渠道传入中国，时间约在十六世纪后期。

大约在明朝嘉靖四十二年（公元1563年）之前，番薯通过西南的印度、缅甸等地传入云南；嘉靖年间李元阳编撰的《大理府志》就有"紫蓣"即紫薯的记载；嘉靖万历时期，云南全省各地都已经有番薯种植的记录了。另外，番薯也经过海路，从东南亚传入中国，明朝万历十年（公元1582年），东莞人陈益从安南（今越南）首先将其引入广东。所以番薯进入中国有两条路，一个是从西南陆路引进，一个是从东南亚走海路引进。

另一种重要的美洲作物是玉米。玉米原产于中美洲，是印第安人培育的主要粮食作物。玉米也是在十六世纪后期传入中国的，最早记载见于明朝嘉靖三十四年（公元1555年）成书的《巩县志》，称其为"玉麦"，明嘉靖三十九年（公元1560年）的《平凉府志》称其为"番麦"和"西天麦"，"玉米"之名最早见于徐光启的《农政全书》。

前文讲，在面临人口压力带来的社会危机时，康熙皇帝的应对办法是不断地减免赋税、赈灾、治河、兴修水利、改良农业技术、提高复种指数；而乾隆皇帝在继承上述措施的同时，还开始大力推广美洲作物，其中番薯和玉米是主要的品种。

番薯和玉米最大的优势是适应力强，对土地要求不高，可以种植在贫瘠的山区丘陵坡地，不与传统稻麦争地。为了鼓励民众垦荒，达到乾隆皇帝希望的"野无旷土""民食益裕"的目

第七章 内政民生

标,地方官员制定了各项优惠政策,对于新开垦的贫瘠山地丘陵以及零散地块"永不升科"(永远免税),而这些土地主要用来种植番薯、玉米。

在政策的推动下,番薯、玉米逐渐在全国推广。根据地方志记载,在观察的二百六十六个府级政区中,乾隆四十一年(公元1776年)有一百一十八个没有玉米种植,道光元年(公元1821年)降为七十二个,咸丰元年(公元1851年)则仅有四十个。我们看到,乾隆后期番薯和玉米不断推广,而人口也在持续增长,这两者在时间上几乎是同时发生的。那么,这两者之间真的存在因果关系吗?

陈志武在《量化历史研究告诉我们什么?》中引述了香港科技大学龚启圣的研究认为:"从1776年到1910年,中国百分之十四点一二的人口增长是由玉米所致。而从十六世纪初到二十世纪初,中国粮食增量的百分之五十五是由于这三项新作物(玉米、番薯和土豆)。"这项研究利用府级地方志,将各府分为"有""无"玉米种植的两个对照组,用统计方法推断玉米对人口的影响。陈志武称:"按照1776年、1820年、1851年、1890年、1910年几个时间点看,在每个时期,已经采用玉米的县人口密度明显高于还没采用玉米的县,而且一个县已经种植玉米的年份越长,其人口密度高出得就越多。种玉米的时间每多十年,其人口密度就多增百分之五至百分之六。"经过各种计量方法的验证,他们得出结论:"是玉米带动了中国的人口增长,而不是人口增长压力迫使中国引进玉米、番薯。"

如果这个论断成立,将是中国经济史的一项惊人的发现,但龚启圣引述的是珀金斯《中国农业的发展(1368—1968年)》一书的结论,两者的原文均明确无误地写明"在这一漫长的历史时期,中国粮食产量约百分之五十五的增长归因于种植面积的扩张",而根本不是如陈志武所讲的那样归因于这三种美洲作物。

多种信息来源的大量史料确凿无疑地表明,早在乾隆四十一年前,中国的人口压力已经日趋严重,已经成为朝野的共识;正因为此,政府才迫不得已推广、改良玉米、番薯这些并不适合中国人口味的美洲作物,即人口密度高、人口压力大的地区更有动力引进玉米,而不是相反——因为引进了玉米而导致人口密度高、人口压力大。

"中国百分之十四点一二的人口增长是由玉米所致"的吗?答案是非常可疑的,因为地方志中记录的只是玉米种植的"有""无"问题,而并没有记录它的种植面积与产量,任何计量方法都无法仅根据"有""无"来准确计算出玉米对人口增长的影响。那么以玉米、番薯、土豆为代表的美洲作物的种植对清朝人口的影响究竟有多大?

由于清朝没有各项粮食作物的产量统计,无法进行估计,但好在有民国初年的相应统计。1914—1918年,玉米与薯类(包括番薯、土豆以及中国本土的芋头等在内)种植面积占全国耕地总面积的百分之七点二,两者合计的产量约占粮食总产

第七章　内政民生

量的百分之七点六七；二十世纪二十年代，玉米、番薯包括中国本土的各种芋类在内的产量合计也只占全国粮食产量的百分之九。由于在自清中期直到二十世纪中期的一百多年间，玉米、番薯等美洲作物的种植面积一直在稳定、快速增长，因此越往前推，这一比例只会越低。据中国社会科学院经济研究所研究员吴慧估计，清中期（乾隆末及嘉庆年间）这两种作物的产量合计仅占全国粮食产量的百分之四点六三，而且可能偏高。[1]

即使假定玉米、番薯、土豆全部（实际只有部分）作为人的食物，那么它们对中国人口的增长作用也极为有限。乾隆末期之前更是微不足道，因此美洲作物对清朝人口巨量增长并突破两亿、三亿直至四亿的作用并不重要，养活中国数亿人口的仍然是传统作物。实际上，直至1957年，玉米和薯类的种植面积也不到全国粮食种植面积的百分之二十。

因此，那种认为清朝人口空前的增长甚至经济发展都主要归因于美洲作物，称"康乾盛世"为"番薯盛世"的说法，完全是一种没有根据的臆断。实际上，清朝人口的增长主要依靠的是耕地面积的成倍增长和粮食单产量的提高。耕地面积的扩大主要是对内地荒地的复垦以及边疆地区的开垦，而粮食单产量的提高主要是依靠对种子、水利、肥料、劳动力、农耕技术等要素的不断投入。

---

[1] 数据引自吴慧著《中国历代粮食亩产研究》，农业出版社1985年版。

河务与漕运掀起的政坛风波

康熙皇帝亲政时自己制定的三大目标，除一项军事任务即平定三藩外，其他两项就是河务与漕运；他将这三大目标写下来，悬于日常起居的乾清宫的柱子上，时刻鞭策自己。

南宋建炎二年（公元1128年），为防御金兵南下，当时的东京留守杜充扒开了黄河堤防，黄河改道向东南，分别由泗水、济水入海，随后黄河主流又侵夺淮河入海，一直持续到了清咸丰五年（公元1855年）。黄河夺淮以后，改变了整个江淮地区的生态系统，大量泥沙阻塞了黄河的主干道，使其经常发生水灾。现在江苏北部的中国五大淡水湖之一的洪泽湖，就是在黄河夺淮以后，河道淤积逐渐形成的一个湖。明朝万历年间，潘季驯治河后，黄河基本被固定在开封、兰考、商丘、砀山、徐州、宿迁、淮安一线入淮，即今黄河明清故道。由于黄河挟带大量泥沙，冲出峡谷到了中下游平原后流速减缓，泥沙沉积淤塞，形成地上悬河，有些地方河道甚至高出两岸平原十多米，因而需要不断地加固堤防，清理河道。明末清初战乱，河道、堤防缺乏维护，再加上黄河、淮河合流，河水入海不畅通，因此中下游频频决口，河水泛滥成灾，黄淮、江淮平原经常一片汪洋。这就导致了黄淮海平原成为我国的一个重灾区，土地盐碱化严重。

第七章　内政民生

明清京杭运河与黄河、淮河都在淮安附近交汇，运河、黄河在江苏北部平行且相距很近，甚至运河的一段就直接利用了黄河水道。黄河水多势大，经常倒灌进淮河、运河，导致堤坝溃决，严重影响到漕运。

漕运为什么如此重要呢？当时每年约有四百万石漕粮经京杭大运河从江南运往京师，供给文武官员以及军民食用；漕运一旦中断，京师就会陷入恐慌，严重影响政治稳定。当年明朝永历皇帝迁都北京，使得首都与经济中心脱离，华北平原的粮食支撑不了几十万官民和几十万军队，清朝也同样如此，因而需要不断地从南方调运粮食。"国家大事在漕，漕运之务在河"，因此一定要治理好黄河与漕运。康熙皇帝之所以将河务、漕运与平定三藩并列为头等大事，就是因为这三件事都关系政权稳定。

亲政后的康熙皇帝开始治理河务与漕运，后因三藩之乱而中断。康熙十五年（公元1676年）的大水灾促使他下了"务为一劳永逸之计"解决河务、漕运的决心，并提拔安徽巡抚靳辅为河道总督，专门负责此事。康熙十六年，靳辅到任不久，即与幕僚陈潢在实地调查研究的基础上提出了"治河之道，必当审其全局，将河道、运道为一体，彻首尾而合治之"的主张，反对治运不治黄的错误观点，一日内向康熙皇帝上了八道奏疏，系统提出综合治理黄、淮、运的规划。他认为现在整治河道刻不容缓，提出以下措施：疏浚清江浦以下至云梯关到海口一带的河道淤泥，用来修筑两岸堤防，开挖洪泽湖下游高家堰以西至清口（淮河与黄河的交汇处）的引水河，修筑加固各地险要的堤防，设置巡河官兵，等等。但议政王大臣会议认为此项计划太过浩繁而予以否决，后经补充说明，于次年正月获得批准，预算高达白银二百五十多万两，限定三年完成。康熙十九年（公元1680年）秋天，因黄河又一次决口，靳辅请求处分，但康熙皇帝只是催促他尽快修筑堤防；第二年靳辅上疏："臣前请大修黄河，限三年水归故道。今限满，水未归故道，请处分。"康熙皇帝充分考虑到了河工的复杂性，命令他戴罪督修，终于在康熙二十年（公元1681年）使黄河复归故道。

康熙二十三年，康熙皇帝第一次南巡，主要目的就是亲自视察黄河、运河工程。康熙皇帝非常喜欢自然科学和工程技术方面的东西，他跟着传教士学习了西方的算术几何、天文地理的观测等。他在工地对减水坝提出了异议，认为它会导致"减水旁流，浸灌民田"；在高邮（今江苏省高邮市）时，他看见两岸农田与房屋浸在水中，恻然同情溢于言表。靳辅会意到了康熙皇帝的心思，因此计划于宿迁（今江苏省宿迁市）、桃源（今江苏省泗阳县）、清河（今江苏省淮安市）三县黄河北岸的堤内开新运河，"以免黄河一百八十里之险"，此即现在仍然通航的京杭运河中河段，也是整个京杭运河段质量最好、最宽、通航能力最强的一段运河。

南巡后，为了避免民田再遭水淹，康熙皇帝提议疏浚黄河

第七章　内政民生

入海故道，并任命安徽按察使于成龙（汉军镶黄旗人）督理下河事务，疏浚海口。但靳辅反对康熙疏浚黄河入海故道的方案，认为海水会倒灌；他想通过高筑堤防束水，下游不疏自通，而于成龙则赞同康熙皇帝的意见。两人被召到京师廷议，当时以权臣、大学士明珠为首的主要大臣赞同靳辅的意见，而只有少数中下级官员支持于成龙，但康熙皇帝仍然认为疏浚河道的方案不仅便民，而且耗费钱粮不多。谨慎起见，康熙皇帝决定派遣工部尚书萨穆哈、学士穆称额速往淮安、高邮与漕运总督徐旭龄、江苏巡抚汤斌一起实地调查，结果当地百姓认为挑浚海口无益，应行停止，康熙皇帝只好暂时中止了这一方案。

康熙二十五年，江苏巡抚汤斌升任礼部尚书后，认为海口"开一丈有一丈之益，开一尺有一尺之益"，康熙皇帝发内帑二十万两，委任工部侍郎孙在丰督修，实际上又重启了此前疏浚海口的方案。但靳辅内心依然反对，汤斌在下游疏浚海口的时候，靳辅意气用事，在上游不关滚水坝，继续放水，给海口工程制造困难。

康熙二十七年正月，矛盾终于激化。此时适逢孝庄太皇太后去世后的第一次御门听政，身着青色布衣的康熙皇帝因悲伤过度，在侍卫的搀扶下落座。江南道御史郭琇参靳辅治河无功，听信幕宾陈潢之言，阻挠下河开浚，宜加惩处。户部尚书王日藻、兵部尚书梁清标等认为靳辅奏请屯田一事有累于民。康熙皇帝也认为靳辅的屯田方案有问题；他说当时南巡的时候，亲自沿着河堤走过，详细考察，河道的情况都了然于胸，陈潢是个小人，大家都知道，而屯田只有利于廷臣而祸害百姓，江南的老百姓都怨恨屯田，难道大臣们没听说过吗？

康熙皇帝说的"廷臣"暗指明珠。此时明珠为朝廷首要重臣，他因当年力主撤藩而深受康熙皇帝赏识，任大学士长达九年，和曾与康熙皇帝合谋擒拿鳌拜的索额图同为当朝大学士。两人势同水火，形成了明党与索党。索额图去职后，明珠权倾朝野，不仅擅权而且贪腐，逐渐引起了康熙皇帝的不满。

此时，康熙皇帝已经获悉明珠是靳辅的后台，因此特地暗示郭琇参明珠。三天后，郭琇上疏参"明珠、余国柱背公营私、卖官鬻爵；靳辅与明珠、余国柱交相固结，每年靡费河银大半分肥"等八项罪状，意思是说靳辅是明珠等人赃款洗白的中间人。因为治理黄河是个肥缺，每年有大量的财政投入，但治理花费又很难核查，而黄河一旦决口又得重新修，所以贪污黄河的工程款可以很干净，是黄河水把它洗干净的。很有可能很多银子都没有出京师，而是直接去了明珠和余国柱家里。

结果觉罗勒德洪、明珠被革去大学士职务，大学士李之芳退休回原籍，大学士余国柱被革职，大学士科尔坤以原品解任，内阁五员大学士中有四员被革职，户部尚书佛伦、工部尚书熊一潇被解任，此即著名的河工案，是清代罕见的政坛大案，明党至此消亡，但事情并未就此结束。两个月后，康熙皇帝御门听政，召靳辅与于成龙、郭琇等人廷辩。靳辅承认因为

第七章 内政民生

下属执行的问题导致屯田害民，但仍然坚持"开浚海口，海水必将倒入"的观点。他随即被革职，陈潢被下狱。

于成龙攻击靳辅开中河劳民伤财，全无用处，为此康熙皇帝特意派遣学士凯音布、侍卫马武前往察看，却发现"中河商贾舟楫不绝"，康熙皇帝因此明白于成龙虽然是一个爱民缉盗的好官，但心胸狭隘，怀挟私仇，阻挠河务。凯音布另外报告漕运总督慕天颜曾经不让漕船航行在中河，以制造中河失败的假象。康熙皇帝闻讯大怒，将已被革职的慕天颜逮捕审讯，结果供出了于成龙与他串通诬陷靳辅。于成龙为官一向清廉，深受康熙皇帝喜爱，仅被削去太子太保衔，而慕天颜则被杖一百，徒三年，且不准折赎。

康熙皇帝意识到自己可能犯了错误，于是派遣兵部尚书张玉书、刑部尚书图纳、左都御史马齐去视察河工。三人回来后对靳辅的工作给予肯定，但也有些不同看法，因此工部尚书苏赫等人请康熙皇帝再次南巡，以亲临决策。康熙二十八年正月，康熙皇帝第二次南巡，特定让靳辅、于成龙这两个政敌随行，目的是"躬历河道，兼欲观览民情，周知吏治"。他重点考察中河，并肯定了靳辅的成绩，回京后恢复了靳辅从前的衔级，并于康熙三十年（公元1691年）重新起用，任命他为河道总督。不久，靳辅去世，于成龙继任。

于成龙是一位能胜任的河道总督吗？

一路视察的康熙南巡

于成龙是个清官,但是他的治河能力十分低下。他奏请增设河道官员、豁免民夫的提议被驳回,康熙皇帝为此当面质问他:"你以前天天奏议河工之事,曾当面说减水坝宜塞不宜开,你现在看看减水坝真的应该阻塞吗?"于成龙回答:"我那时妄言减水坝应当阻塞,今天看确实不应该。"康熙皇帝继续质问:"你从前说靳辅靡费钱粮,没有尽心整治河道,你现在看有何想法呢?"于成龙回答:"我今天也是遵循靳辅的做法。"康熙皇帝继续质问:"既然你所奏错误,而靳辅所行正确,为何不明说?这不正说明你以前排挤、陷害他人,自己担任河道总督后才觉得河工的不容易吗?"此外,于成龙曾多次诬告靳辅,也被康熙皇帝一一揭穿。康熙皇帝认为,虽然于成龙任直隶巡抚时奉公廉洁,表现不错,但是为人偏激,心胸狭隘,好胜心太强,办事希望别人感激他的私恩,喜欢沽名钓誉。

河务艰难超乎想象,远远超过了平定三藩、征准噶尔、出兵安藏、收复黑龙江。康熙三十七年(公元1698年),工部同意了漕运总督桑额继续开浚下河海口的建议,但康熙皇帝逐渐认识到靳辅是正确的,自己是错误的,认为以前开浚下河不过是浪费钱财而已,对治河、对民生都没有任何帮助,因此他要求谨慎对待此事。

第七章　内政民生

经过几十年的研究和实践，康熙皇帝形成了新的治河主张。他认为洪泽湖是黄河的屏障，洪泽湖的水势强盛，可以抵挡黄河水倒灌入运河；现在淮河水势弱，挡不住黄河水，结果黄河和淮河水全部倒灌入运河，导致泛滥成灾。因此，要做到让淮河水三分入运河，七分归黄河，才能保障运河的安全。总之，要先疏通上游，下游河道自然通畅。

带着新的治河方略，康熙皇帝于康熙三十八年（公元1699年）二月至五月开始第三次南巡，视察高家堰、归仁堤工程。经过实地测量，他发现黄河水高于两岸田地与洪泽湖，致使湖水无法排泄，泛溢于兴化、盐城等七州县。因此，他认为要深浚河底，并且拆除前河道总督董安国修建的拦黄坝，裁弯取直，让黄河水流速加快，冲刷河底沙土让河道变深，洪泽湖水就可以排泄到黄河，保证七州县无泛滥之患，民间田地也就自然露出水面。康熙皇帝发现黄河、淮河交汇过于垂直，所以黄河水经常逆流倒灌；他提出应将黄淮改道，让它们"斜行会流"。康熙皇帝坐船继续南下，路过高邮一带直到扬州，提出了"引水归江"的方案，即将黄淮以及洪泽湖、高宝湖水引入长江，这样就不必再开凿下河。但于成龙迟迟不执行以上的方案，直到第二年三月他去世。康熙皇帝任命张鹏翮为河道总督。刚一上任，张鹏翮就拆除了拦黄坝，改名为大通口，并深浚河身；完工开放后，"水势畅流，冲刷淤沙，旬日之间深至三丈，宽及百丈有余，滔滔入海，沛然莫御"，黄淮及洪泽湖水顺着新开的河道流入大海。张鹏翮严格遵照康熙皇帝的治河方略施工，先疏通海口，将水下泄入海；继而挑浚芒稻河，引湖水入长江，高邮、宝应一带积水得以排泄；再辟清口，开张福口、裴家场等引河，淮水得以排泄；加修高家堰，堵塞六坝，逼清水复归故道；引张福口等河汇入裴家场，开放清水流入运河；浚深挖阔洪泽湖，在张福口引水入裴家场，再挖宽加深畅流入黄河；流入运河的全是清水而非富含泥沙的黄河水，而且黄河水没有倒灌运河。至康熙四十年（公元1701年）底，河务终于基本完成。

康熙四十二年（公元1703年）正月，黄淮河务正式告成，康熙皇帝进行了第四次南巡，这是对张鹏翮三年来工作的验收。他遍阅河工，认为已经基本成功。此时恰逢康熙皇帝的五十寿辰，他为了"颁诏天下，大沛恩赉"，星夜赶回京师，颁布了三十八条恩款，并又一次拒绝了众大臣上尊号的请求。

虽然河工告成，但康熙皇帝仍然于康熙四十四年二月第五次南巡，目的是视察黄河水是否还会倒灌清口，并对中河、黄河、运河堤防需要增加修防的地段进行实地指示。此次康熙皇帝只住在船上而不上岸居住，以免地方借修缮行宫趁机摊派。他在河工现场亲自筹划施工方略，指导修建挑水坝以及需要加固堤防之处。两年后，经河道总督张鹏翮、两江总督阿山、漕运总督桑额等人的"再三陈请"，康熙皇帝不得不第六次南巡视察河工，以便决定是否要新开河道，分流淮河。年老的康熙皇帝在寒风中骑马从清口至曹家庙察看，他发现"地势甚高，虽开凿成河亦不能直达清口"，与三位总督之前进呈的地图完全不同。更让康熙皇帝愤怒的是，他发现很多开河的标竿立在老百姓的坟头上，若依照所立标竿开河，不仅要毁坏民田庐舍，还要毁掉百姓的坟冢。康熙皇帝怒斥张鹏翮身为河道总督，居然想要挖人家的祖坟，怎能干出如此残忍之事来！康熙皇帝问，如果开这条河，能确保以后再也不会出事吗？他尖锐地指出在这个开河工程中，不是地方官想从中获利，就是河工官员妄图借此升迁。与其开新河，不如加宽、加深洪泽湖的出水口，使清水更加畅流，因此他断然否决了一众总督的开河方案。当康熙皇帝禁止开河的命令传达后，百姓们群情欢悦，不胜鼓舞感激。康熙皇帝很喜欢这种为民做主、与民同乐的感觉。

自靳辅之后，治河都是在康熙皇帝亲自指导下完成的，因此他严厉批评张鹏翮的工作态度与作风："加筑高家堰堤岸，闭塞减水六坝，使淮水尽出清口，非尔之功；修治挑水坝，逼黄水流向北岸，非尔之功；堵塞仲庄闸，改建杨家闸，令黄水不致倒灌清口，非尔之功。"[1]因为这些方案都是康熙皇帝亲自设计的。经过长达二十多年的不懈努力，河务终于大功告成，黄河畅流入海，不再倒灌清口，漕运就此畅通无阻，水灾也大大减少。亲政时康熙皇帝给自己定下的三大目标终于全部完成。

---

1 [清] 蒋良骐:《东华录》卷一六。

图书在版编目（CIP）数据

治世：大清帝国的兴亡启示 / 侯杨方著. — 成都：天地出版社，2022.5
（侯杨方讲清史）
ISBN 978-7-5455-7036-6

Ⅰ.①治… Ⅱ.①侯… Ⅲ.①中国历史—研究—清代 Ⅳ.①K249.07

中国版本图书馆CIP数据核字（2022）第053773号

ZHISHI:DAQING DIGUO DE XINGWANG QISHI
治世：大清帝国的兴亡启示

出 品 人	陈小雨　杨　政
作　　者	侯杨方
责任编辑	武　波
封面设计	东合社—安宁
责任印制	董建臣

出版发行	天地出版社
	（成都市锦江区三色路238号　邮政编码：610023）
	（北京市方庄芳群园3区3号　邮政编码：100078）
网　　址	http://www.tiandiph.com
电子邮箱	tianditg@163.com
经　　销	新华文轩出版传媒股份有限公司

印　　刷	北京文昌阁彩色印刷有限责任公司
版　　次	2022年5月第1版
印　　次	2022年6月第3次印刷
开　　本	880mm×1230mm 1/32
印　　张	10.75
字　　数	228千字
定　　价	58.00元
书　　号	ISBN 978-7-5455-7036-6

版权所有◆违者必究

咨询电话：（028）86361282（总编室）
购书热线：（010）67693207（营销中心）

如有印装错误，请与本社联系调换

从声音到文字，分发人类情绪

天喜文化